企业破产法一本通

法规应用研究中心 编

中国法治出版社
CHINA LEGAL PUBLISHING HOUSE

编辑说明

"法律一本通"系列丛书自2005年出版以来,以其科学的体系、实用的内容,深受广大读者的喜爱。2007年、2011年、2014年、2016年、2018年、2019年、2021年、2023年我们对其进行了改版,丰富了其内容,增强了其实用性,博得了广大读者的赞誉。

我们秉承"以法释法"的宗旨,在保持原有的体例之上,今年再次对"法律一本通"系列丛书进行改版,以达到"应办案所需,适学习所用"的目标。新版丛书具有以下特点:

1. 丛书以主体法的条文为序,逐条穿插关联的现行有效的法律、行政法规、部门规章、司法解释、请示答复和部分地方规范性文件,以方便读者理解和适用。

2. 丛书紧扣实践和学习两个主题,在目录上标注了重点法条,并在某些重点法条的相关规定之前,对收录的相关文件进行分类,再按分类归纳核心要点,以便读者最便捷地查找使用。

3. 丛书紧扣法律条文,在主法条的相关规定之后附上案例指引,收录最高人民法院、最高人民检察院指导性案例、公报案例以及相关机构公布的典型案例的裁判摘要、案例要旨或案情摘要等。通过相关案例,可以进一步领会和把握法律条文的适用,从而作为解决实际问题的参考。并对案例指引制作索引目录,方便读者查找。

4. 丛书以脚注的形式,对各类法律文件之间或者同一法律文件不同条文之间的适用关系、重点法条疑难之处进行说明,以便读者系统地理解我国现行各个法律部门的规则体系,从而更好地为教学科研和司法实践服务。

5. 丛书结合二维码技术的应用为广大读者提供增值服务,扫描前勒口二维码,即可在图书出版之日起一年内免费部分使用中国法治出版社推出的【法融】数据库。【法融】数据库中"国家法律法规"栏目便于读者查阅法律文件准确全文及效力,"最高法指导案例"和"最高检指导案例"两个栏目提供最高人民法院和最高人民检察院指导性案例的全文,为读者提供更多增值服务。

目　录

中华人民共和国企业破产法

第一章　总　则

第 一 条　【立法宗旨】 …………………………………… 2
★ 第 二 条　【清理债务与重整】 …………………………… 4
★ 第 三 条　【破产案件的管辖】 …………………………… 7
第 四 条　【程序的法律适用】 …………………………… 10
第 五 条　【破产程序的效力】 …………………………… 11
第 六 条　【企业职工权益的保障与企业经营管理人员
　　　　　　法律责任的追究】 ………………………… 13

第二章　申请和受理

第一节　申　请

★ 第 七 条　【申请主体】 …………………………………… 15
第 八 条　【破产申请书与证据】 ………………………… 24
第 九 条　【破产申请的撤回】 …………………………… 26

第二节　受　理

第 十 条　【破产申请的受理】 …………………………… 27
第十一条　【裁定受理与债务人提交材料】 …………… 32
第十二条　【裁定不受理与驳回申请】 ………………… 32
第十三条　【指定管理人】 ………………………………… 34
第十四条　【通知债权人与公告】 ……………………… 43

	第十五条	【债务人的有关人员的义务】 ……………	45
★	第十六条	【债务人个别清偿的无效】 ………………	47
★	第十七条	【债务人的债务人或者财产持有人的义务】…	48
★	第十八条	【破产申请受理前成立的合同的继续履行与解除】 ……………………………………	49
★	第十九条	【保全措施解除与执行程序中止】 ………	53
★	第二十条	【民事诉讼或仲裁的中止与继续】 ………	65
★	第二十一条	【债务人的民事诉讼的管辖】 ……………	67

第三章 管 理 人

	第二十二条	【管理人的指定与更换】 …………………	69
	第二十三条	【管理人的义务】 …………………………	81
	第二十四条	【管理人的资格】 …………………………	82
★	第二十五条	【管理人的职责】 …………………………	85
	第二十六条	【第一次债权人会议前管理人行为的许可】 …………………………………	92
	第二十七条	【管理人的忠实义务】 ……………………	93
	第二十八条	【管理人聘任工作人员与管理人的报酬】…	94
	第二十九条	【管理人的辞职】 …………………………	96

第四章 债务人财产

	第三十条	【债务人财产】 ……………………………	96
★	第三十一条	【受理破产申请前一年内行为的撤销】 ……	103
★	第三十二条	【受理破产申请前六个月内行为的撤销】…	106
	第三十三条	【无效行为】 ………………………………	108
	第三十四条	【追回因被撤销或无效行为取得的债务人的财产】 …………………………………	110

★	第三十五条	【债务人的出资人缴纳出资】………………	111
★	第三十六条	【管理人员非正常收入和财产的追回】……	114
	第三十七条	【管理人取回质物、留置物】………………	117
★	第三十八条	【权利人财产的取回】………………………	119
★	第三十九条	【在途运输标的物的取回与交付】…………	122
★	第 四 十 条	【抵销权】……………………………………	122

第五章 破产费用和共益债务

★	第四十一条	【破产费用】…………………………………	126
★	第四十二条	【共益债务】…………………………………	130
	第四十三条	【破产费用和共益债务的清偿】……………	134

第六章 债权申报

	第四十四条	【债权人依法定程序行使权利】……………	137
	第四十五条	【债权申报期限】……………………………	138
★	第四十六条	【未到期的债权与附利息的债权的算定】…	139
★	第四十七条	【附条件、附期限债权与未决债权的申报】……………………………………………	140
★	第四十八条	【申报债权的公示与异议】…………………	141
	第四十九条	【申报债权的书面说明】……………………	141
	第 五 十 条	【连带债权人申报债权】……………………	142
★	第五十一条	【连带债务人申报债权】……………………	142
	第五十二条	【连带债务人的债权人申报债权】…………	144
	第五十三条	【解除合同后对方当事人申报债权】………	144
	第五十四条	【受托人申报债权】…………………………	146
	第五十五条	【票据付款人申报债权】……………………	147
	第五十六条	【补充申报债权】……………………………	148

3

　　　　第五十七条　【债权表】……………………………………… 149
　　　　第五十八条　【债权表的核查、确认与异议】……………… 154

第七章　债权人会议

　第一节　一般规定

★　　第五十九条　【债权人会议的组成】………………………… 155
　　　　第六十条　【债权人会议主席】……………………………… 157
★　　第六十一条　【债权人会议的职权】………………………… 157
　　　　第六十二条　【债权人会议的召开】………………………… 158
　　　　第六十三条　【通知债权人】………………………………… 160
★　　第六十四条　【债权人会议的决议】………………………… 160
　　　　第六十五条　【法院裁定事项】……………………………… 162
　　　　第六十六条　【债权人申请复议】…………………………… 164

　第二节　债权人委员会

　　　　第六十七条　【债权人委员会的组成】……………………… 164
　　　　第六十八条　【债权人委员会的职权】……………………… 165
★　　第六十九条　【管理人行为的告知】………………………… 165

第八章　重　整

　第一节　重整申请和重整期间

★　　第七十条　【重整申请】……………………………………… 168
　　　　第七十一条　【裁定重整与公告】…………………………… 169
　　　　第七十二条　【重整期间】…………………………………… 171
★　　第七十三条　【债务人自行管理与营业】…………………… 172
　　　　第七十四条　【管理人管理与营业】………………………… 173
★　　第七十五条　【重整期间担保权的行使与借款】…………… 174
　　　　第七十六条　【重整期间的取回权】………………………… 175

第七十七条　【重整期间对出资人收益分配与董事、监事、
　　　　　　　　　高级管理人员持股转让的限制】………… 176
　　　第七十八条　【重整终止与破产宣告】………………… 176
　第二节　重整计划的制定和批准
★　　第七十九条　【重整计划草案的提交期限】…………… 177
　　　第 八 十 条　【重整计划草案的制作主体】…………… 177
　　　第八十一条　【重整计划草案的内容】………………… 177
　　　第八十二条　【债权分类与重整计划草案分组表决】… 178
　　　第八十三条　【不得减免的费用】……………………… 180
★　　第八十四条　【重整计划草案的表决】………………… 180
　　　第八十五条　【出资人代表列席会议与出资人组表决】… 183
　　　第八十六条　【表决通过重整计划与重整程序终止】… 184
　　　第八十七条　【裁定批准重整计划与重整程序终止】… 188
　　　第八十八条　【重整程序的非正常终止】……………… 190
　第三节　重整计划的执行
★　　第八十九条　【重整计划的执行主体】………………… 190
　　　第 九 十 条　【重整计划执行的监督与报告】………… 192
　　　第九十一条　【监督报告与监督期限的延长】………… 192
　　　第九十二条　【重整计划的约束力】…………………… 192
　　　第九十三条　【重整计划的终止】……………………… 193
　　　第九十四条　【重整计划减免的债务不再清偿】……… 193

第九章　和　　解

★　　第九十五条　【和解申请】……………………………… 194
　　　第九十六条　【裁定和解】……………………………… 195
★　　第九十七条　【通过和解协议】………………………… 196
　　　第九十八条　【裁定认可和解协议并终止和解程序】… 196

第九十九条　【和解协议的否决与宣告破产】………… 196

第 一 百 条　【和解协议的约束力】…………………… 196

第一百零一条　【和解协议的影响】…………………… 197

第一百零二条　【债务人履行和解协议的义务】……… 197

第一百零三条　【和解协议无效与宣告破产】………… 197

第一百零四条　【终止执行和解协议与宣告破产】…… 197

第一百零五条　【自行和解与破产程序终结】………… 198

第一百零六条　【和解协议减免债务不再清偿】……… 199

第十章　破产清算

第一节　破产宣告

★　第一百零七条　【破产宣告】………………………… 199

　　第一百零八条　【破产宣告前的破产程序终结】…… 203

　　第一百零九条　【别除权】…………………………… 204

　　第一百一十条　【别除权的不完全实现与放弃】…… 207

第二节　变价和分配

★　第一百一十一条　【破产财产变价方案】…………… 208

　　第一百一十二条　【变价出售方式】………………… 209

★　第一百一十三条　【破产财产的清偿顺序】………… 220

　　第一百一十四条　【破产财产的分配方式】………… 222

　　第一百一十五条　【破产财产的分配方案】………… 223

　　第一百一十六条　【破产财产分配方案的执行】…… 224

　　第一百一十七条　【附条件债权的分配】…………… 224

　　第一百一十八条　【未受领的破产财产的分配】…… 225

　　第一百一十九条　【诉讼或仲裁未决债权的分配】… 225

第三节　破产程序的终结

★　第一百二十条　【破产程序的终结及公告】………… 225

第一百二十一条 【破产人的注销登记】………… 227
第一百二十二条 【管理人执行职务的终止】………… 228
第一百二十三条 【破产程序终结后的追加分配】……… 228
第一百二十四条 【对未受偿债权的清偿责任】………… 229

第十一章　法律责任

第一百二十五条 【破产企业董事、监事和高级管理人员的法律责任】………… 230
第一百二十六条 【有义务列席债权人会议的债务人的有关人员的法律责任】………… 233
第一百二十七条 【不履行法定义务的直接责任人员的法律责任】………… 235
第一百二十八条 【债务人的法定代表人和其他直接责任人员的法律责任】………… 235
第一百二十九条 【债务人的有关人员擅自离开住所地的法律责任】………… 236
第一百三十条　【管理人的法律责任】………… 236
第一百三十一条 【刑事责任】………… 238

第十二章　附　　则

第一百三十二条 【别除权适用的例外】………… 240
第一百三十三条 【本法施行前国务院规定范围内企业破产的特别规定】………… 241
第一百三十四条 【金融机构破产的特别规定】………… 242
第一百三十五条 【企业法人以外组织破产的准用规定】………… 243
第一百三十六条 【施行日期】………… 243

附录一 关联规定

中华人民共和国民法典（节录） ·················· 245
　　（2020 年 5 月 28 日）
最高人民法院关于适用《中华人民共和国企业破产法》
　若干问题的规定（一） ·················· 246
　　（2011 年 9 月 9 日）
最高人民法院关于适用《中华人民共和国企业破产法》
　若干问题的规定（二） ·················· 248
　　（2020 年 12 月 29 日）
最高人民法院关于适用《中华人民共和国企业破产法》
　若干问题的规定（三） ·················· 258
　　（2020 年 12 月 29 日）
最高人民法院关于审理企业破产案件若干问题的规定 ········ 262
　　（2002 年 7 月 30 日）

附录二 相关文书

最高人民法院办公厅关于印发《管理人破产程序工作文
　书样式（试行）》的通知 ·················· 279
　　（2011 年 10 月 13 日）
最高人民法院关于印发《人民法院破产程序法律文书样
　式（试行）》的通知 ·················· 359
　　（2011 年 10 月 13 日）

附录三

本书所涉文件目录 ·················· 477

案例索引目录

- 某纺织工业（集团）进出口有限公司及其五家子公司实质合并破产重整案 …………………………………………… 3
- 重庆某印染有限公司、重庆某针纺有限公司破产管理人申请实质合并破产清算案 ………………………………… 7
- 通州某集团有限公司诉安徽某化工有限公司别除权纠纷案 …………………………………………………………… 52
- 上海某港实业有限公司破产清算转破产重整案 …………… 137
- 某省纺织工业（集团）进出口有限公司等六家公司破产重整案 ……………………………………………………… 182
- 某集团有限公司等四家公司破产重整案 …………… 182
- 江苏某酒业有限公司及关联公司实质合并破产重整案 …… 186
- 某钢铁股份有限公司破产重整案 …………………… 187
- 福建某集团股份有限公司及其关联企业破产重整案 ………… 187
- 浙江某石化工业有限公司等三家公司破产清算案 …………… 191
- 某实业（深圳）有限公司执行转破产清算案 …………… 202

中华人民共和国企业破产法

(2006年8月27日第十届全国人民代表大会常务委员会第二十三次会议通过 2006年8月27日中华人民共和国主席令第54号公布 自2007年6月1日起施行)

目　　录

第一章　总　　则
第二章　申请和受理
　　第一节　申　　请
　　第二节　受　　理
第三章　管理人
第四章　债务人财产
第五章　破产费用和共益债务
第六章　债权申报
第七章　债权人会议
　　第一节　一般规定
　　第二节　债权人委员会
第八章　重　　整
　　第一节　重整申请和重整期间
　　第二节　重整计划的制定和批准
　　第三节　重整计划的执行
第九章　和　　解
第十章　破产清算
　　第一节　破产宣告
　　第二节　变价和分配

第三节　破产程序的终结
第十一章　法律责任
第十二章　附　　则

第一章　总　　则

第一条　立法宗旨①

> 为规范企业破产程序，公平清理债权债务，保护债权人和债务人的合法权益，维护社会主义市场经济秩序，制定本法。

● 司法解释及文件

《全国法院破产审判工作会议纪要》（2018年3月4日）②

一、破产审判的总体要求

会议认为，人民法院要坚持以习近平新时代中国特色社会主义经济思想为指导，深刻认识破产法治对决胜全面建成小康社会的重要意义，以更加有力的举措开展破产审判工作，为经济社会持续健康发展提供更加有力的司法保障。当前和今后一个时期，破产审判工作总的要求是：

一要发挥破产审判功能，助推建设现代化经济体系。人民法院要通过破产工作实现资源重新配置，用好企业破产中权益、经营管理、资产、技术等重大调整的有利契机，对不同企业分类处置，把科技、资本、劳动力和人力资源等生产要素调动好、配置好、协同好，促进实体经济和产业体系优质高效。

二要着力服务构建新的经济体制，完善市场主体救治和退出

---

① 条文主旨为编者所加，下同。
② 本书法律文件使用简称，以下不再标注。本书所标规范性文件的日期为该文件的通过、发布、修改后公布日期之一，以下不再标注。

机制。要充分运用重整、和解法律手段实现市场主体的有效救治，帮助企业提质增效；运用清算手段促使丧失经营价值的企业和产能及时退出市场，实现优胜劣汰，从而完善社会主义市场主体的救治和退出机制。

三要健全破产审判工作机制，最大限度释放破产审判的价值。要进一步完善破产重整企业识别、政府与法院协调、案件信息沟通、合法有序的利益衡平四项破产审判工作机制，推动破产审判工作良性运行，彰显破产审判工作的制度价值和社会责任。

四要完善执行与破产工作的有序衔接，推动解决"执行难"。要将破产审判作为与立案、审判、执行既相互衔接、又相对独立的一个重要环节，充分发挥破产审判对化解执行积案的促进功能，消除执行转破产的障碍，从司法工作机制上探索解决"执行难"的有效途径。

● 案例指引

某纺织工业（集团）进出口有限公司及其五家子公司实质合并破产重整案（最高人民法院163号指导案例）

裁判要点：1. 当事人申请对关联企业合并破产的，人民法院应当对合并破产的必要性、正当性进行审查。关联企业成员的破产应当以适用单个破产程序为原则，在关联企业成员之间出现法人人格高度混同、区分各关联企业成员财产成本过高、严重损害债权人公平清偿利益的情况下，可以依申请例外适用关联企业实质合并破产方式进行审理。

2. 采用实质合并破产方式的，各关联企业成员之间的债权债务归于消灭，各成员的财产作为合并后统一的破产财产，由各成员的债权人作为一个整体在同一程序中按照法定清偿顺位公平受偿。合并重整后，各关联企业原则上应当合并为一个企业，但债权人会议表决各关联企业继续存续，人民法院审查认为确有需要的，可以准许。

3. 合并重整中，重整计划草案的制定应当综合考虑进入合并的关联企业的资产及经营优势、合并后债权人的清偿比例、出资人权益调整等因素，保障各方合法权益；同时，可以灵活设计"现金+债转股"等清偿方案、通过"预表决"方式事先征求债权人意见并以此为基础完善重整方案，推动重整的顺利进行。

第二条 清理债务与重整

> 企业法人不能清偿到期债务，并且资产不足以清偿全部债务或者明显缺乏清偿能力的，依照本法规定清理债务。
>
> 企业法人有前款规定情形，或者有明显丧失清偿能力可能的，可以依照本法规定进行重整。

● 法　律

1.《公司法》（2023 年 12 月 29 日）

第 242 条　公司被依法宣告破产的，依照有关企业破产的法律实施破产清算。

2.《农民专业合作社法》（2017 年 12 月 27 日）

第 55 条　农民专业合作社破产适用企业破产法的有关规定。但是，破产财产在清偿破产费用和共益债务后，应当优先清偿破产前与农民成员已发生交易但尚未结清的款项。

3.《商业银行法》（2015 年 8 月 29 日）

第 71 条　商业银行不能支付到期债务，经国务院银行业监督管理机构同意，由人民法院依法宣告其破产。商业银行被宣告破产的，由人民法院组织国务院银行业监督管理机构等有关部门和有关人员成立清算组，进行清算。

商业银行破产清算时，在支付清算费用、所欠职工工资和劳动保险费用后，应当优先支付个人储蓄存款的本金和利息。

4.《保险法》（2015 年 4 月 24 日）

第 90 条　保险公司有《中华人民共和国企业破产法》第二

条规定情形的，经国务院保险监督管理机构同意，保险公司或者其债权人可以依法向人民法院申请重整、和解或者破产清算；国务院保险监督管理机构也可以依法向人民法院申请对该保险公司进行重整或者破产清算。

5.《合伙企业法》（2006年8月27日）

第92条　合伙企业不能清偿到期债务的，债权人可以依法向人民法院提出破产清算申请，也可以要求普通合伙人清偿。

合伙企业依法被宣告破产的，普通合伙人对合伙企业债务仍应承担无限连带责任。

● 行政法规及文件

6.《证券公司风险处置条例》（2023年7月20日）

第37条　证券公司被依法撤销、关闭时，有《企业破产法》第二条规定情形的，行政清理工作完成后，国务院证券监督管理机构或者其委托的行政清理组依照《企业破产法》的有关规定，可以向人民法院申请对被撤销、关闭证券公司进行破产清算。

第38条　证券公司有《企业破产法》第二条规定情形的，国务院证券监督管理机构可以直接向人民法院申请对该证券公司进行重整。

证券公司或者其债权人依照《企业破产法》的有关规定，可以向人民法院提出对证券公司进行破产清算或者重整的申请，但应当依照《证券法》第一百二十二条的规定报经国务院证券监督管理机构批准。

第39条　对不需要动用证券投资者保护基金的证券公司，国务院证券监督管理机构应当在批准破产清算前撤销其证券业务许可。证券公司应当依照本条例第十八条的规定停止经营证券业务，安置客户。

对需要动用证券投资者保护基金的证券公司，国务院证券监督管理机构对该证券公司或者其债权人的破产清算申请不予批准,并依照本条例第三章的规定撤销该证券公司,进行行政清理。

● 部门规章及文件

7.《保险公司管理规定》(2015 年 10 月 19 日)

第 34 条 保险公司有《中华人民共和国企业破产法》第二条规定情形的,依法申请重整、和解或者破产清算。

● 司法解释及文件

8.《最高人民法院关于适用〈中华人民共和国企业破产法〉若干问题的规定(一)》(2011 年 9 月 9 日)

第 1 条 债务人不能清偿到期债务并且具有下列情形之一的,人民法院应当认定其具备破产原因:

(一)资产不足以清偿全部债务;

(二)明显缺乏清偿能力。

相关当事人以对债务人的债务负有连带责任的人未丧失清偿能力为由,主张债务人不具备破产原因的,人民法院应不予支持。

第 2 条 下列情形同时存在的,人民法院应当认定债务人不能清偿到期债务:

(一)债权债务关系依法成立;

(二)债务履行期限已经届满;

(三)债务人未完全清偿债务。

第 3 条 债务人的资产负债表,或者审计报告、资产评估报告等显示其全部资产不足以偿付全部负债的,人民法院应当认定债务人资产不足以清偿全部债务,但有相反证据足以证明债务人资产能够偿付全部负债的除外。

第 4 条 债务人账面资产虽大于负债,但存在下列情形之一的，人民法院应当认定其明显缺乏清偿能力：

（一）因资金严重不足或者财产不能变现等原因，无法清偿债务；

（二）法定代表人下落不明且无其他人员负责管理财产，无法清偿债务；

（三）经人民法院强制执行，无法清偿债务；

（四）长期亏损且经营扭亏困难，无法清偿债务；

（五）导致债务人丧失清偿能力的其他情形。

第5条 企业法人已解散但未清算或者未在合理期限内清算完毕，债权人申请债务人破产清算的，除债务人在法定异议期限内举证证明其未出现破产原因外，人民法院应当受理。

● 案例指引

重庆某印染有限公司、重庆某针纺有限公司破产管理人申请实质合并破产清算案（最高人民法院165号指导案例）

裁判要点：1. 人民法院审理关联企业破产清算案件，应当尊重关联企业法人人格的独立性，对各企业法人是否具备破产原因进行单独审查并适用单个破产程序为原则。当关联企业之间存在法人人格高度混同、区分各关联企业财产的成本过高、严重损害债权人公平清偿利益时，破产管理人可以申请对已进入破产程序的关联企业进行实质合并破产清算。

2. 人民法院收到实质合并破产清算申请后，应当及时组织申请人、被申请人、债权人代表等利害关系人进行听证，并综合考虑关联企业之间资产的混同程度及其持续时间、各企业之间的利益关系、债权人整体清偿利益、增加企业重整的可能性等因素，依法作出裁定。

第三条 破产案件的管辖

破产案件由债务人住所地人民法院管辖。

● 法　律

1. 《民事诉讼法》（2023年9月1日）

第39条　上级人民法院有权审理下级人民法院管辖的第一审民事案件；确有必要将本院管辖的第一审民事案件交下级人民法院审理的，应当报请其上级人民法院批准。

下级人民法院对它所管辖的第一审民事案件，认为需要由上级人民法院审理的，可以报请上级人民法院审理。

● 司法解释及文件

2. 《最高人民法院关于适用〈中华人民共和国民事诉讼法〉的解释》（2022年4月1日）

第42条　下列第一审民事案件，人民法院依照民事诉讼法第三十九条第一款规定，可以在开庭前交下级人民法院审理：

（一）破产程序中有关债务人的诉讼案件；

（二）当事人人数众多且不方便诉讼的案件；

（三）最高人民法院确定的其他类型案件。

人民法院交下级人民法院审理前，应当报请其上级人民法院批准。上级人民法院批准后，人民法院应当裁定将案件交下级人民法院审理。

3. 《全国法院破产审判工作会议纪要》（2018年3月4日）

35. 实质合并审理的管辖原则与冲突解决。采用实质合并方式审理关联企业破产案件的，应由关联企业中的核心控制企业住所地人民法院管辖。核心控制企业不明确的，由关联企业主要财产所在地人民法院管辖。多个法院之间对管辖权发生争议的，应当报请共同的上级人民法院指定管辖。

38. 关联企业破产案件的协调审理与管辖原则。多个关联企业成员均存在破产原因但不符合实质合并条件的，人民法院可根据相关主体的申请对多个破产程序进行协调审理，并可根据程序协调的需要，综合考虑破产案件审理的效率、破产申请的先后顺序、成员负债规模大小、核心控制企业住所地等因素，由共同的上级法院确定一家法院集中管辖。

4.《最高人民法院关于审理上市公司破产重整案件工作座谈会纪要》(2012年10月29日)

二、关于上市公司破产重整案件的管辖

会议认为，上市公司破产重整案件应当由上市公司住所地的人民法院，即上市公司主要办事机构所在地法院管辖；上市公司主要办事机构所在地不明确、存在争议的，由上市公司注册登记地人民法院管辖。由于上市公司破产重整案件涉及法律关系复杂，影响面广，对专业知识和综合能力要求较高，人力物力投入较多，上市公司破产重整案件一般应由中级人民法院管辖。

5.《最高人民法院关于适用〈中华人民共和国企业破产法〉若干问题的规定（一）》(2011年9月9日)

第9条　申请人向人民法院提出破产申请，人民法院未接收其申请，或者未按本规定第七条执行的，申请人可以向上一级人民法院提出破产申请。

上一级人民法院接到破产申请后，应当责令下级法院依法审查并及时作出是否受理的裁定；下级法院仍不作出是否受理裁定的，上一级人民法院可以径行作出裁定。

上一级人民法院裁定受理破产申请的，可以同时指令下级人民法院审理该案件。

6.《最高人民法院关于审理公司强制清算案件工作座谈会纪要》(2009年11月4日)

二、关于强制清算案件的管辖

2. 对于公司强制清算案件的管辖应当分别从地域管辖和级别管辖两个角度确定。地域管辖法院应为公司住所地的人民法院，即公司主要办事机构所在地法院；公司主要办事机构所在地不明确、存在争议的，由公司注册登记地人民法院管辖。级别管辖应当按照公司登记机关的级别予以确定，即基层人民法院管辖县、县级市或者区的公司登记机关核准登记公司的公司强制清算案件；中级人民法院管辖地区、地级市以上的公司登记机关核准登记公司的公司强制清算案件。存在特殊原因的，也可参照适用《中华人民共和国企业破产法》第四条、《中华人民共和国民事诉讼法》第三十七条和第三十九条的规定，确定公司强制清算案件的审理法院。

第四条 程序的法律适用

破产案件审理程序，本法没有规定的，适用民事诉讼法的有关规定。

● **司法解释及文件**

1. **《民事案件案由规定》**（2020 年 12 月 29 日）

   二十三、与破产有关的纠纷

   289. 请求撤销个别清偿行为纠纷

   290. 请求确认债务人行为无效纠纷

   291. 对外追收债权纠纷

   292. 追收未缴出资纠纷

   293. 追收抽逃出资纠纷

   294. 追收非正常收入纠纷

   295. 破产债权确认纠纷

   （1）职工破产债权确认纠纷

   （2）普通破产债权确认纠纷

   296. 取回权纠纷

   （1）一般取回权纠纷

   （2）出卖人取回权纠纷

297. 破产抵销权纠纷

298. 别除权纠纷

299. 破产撤销权纠纷

300. 损害债务人利益赔偿纠纷

301. 管理人责任纠纷

2. 《全国法院破产审判工作会议纪要》（2018年3月4日）

29. 建立破产案件审理的繁简分流机制。人民法院审理破产案件应当提升审判效率，在确保利害关系人程序和实体权利不受损害的前提下，建立破产案件审理的繁简分流机制。对于债权债务关系明确、债务人财产状况清楚的破产案件，可以通过缩短程序时间、简化流程等方式加快案件审理进程，但不得突破法律规定的最低期限。

第五条　破产程序的效力

依照本法开始的破产程序，对债务人在中华人民共和国领域外的财产发生效力。

对外国法院作出的发生法律效力的破产案件的判决、裁定，涉及债务人在中华人民共和国领域内的财产，申请或者请求人民法院承认和执行的，人民法院依照中华人民共和国缔结或者参加的国际条约，或者按照互惠原则进行审查，认为不违反中华人民共和国法律的基本原则，不损害国家主权、安全和社会公共利益，不损害中华人民共和国领域内债权人的合法权益的，裁定承认和执行。

● 司法解释及文件

1. 《最高人民法院关于适用〈中华人民共和国民事诉讼法〉的解释》（2022年4月1日）

第541条　申请人向人民法院申请承认和执行外国法院作出

的发生法律效力的判决、裁定，应当提交申请书，并附外国法院作出的发生法律效力的判决、裁定正本或者经证明无误的副本以及中文译本。外国法院判决、裁定为缺席判决、裁定的，申请人应当同时提交该外国法院已经合法传唤的证明文件，但判决、裁定已经对此予以明确说明的除外。

中华人民共和国缔结或者参加的国际条约对提交文件有规定的，按照规定办理。

第544条　对外国法院作出的发生法律效力的判决、裁定或者外国仲裁裁决，需要中华人民共和国法院执行的，当事人应当先向人民法院申请承认。人民法院经审查，裁定承认后，再根据民事诉讼法第三编的规定予以执行。

当事人仅申请承认而未同时申请执行的，人民法院仅对应否承认进行审查并作出裁定。

第545条　当事人申请承认和执行外国法院作出的发生法律效力的判决、裁定或者外国仲裁裁决的期间，适用民事诉讼法第二百四十六条的规定。

当事人仅申请承认而未同时申请执行的，申请执行的期间自人民法院对承认申请作出的裁定生效之日起重新计算。

第546条　承认和执行外国法院作出的发生法律效力的判决、裁定或者外国仲裁裁决的案件，人民法院应当组成合议庭进行审查。

人民法院应当将申请书送达被申请人。被申请人可以陈述意见。

人民法院经审查作出的裁定，一经送达即发生法律效力。

2.《**全国法院破产审判工作会议纪要**》（2018年3月4日）

九、跨境破产

49.对跨境破产与互惠原则。人民法院在处理跨境破产案件时，要妥善解决跨境破产中的法律冲突与矛盾，合理确定跨境破产案件中的管辖权。在坚持同类债权平等保护的原则下，协调好外国债权人利益与我国债权人利益的平衡，合理保护我国境内职工债权、税收债权等优先权的清偿利益。积极参与、推动跨境破产国际条约的协商与签订，探索互惠原则适用的新方式，加强我国法院和管理人在跨境破产领域的合作，推进国际投资健康有序发展。

50. 跨境破产案件中的权利保护与利益平衡。依照企业破产法第五条的规定，开展跨境破产协作。人民法院认可外国法院作出的破产案件的判决、裁定后，债务人在中华人民共和国境内的财产在全额清偿境内的担保权人、职工债权和社会保险费用、所欠税款等优先权后，剩余财产可以按照该外国法院的规定进行分配。

第六条 企业职工权益的保障与企业经营管理人员法律责任的追究

> 人民法院审理破产案件，应当依法保障企业职工的合法权益，依法追究破产企业经营管理人员的法律责任。

● 法　律

1. 《劳动法》（2018 年 12 月 29 日）

第 27 条　用人单位濒临破产进行法定整顿期间或者生产经营状况发生严重困难，确需裁减人员的，应当提前三十日向工会或者全体职工说明情况，听取工会或者职工的意见，经向劳动行政部门报告后，可以裁减人员。

用人单位依据本条规定裁减人员，在六个月内录用人员的，应当优先录用被裁减的人员。

2. 《劳动合同法》（2012 年 12 月 28 日）

第 41 条　有下列情形之一，需要裁减人员二十人以上或者裁减不足二十人但占企业职工总数百分之十以上的，用人单位提前三十日向工会或者全体职工说明情况，听取工会或者职工的意见后，裁减人员方案经向劳动行政部门报告，可以裁减人员：

（一）依照企业破产法规定进行重整的；

（二）生产经营发生严重困难的；

（三）企业转产、重大技术革新或者经营方式调整，经变更劳动合同后，仍需裁减人员的；

（四）其他因劳动合同订立时所依据的客观经济情况发生重大变化，致使劳动合同无法履行的。

裁减人员时，应当优先留用下列人员：

（一）与本单位订立较长期限的固定期限劳动合同的；

（二）与本单位订立无固定期限劳动合同的；

（三）家庭无其他就业人员，有需要扶养的老人或者未成年人的。

用人单位依照本条第一款规定裁减人员，在六个月内重新招用人员的，应当通知被裁减的人员，并在同等条件下优先招用被裁减的人员。

● 司法解释及文件

3.《最高人民法院关于审理上市公司破产重整案件工作座谈会纪要》（2012 年 10 月 29 日）

四、关于对上市公司破产重整申请的审查

会议认为，债权人提出重整申请，上市公司在法律规定的时间内提出异议，或者债权人、上市公司、出资人分别向人民法院提出破产清算申请和重整申请的，人民法院应当组织召开听证会。

人民法院召开听证会的，应当于听证会召开前通知申请人、被申请人，并送达相关申请材料。公司债权人、出资人、实际控制人等利害关系人申请参加听证的,人民法院应当予以准许。人民法院应当就申请人是否具备申请资格、上市公司是否已经发生重整事由、上市公司是否具有重整可行性等内容进行听证。

鉴于上市公司破产重整案件较为敏感,不仅涉及企业职工和二级市场众多投资者的利益安排,还涉及与地方政府和证券监管机构的沟通协调。因此,目前人民法院在裁定受理上市公司破产重整申请前,应当将相关材料逐级报送最高人民法院审查。

第二章　申请和受理

第一节　申　　请

第七条　申请主体

债务人有本法第二条规定的情形,可以向人民法院提出重整、和解或者破产清算申请。

债务人不能清偿到期债务,债权人可以向人民法院提出对债务人进行重整或者破产清算的申请。

企业法人已解散但未清算或者未清算完毕,资产不足以清偿债务的,依法负有清算责任的人应当向人民法院申请破产清算。

● 法　律

1.《公司法》(2023年12月29日)

第172条　国有独资公司不设股东会,由履行出资人职责的机构行使股东会职权。履行出资人职责的机构可以授权公司董事会行使股东会的部分职权,但公司章程的制定和修改,公司的合并、分立、解散、申请破产,增加或者减少注册资本,分配利润,应当由履行出资人职责的机构决定。

第237条　清算组在清理公司财产、编制资产负债表和财产清单后，发现公司财产不足清偿债务的，应当依法向人民法院申请破产清算。

人民法院受理破产申请后，清算组应当将清算事务移交给人民法院指定的破产管理人。

2.《企业国有资产法》（2008年10月28日）

第31条　国有独资企业、国有独资公司合并、分立，增加或者减少注册资本，发行债券，分配利润，以及解散、申请破产，由履行出资人职责的机构决定。

第34条　重要的国有独资企业、国有独资公司、国有资本控股公司的合并、分立、解散、申请破产以及法律、行政法规和本级人民政府规定应当由履行出资人职责的机构报经本级人民政府批准的重大事项，履行出资人职责的机构在作出决定或者向其委派参加国有资本控股公司股东会会议、股东大会会议的股东代表作出指示前，应当报请本级人民政府批准。

本法所称的重要的国有独资企业、国有独资公司和国有资本控股公司，按照国务院的规定确定。

第37条　国家出资企业的合并、分立、改制、解散、申请破产等重大事项，应当听取企业工会的意见，并通过职工代表大会或者其他形式听取职工的意见和建议。

● 行政法规及文件

3.《企业国有资产监督管理暂行条例》（2019年3月2日）

第21条　国有资产监督管理机构依照法定程序决定其所出资企业中的国有独资企业、国有独资公司的分立、合并、破产、解散、增减资本、发行公司债券等重大事项。其中，重要的国有独资企业、国有独资公司分立、合并、破产、解散的，应当由国有资产监督管理机构审核后，报本级人民政府批准。

国有资产监督管理机构依照法定程序审核、决定国防科技工业领域其所出资企业中的国有独资企业、国有独资公司的有关重大事项时，按照国家有关法律、规定执行。

● 司法解释及文件

4.《最高人民法院关于适用〈中华人民共和国民事诉讼法〉的解释》（2022年4月1日）

第511条　在执行中，作为被执行人的企业法人符合企业破产法第二条第一款规定情形的，执行法院经申请执行人之一或者被执行人同意，应当裁定中止对该被执行人的执行，将执行案件相关材料移送被执行人住所地人民法院。

5.《最高人民法院关于适用〈中华人民共和国公司法〉若干问题的规定（二）》（2020年12月29日）

第17条　人民法院指定的清算组在清理公司财产、编制资产负债表和财产清单时，发现公司财产不足清偿债务的，可以与债权人协商制作有关债务清偿方案。

债务清偿方案经全体债权人确认且不损害其他利害关系人利益的，人民法院可依清算组的申请裁定予以认可。清算组依据该清偿方案清偿债务后，应当向人民法院申请裁定终结清算程序。

债权人对债务清偿方案不予确认或者人民法院不予认可的，清算组应当依法向人民法院申请宣告破产。

6.《全国法院破产审判工作会议纪要》（2018年3月4日）

40.执行法院的审查告知、释明义务和移送职责。执行部门要高度重视执行与破产的衔接工作，推动符合条件的执行案件向破产程序移转。执行法院发现作为被执行人的企业法人符合企业破产法第二条规定的，应当及时询问当事人是否同意将案件移送破产审查并释明法律后果。执行法院作出移送决定后，应当书面通知所有已知执行法院，执行法院均应中止对被执行人的执行程序。

41. 执行转破产案件的移送和接收。执行法院与受移送法院应加强移送环节的协调配合，提升工作实效。执行法院移送案件时，应当确保材料完备，内容、形式符合规定。受移送法院应当认真审核并及时反馈意见，不得无故不予接收或暂缓立案。

7.《最高人民法院关于执行案件移送破产审查若干问题的指导意见》（2017年1月20日）

推进执行案件移送破产审查工作，有利于健全市场主体救治和退出机制，有利于完善司法工作机制，有利于化解执行积案，是人民法院贯彻中央供给侧结构性改革部署的重要举措，是当前和今后一段时期人民法院服务经济社会发展大局的重要任务。为促进和规范执行案件移送破产审查工作，保障执行程序与破产程序的有序衔接，根据《中华人民共和国企业破产法》《中华人民共和国民事诉讼法》《最高人民法院关于适用〈中华人民共和国民事诉讼法〉的解释》等规定，现对执行案件移送破产审查的若干问题提出以下意见。

一、执行案件移送破产审查的工作原则、条件与管辖

1. 执行案件移送破产审查工作，涉及执行程序与破产程序之间的转换衔接，不同法院之间，同一法院内部执行部门、立案部门、破产审判部门之间，应坚持依法有序、协调配合、高效便捷的工作原则，防止推诿扯皮，影响司法效率，损害当事人合法权益。

2. 执行案件移送破产审查，应同时符合下列条件：

（1）被执行人为企业法人；

（2）被执行人或者有关被执行人的任何一个执行案件的申请执行人书面同意将执行案件移送破产审查；

（3）被执行人不能清偿到期债务，并且资产不足以清偿全部债务或者明显缺乏清偿能力。

3. 执行案件移送破产审查，由被执行人住所地人民法院管

辖。在级别管辖上，为适应破产审判专业化建设的要求，合理分配审判任务，实行以中级人民法院管辖为原则、基层人民法院管辖为例外的管辖制度。中级人民法院经高级人民法院批准，也可以将案件交由具备审理条件的基层人民法院审理。

二、执行法院的征询、决定程序

4. 执行法院在执行程序中应加强对执行案件移送破产审查有关事宜的告知和征询工作。执行法院采取财产调查措施后，发现作为被执行人的企业法人符合破产法第二条规定的，应当及时询问申请执行人、被执行人是否同意将案件移送破产审查。申请执行人、被执行人均不同意移送且无人申请破产的，执行法院应当按照《最高人民法院关于适用〈中华人民共和国民事诉讼法〉的解释》第五百一十六条的规定处理，企业法人的其他已经取得执行依据的债权人申请参与分配的，人民法院不予支持。

5. 执行部门应严格遵守执行案件移送破产审查的内部决定程序。承办人认为执行案件符合移送破产审查条件的，应提出审查意见，经合议庭评议同意后，由执行法院院长签署移送决定。

6. 为减少异地法院之间移送的随意性，基层人民法院拟将执行案件移送异地中级人民法院进行破产审查的，在作出移送决定前，应先报请其所在地中级人民法院执行部门审核同意。

7. 执行法院作出移送决定后，应当于五日内送达申请执行人和被执行人。申请执行人或被执行人对决定有异议的，可以在受移送法院破产审查期间提出，由受移送法院一并处理。

8. 执行法院作出移送决定后，应当书面通知所有已知执行法院，执行法院均应中止对被执行人的执行程序。但是，对被执行人的季节性商品、鲜活、易腐烂变质以及其他不宜长期保存的物品，执行法院应当及时变价处置，处置的价款不作分配。受移送法院裁定受理破产案件的，执行法院应当在收到裁定书之日起七日内，将该价款移交受理破产案件的法院。

案件符合终结本次执行程序条件的，执行法院可以同时裁定终结本次执行程序。

9. 确保对被执行人财产的查封、扣押、冻结措施的连续性，执行法院决定移送后、受移送法院裁定受理破产案件之前，对被执行人的查封、扣押、冻结措施不解除。查封、扣押、冻结期限在破产审查期间届满的，申请执行人可以向执行法院申请延长期限，由执行法院负责办理。

三、移送材料及受移送法院的接收义务

10. 执行法院作出移送决定后，应当向受移送法院移送下列材料：

（1）执行案件移送破产审查决定书；

（2）申请执行人或被执行人同意移送的书面材料；

（3）执行法院采取财产调查措施查明的被执行人的财产状况、已查封、扣押、冻结财产清单及相关材料；

（4）执行法院已分配财产清单及相关材料；

（5）被执行人债务清单；

（6）其他应当移送的材料。

11. 移送的材料不完备或内容错误，影响受移送法院认定破产原因是否具备的，受移送法院可以要求执行法院补齐、补正，执行法院应于十日内补齐、补正。该期间不计入受移送法院破产审查的期间。

受移送法院需要查阅执行程序中的其他案件材料，或者依法委托执行法院办理财产处置等事项的，执行法院应予协助配合。

12. 执行法院移送破产审查的材料，由受移送法院立案部门负责接收。受移送法院不得以材料不完备等为由拒绝接收。立案部门经审核认为移送材料完备的，应以"破申"作为案件类型代字编制案号登记立案，并及时将案件移送破产审判部门进行破产审查。破产审判部门在审查过程中发现本院对案件不具有管辖权的，应当按照《中华人民共和国民事诉讼法》第三十六条的规定处理。

四、受移送法院破产审查与受理

13. 受移送法院的破产审判部门应当自收到移送的材料之日起三十日内作出是否受理的裁定。受移送法院作出裁定后，应当在五日内送达申请执行人、被执行人，并送交执行法院。

14. 申请执行人申请或同意移送破产审查的，裁定书中以该申请执行人为申请人，被执行人为被申请人；被执行人申请或同意移送破产审查的，裁定书中以该被执行人为申请人；申请执行人、被执行人均同意移送破产审查的，双方均为申请人。

15. 受移送法院裁定受理破产案件的，在此前的执行程序中产生的评估费、公告费、保管费等执行费用，可以参照破产费用的规定，从债务人财产中随时清偿。

16. 执行法院收到受移送法院受理裁定后，应当于七日内将已经扣划到账的银行存款、实际扣押的动产、有价证券等被执行人财产移交给受理破产案件的法院或管理人。

17. 执行法院收到受移送法院受理裁定时，已通过拍卖程序处置且成交裁定已送达买受人的拍卖财产，通过以物抵债偿还债务且抵债裁定已送达债权人的抵债财产，已完成转账、汇款、现金交付的执行款，因财产所有权已经发生变动，不属于被执行人的财产，不再移交。

五、受移送法院不予受理或驳回申请的处理

18. 受移送法院做出不予受理或驳回申请裁定的，应当在裁定生效后七日内将接收的材料、被执行人的财产退回执行法院，执行法院应当恢复对被执行人的执行。

19. 受移送法院作出不予受理或驳回申请的裁定后，人民法院不得重复启动执行案件移送破产审查程序。申请执行人或被执行人以有新证据足以证明被执行人已经具备了破产原因为由，再次要求将执行案件移送破产审查的,人民法院不予支持。但是,申请执行人或被执行人可以直接向具有管辖权的法院提出破产申请。

20. 受移送法院裁定宣告被执行人破产或裁定终止和解程序、重整程序的,应当自裁定作出之日起五日内送交执行法院,执行法院应当裁定终结对被执行人的执行。

六、执行案件移送破产审查的监督

21. 受移送法院拒绝接收移送的材料,或者收到移送的材料后不按规定的期限作出是否受理裁定的,执行法院可函请受移送法院的上一级法院进行监督。上一级法院收到函件后应当指令受移送法院在十日内接收材料或作出是否受理的裁定。

受移送法院收到上级法院的通知后,十日内仍不接收材料或不作出是否受理裁定的,上一级法院可以径行对移送破产审查的案件行使管辖权。上一级法院裁定受理破产案件的,可以指令受移送法院审理。

8.《最高人民法院关于严格规范终结本次执行程序的规定(试行)》(2016年10月29日)

第11条 案件符合终结本次执行程序条件,又符合移送破产审查相关规定的,执行法院应当在作出终结本次执行程序裁定的同时,将执行案件相关材料移送被执行人住所地人民法院进行破产审查。

9.《最高人民法院关于审理上市公司破产重整案件工作座谈会纪要》(2012年10月29日)

三、关于上市公司破产重整的申请

会议认为,上市公司不能清偿到期债务,并且资产不足以清偿全部债务或者明显缺乏清偿能力,或者有明显丧失清偿能力可能的,上市公司或者上市公司的债权人、出资额占上市公司注册资本十分之一以上的出资人可以向人民法院申请对上市公司进行破产重整。

申请人申请上市公司破产重整的,除提交《企业破产法》第八条规定的材料外,还应当提交关于上市公司具有重整可行性的报告、上市公司住所地省级人民政府向证券监督管理部门的通报情况材料以及证券监督管理部门的意见、上市公司住所地人民政府出具的维稳预案等。上市公司自行申请破产重整的,还应当提交切实可行的职工安置方案。

10.《最高人民法院关于适用〈中华人民共和国企业破产法〉若干问题的规定(一)》(2011年9月9日)

第5条 企业法人已解散但未清算或者未在合理期限内清算完毕,债权人申请债务人破产清算的,除债务人在法定异议期限内举证证明其未出现破产原因外,人民法院应当受理。

11.《最高人民法院关于审理公司强制清算案件工作座谈会纪要》(2009年11月4日)

十六、关于强制清算和破产清算的衔接

32. 公司强制清算中,清算组在清理公司财产、编制资产负债表和财产清单时,发现公司财产不足清偿债务的,除依据公司法司法解释二第十七条的规定,通过与债权人协商制作有关债务清偿方案并清偿债务的外,应依据公司法第一百八十八条和企业破产法第七条第三款的规定向人民法院申请宣告破产。

33. 公司强制清算中,有关权利人依据企业破产法第二条和第七条的规定向人民法院另行提起破产申请的,人民法院应当依法进行审查。权利人的破产申请符合企业破产法规定的,人民法院应当依法裁定予以受理。人民法院裁定受理破产申请后,应当裁定终结强制清算程序。

第八条 破产申请书与证据

向人民法院提出破产申请，应当提交破产申请书和有关证据。

破产申请书应当载明下列事项：

（一）申请人、被申请人的基本情况；

（二）申请目的；

（三）申请的事实和理由；

（四）人民法院认为应当载明的其他事项。

债务人提出申请的，还应当向人民法院提交财产状况说明、债务清册、债权清册、有关财务会计报告、职工安置预案以及职工工资的支付和社会保险费用的缴纳情况。

● 司法解释及文件

1. 《最高人民法院关于审理上市公司破产重整案件工作座谈会纪要》（2012年10月29日）

五、关于对破产重整上市公司的信息保密和披露

会议认为，对于股票仍在正常交易的上市公司，在上市公司破产重整申请相关信息披露前，上市公司及其债权人、出资人等利害关系人应当按照法律、行政法规、证券监管机构的部门规章及证券交易所上市规则做好信息保密工作。

上市公司的债权人提出破产重整申请的，人民法院应当要求债权人提供其已就此告知上市公司的有关证据。上市公司应当按照相关规则及时履行信息披露义务。

上市公司进入破产重整程序后，由管理人履行相关法律、行政法规、部门规章和公司章程规定的原上市公司董事会、董事和高级管理人员承担的职责和义务，上市公司自行管理财产和营业事务的除外。管理人在上市公司破产重整程序中存在信息披露违法违规行为的，应当依法承担相应的责任。

2. 《最高人民法院关于适用〈中华人民共和国企业破产法〉若干问题的规定（一）》（2011年9月9日）

第6条　债权人申请债务人破产的，应当提交债务人不能清偿到期债务的有关证据。债务人对债权人的申请未在法定期限内向人民法院提出异议，或者异议不成立的，人民法院应当依法裁定受理破产申请。

受理破产申请后，人民法院应当责令债务人依法提交其财产状况说明、债务清册、债权清册、财务会计报告等有关材料，债务人拒不提交的，人民法院可以对债务人的直接责任人员采取罚款等强制措施。

第7条　人民法院收到破产申请时，应当向申请人出具收到申请及所附证据的书面凭证。

人民法院收到破产申请后应当及时对申请人的主体资格、债务人的主体资格和破产原因，以及有关材料和证据等进行审查，并依据企业破产法第十条的规定作出是否受理的裁定。

人民法院认为申请人应当补充、补正相关材料的，应当自收到破产申请之日起五日内告知申请人。当事人补充、补正相关材料的期间不计入企业破产法第十条规定的期限。

3. 《最高人民法院关于审理企业破产案件若干问题的规定》（2002年7月30日）

第5条　国有企业向人民法院申请破产时，应当提交其上级主管部门同意其破产的文件；其他企业应当提供其开办人或者股东会议决定企业破产的文件。

第6条　债务人申请破产，应当向人民法院提交下列材料：

（一）书面破产申请；

（二）企业主体资格证明；

（三）企业法定代表人与主要负责人名单；

（四）企业职工情况和安置预案；

（五）企业亏损情况的书面说明，并附审计报告；

（六）企业至破产申请日的资产状况明细表，包括有形资产、无形资产和企业投资情况等；

（七）企业在金融机构开设账户的详细情况，包括开户审批材料、账号、资金等；

（八）企业债权情况表，列明企业的债务人名称、住所、债务数额、发生时间和催讨偿还情况；

（九）企业债务情况表，列明企业的债权人名称、住所、债权数额、发生时间；

（十）企业涉及的担保情况；

（十一）企业已发生的诉讼情况；

（十二）人民法院认为应当提交的其他材料。

第7条　债权人申请债务人破产，应当向人民法院提交下列材料：

（一）债权发生的事实与证据；

（二）债权性质、数额、有无担保，并附证据；

（三）债务人不能清偿到期债务的证据。

第九条　破产申请的撤回

人民法院受理破产申请前，申请人可以请求撤回申请。

● 司法解释及文件

1.《全国法院民商事审判工作会议纪要》（2019 年 11 月 8 日）

108.【破产申请的不予受理和撤回】人民法院裁定受理破产申请前，提出破产申请的债权人的债权因清偿或者其他原因消灭的，因申请人不再具备申请资格，人民法院应当裁定不予受理。但该裁定不影响其他符合条件的主体再次提出破产申请。破产申请受理后，管理人以上述清偿符合《企业破产法》第31条、第

32条为由请求撤销的，人民法院查实后应当予以支持。

人民法院裁定受理破产申请系对债务人具有破产原因的初步认可，破产申请受理后，申请人请求撤回破产申请的，人民法院不予准许。除非存在《企业破产法》第12条第2款规定的情形，人民法院不得裁定驳回破产申请。

2.《最高人民法院关于审理企业破产案件若干问题的规定》（2002年7月30日）

第10条 人民法院收到破产申请后，应当在7日内决定是否立案；破产申请人提交的材料需要更正、补充的，人民法院可以责令申请人限期更正、补充。按期更正、补充材料的，人民法院自收到更正补充材料之日起7日内决定是否立案；未按期更正、补充的，视为撤回申请。

人民法院决定受理企业破产案件的，应当制作案件受理通知书，并送达申请人和债务人。通知书作出时间为破产案件受理时间。

第11条 在人民法院决定受理企业破产案件前，破产申请人可以请求撤回破产申请。

人民法院准许申请人撤回破产申请的，在撤回破产申请之前已经支出的费用由破产申请人承担。

第二节 受 理

第十条 破产申请的受理

债权人提出破产申请的，人民法院应当自收到申请之日起五日内通知债务人。债务人对申请有异议的，应当自收到人民法院的通知之日起七日内向人民法院提出。人民法院应当自异议期满之日起十日内裁定是否受理。

除前款规定的情形外，人民法院应当自收到破产申请之日起十五日内裁定是否受理。

> 有特殊情况需要延长前两款规定的裁定受理期限的,经上一级人民法院批准,可以延长十五日。

● 司法解释及文件

1. 《最高人民法院关于适用〈中华人民共和国公司法〉若干问题的规定(二)》(2020年12月29日)

第14条 债权人补充申报的债权,可以在公司尚未分配财产中依法清偿。公司尚未分配财产不能全额清偿,债权人主张股东以其在剩余财产分配中已经取得的财产予以清偿的,人民法院应予支持;但债权人因重大过错未在规定期限内申报债权的除外。

债权人或者清算组,以公司尚未分配财产和股东在剩余财产分配中已经取得的财产,不能全额清偿补充申报的债权为由,向人民法院提出破产清算申请的,人民法院不予受理。

2. 《全国法院民商事审判工作会议纪要》(2019年11月8日)

107.【继续推动破产案件的及时受理】充分发挥破产重整案件信息网的线上预约登记功能,提高破产案件的受理效率。当事人提出破产申请的,人民法院不得以非法定理由拒绝接收破产申请材料。如果可能影响社会稳定的,要加强府院协调,制定相应预案,但不应当以"影响社会稳定"之名,行消极不作为之实。破产申请材料不完备的,立案部门应当告知当事人在指定期限内补充材料,待材料齐备后以"破申"作为案件类型代字编制案号登记立案,并及时将案件移送破产审判部门进行破产审查。

注重发挥破产和解制度简便快速清理债权债务关系的功能,债务人根据《企业破产法》第95条的规定,直接提出和解申请,或者在破产申请受理后宣告破产前申请和解的,人民法院应当依法受理并及时作出是否批准的裁定。

3. 《全国法院破产审判工作会议纪要》(2018 年 3 月 4 日)

  14. 重整企业的识别审查。破产重整的对象应当是具有挽救价值和可能的困境企业;对于僵尸企业,应通过破产清算,果断实现市场出清。人民法院在审查重整申请时,根据债务人的资产状况、技术工艺、生产销售、行业前景等因素,能够认定债务人明显不具备重整价值以及拯救可能性的,应裁定不予受理。

  15. 重整案件的听证程序。对于债权债务关系复杂、债务规模较大,或者涉及上市公司重整的案件,人民法院在审查重整申请时,可以组织申请人、被申请人听证。债权人、出资人、重整投资人等利害关系人经人民法院准许,也可以参加听证。听证期间不计入重整申请审查期限。

  32. 关联企业实质合并破产的审慎适用。人民法院在审理企业破产案件时,应当尊重企业法人人格的独立性,以对关联企业成员的破产原因进行单独判断并适用单个破产程序为基本原则。当关联企业成员之间存在法人人格高度混同、区分各关联企业成员财产的成本过高、严重损害债权人公平清偿利益时,可例外适用关联企业实质合并破产方式进行审理。

  33. 实质合并申请的审查。人民法院收到实质合并申请后,应当及时通知相关利害关系人并组织听证,听证时间不计入审查时间。人民法院在审查实质合并申请过程中,可以综合考虑关联企业之间资产的混同程序及其持续时间、各企业之间的利益关系、债权人整体清偿利益、增加企业重整的可能性等因素,在收到申请之日起三十日内作出是否实质合并审理的裁定。

  34. 裁定实质合并时利害关系人的权利救济。相关利害关系人对受理法院作出的实质合并审理裁定不服的,可以自裁定书送达之日起十五日内向受理法院的上一级人民法院申请复议。

4.《最高人民法院关于破产案件立案受理有关问题的通知》（2016年7月28日）

一、破产案件的立案受理事关当事人破产申请权保障，决定破产程序能否顺利启动，是审理破产案件的基础性工作，各级法院要充分认识其重要意义，依照本通知要求，切实做好相关工作，不得在法定条件之外设置附加条件，限制剥夺当事人的破产申请权，阻止破产案件立案受理，影响破产程序正常启动。

二、自2016年8月1日起，对于债权人、债务人等法定主体提出的破产申请材料，人民法院立案部门应一律接收并出具书面凭证，然后根据《中华人民共和国企业破产法》第八条的规定进行形式审查。立案部门经审查认为申请人提交的材料符合法律规定的，应按2016年8月1日起实施的《强制清算与破产案件类型及代字标准》，以"破申"作为案件类型代字编制案号，当场登记立案。不符合法律规定的，应予释明，并以书面形式一次性告知应当补充、补正的材料，补充、补正期间不计入审查期限。申请人按要求补充、补正的，应当登记立案。

立案部门登记立案后，应及时将案件移送负责审理破产案件的审判业务部门。

三、审判业务部门应当在五日内将立案及合议庭组成情况通知债务人及提出申请的债权人。对于债权人提出破产申请的，应在通知中向债务人释明，如对破产申请有异议，应当自收到通知之日起七日内向人民法院提出。

四、债权人提出破产申请的，审判业务部门应当自债务人异议期满之日起十日内裁定是否受理。其他情形的，审判业务部门应当自人民法院收到破产申请之日起十五日内裁定是否受理。

有特殊情况需要延长上述审限的，经上一级人民法院批准，可以延长十五日。

5. 《最高人民法院关于审理上市公司破产重整案件工作座谈会纪要》(2012年10月29日)

四、关于对上市公司破产重整申请的审查

会议认为,债权人提出重整申请,上市公司在法律规定的时间内提出异议,或者债权人、上市公司、出资人分别向人民法院提出破产清算申请和重整申请的,人民法院应当组织召开听证会。

人民法院召开听证会的,应当于听证会召开前通知申请人、被申请人,并送达相关申请材料。公司债权人、出资人、实际控制人等利害关系人申请参加听证的,人民法院应当予以准许。人民法院应当就申请人是否具备申请资格、上市公司是否已经发生重整事由、上市公司是否具有重整可行性等内容进行听证。

鉴于上市公司破产重整案件较为敏感,不仅涉及企业职工和二级市场众多投资者的利益安排,还涉及与地方政府和证券监管机构的沟通协调。因此,目前人民法院在裁定受理上市公司破产重整申请前,应当将相关材料逐级报送最高人民法院审查。

6. 《最高人民法院关于适用〈中华人民共和国企业破产法〉若干问题的规定(一)》(2011年9月9日)

第7条 人民法院收到破产申请时,应当向申请人出具收到申请及所附证据的书面凭证。

人民法院收到破产申请后应当及时对申请人的主体资格、债务人的主体资格和破产原因,以及有关材料和证据等进行审查,并依据企业破产法第十条的规定作出是否受理的裁定。

人民法院认为申请人应当补充、补正相关材料的,应当自收到破产申请之日起五日内告知申请人。当事人补充、补正相关材料的期间不计入企业破产法第十条规定的期限。

7.《最高人民法院关于审理企业破产案件若干问题的规定》(2002年7月30日)

第8条 债权人申请债务人破产,人民法院可以通知债务人核对以下情况:

(一)债权的真实性;

(二)债权在债务人不能偿还的到期债务中所占的比例;

(三)债务人是否存在不能清偿到期债务的情况。

第十一条 裁定受理与债务人提交材料

人民法院受理破产申请的,应当自裁定作出之日起五日内送达申请人。

债权人提出申请的,人民法院应当自裁定作出之日起五日内送达债务人。债务人应当自裁定送达之日起十五日内,向人民法院提交财产状况说明、债务清册、债权清册、有关财务会计报告以及职工工资的支付和社会保险费用的缴纳情况。

● 司法解释及文件

《最高人民法院关于审理企业破产案件若干问题的规定》(2002年7月30日)

第16条 人民法院受理债权人提出的企业破产案件后,应当通知债务人在15日内向人民法院提交有关会计报表、债权债务清册、企业资产清册以及人民法院认为应当提交的资料。

第十二条 裁定不受理与驳回申请

人民法院裁定不受理破产申请的,应当自裁定作出之日起五日内送达申请人并说明理由。申请人对裁定不服的,可以自裁定送达之日起十日内向上一级人民法院提起上诉。

人民法院受理破产申请后至破产宣告前，经审查发现债务人不符合本法第二条规定情形的，可以裁定驳回申请。申请人对裁定不服的，可以自裁定送达之日起十日内向上一级人民法院提起上诉。

● 司法解释及文件

1. 《全国法院民商事审判工作会议纪要》（2019年11月8日）

　　108.【破产申请的不予受理和撤回】人民法院裁定受理破产申请前，提出破产申请的债权人的债权因清偿或者其他原因消灭的，因申请人不再具备申请资格，人民法院应当裁定不予受理。但该裁定不影响其他符合条件的主体再次提出破产申请。破产申请受理后，管理人以上述清偿符合《企业破产法》第31条、第32条为由请求撤销的，人民法院查实后应当予以支持。

　　人民法院裁定受理破产申请系对债务人具有破产原因的初步认可，破产申请受理后，申请人请求撤回破产申请的，人民法院不予准许。除非存在《企业破产法》第12条第2款规定的情形，人民法院不得裁定驳回破产申请。

　　117.【公司解散清算与破产清算的衔接】要依法区分公司解散清算与破产清算的不同功能和不同适用条件。债务人同时符合破产清算条件和强制清算条件的，应当及时适用破产清算程序实现对债权人利益的公平保护。债权人对符合破产清算条件的债务人提起公司强制清算申请，经人民法院释明，债权人仍然坚持申请对债务人强制清算的，人民法院应当裁定不予受理。

2. 《最高人民法院关于审理企业破产案件若干问题的规定》（2002年7月30日）

　　第13条　人民法院对破产申请不予受理的，应当作出裁定。

　　破产申请人对不予受理破产申请的裁定不服的，可以在裁定送达之日起10日内向上一级人民法院提起上诉。

第14条 人民法院受理企业破产案件后,发现不符合法律规定的受理条件或者有本规定第十二条所列情形的,应当裁定驳回破产申请。

人民法院受理债务人的破产申请后,发现债务人巨额财产下落不明且不能合理解释财产去向的,应当裁定驳回破产申请。

破产申请人对驳回破产申请的裁定不服的,可以在裁定送达之日起10日内向上一级人民法院提起上诉。

第十三条 指定管理人

人民法院裁定受理破产申请的,应当同时指定管理人。

● 法 律

1.《企业破产法》(2006年8月27日)

第22条 管理人由人民法院指定。

债权人会议认为管理人不能依法、公正执行职务或者有其他不能胜任职务情形的,可以申请人民法院予以更换。

指定管理人和确定管理人报酬的办法,由最高人民法院规定。

● 司法解释及文件

2.《最高人民法院关于审理企业破产案件指定管理人的规定》(2007年4月12日)

为公平、公正审理企业破产案件,保证破产审判工作依法顺利进行,促进管理人制度的完善和发展,根据《中华人民共和国企业破产法》的规定,制定本规定。

一、管理人名册的编制

第1条 人民法院审理企业破产案件应当指定管理人。除企业破产法和本规定另有规定外,管理人应当从管理人名册中指定。

第2条 高级人民法院应当根据本辖区律师事务所、会计师事务所、破产清算事务所等社会中介机构及专职从业人员数量和企业破产案件数量，确定由本院或者所辖中级人民法院编制管理人名册。

人民法院应当分别编制社会中介机构管理人名册和个人管理人名册。由直辖市以外的高级人民法院编制的管理人名册中，应当注明社会中介机构和个人所属中级人民法院辖区。

第3条 符合企业破产法规定条件的社会中介机构及其具备相关专业知识并取得执业资格的人员，均可申请编入管理人名册。已被编入机构管理人名册的社会中介机构中，具备相关专业知识并取得执业资格的人员，可以申请编入个人管理人名册。

第4条 社会中介机构及个人申请编入管理人名册的，应当向所在地区编制管理人名册的人民法院提出，由该人民法院予以审定。

人民法院不受理异地申请，但异地社会中介机构在本辖区内设立的分支机构提出申请的除外。

第5条 人民法院应当通过本辖区有影响的媒体就编制管理人名册的有关事项进行公告。公告应当包括以下内容：

（一）管理人申报条件；
（二）应当提交的材料；
（三）评定标准、程序；
（四）管理人的职责以及相应的法律责任；
（五）提交申报材料的截止时间；
（六）人民法院认为应当公告的其他事项。

第6条 律师事务所、会计师事务所申请编入管理人名册的，应当提供下列材料：

（一）执业证书、依法批准设立文件或者营业执照；
（二）章程；

（三）本单位专职从业人员名单及其执业资格证书复印件；

（四）业务和业绩材料；

（五）行业自律组织对所提供材料真实性以及有无被行政处罚或者纪律处分情况的证明；

（六）人民法院要求的其他材料。

第7条 破产清算事务所申请编入管理人名册的，应当提供以下材料：

（一）营业执照或者依法批准设立的文件；

（二）本单位专职从业人员的法律或者注册会计师资格证书，或者经营管理经历的证明材料；

（三）业务和业绩材料；

（四）能够独立承担民事责任的证明材料；

（五）行业自律组织对所提供材料真实性以及有无被行政处罚或者纪律处分情况的证明，或者申请人就上述情况所作的真实性声明；

（六）人民法院要求的其他材料。

第8条 个人申请编入管理人名册的，应当提供下列材料：

（一）律师或者注册会计师执业证书复印件以及执业年限证明；

（二）所在社会中介机构同意其担任管理人的函件；

（三）业务专长及相关业绩材料；

（四）执业责任保险证明；

（五）行业自律组织对所提供材料真实性以及有无被行政处罚或者纪律处分情况的证明；

（六）人民法院要求的其他材料。

第9条 社会中介机构及个人具有下列情形之一的，人民法院可以适用企业破产法第二十四条第三款第四项的规定：

（一）因执业、经营中故意或者重大过失行为，受到行政机关、监管机构或者行业自律组织行政处罚或者纪律处分之日起未逾三年；

（二）因涉嫌违法行为正被相关部门调查；

（三）因不适当履行职务或者拒绝接受人民法院指定等原因，被人民法院从管理人名册除名之日起未逾三年；

（四）缺乏担任管理人所应具备的专业能力；

（五）缺乏承担民事责任的能力；

（六）人民法院认为可能影响履行管理人职责的其他情形。

第10条 编制管理人名册的人民法院应当组成专门的评审委员会，决定编入管理人名册的社会中介机构和个人名单。评审委员会成员应不少于七人。

人民法院应当根据本辖区社会中介机构以及社会中介机构中个人的实际情况，结合其执业业绩、能力、专业水准、社会中介机构的规模、办理企业破产案件的经验等因素制定管理人评定标准，由评审委员会根据申报人的具体情况评定其综合分数。

人民法院根据评审委员会评审结果，确定管理人初审名册。

第11条 人民法院应当将管理人初审名册通过本辖区有影响的媒体进行公示，公示期为十日。

对于针对编入初审名册的社会中介机构和个人提出的异议，人民法院应当进行审查。异议成立、申请人确不宜担任管理人的，人民法院应将该社会中介机构或者个人从管理人初审名册中删除。

第12条 公示期满后，人民法院应审定管理人名册，并通过全国有影响的媒体公布，同时逐级报最高人民法院备案。

第13条 人民法院可以根据本辖区的实际情况，分批确定编入管理人名册的社会中介机构及个人。

编制管理人名册的全部资料应当建立档案备查。

第14条 人民法院可以根据企业破产案件受理情况、管理人履行职务以及管理人资格变化等因素，对管理人名册适时进行调整。新编入管理人名册的社会中介机构和个人应当按照本规定的程序办理。

人民法院发现社会中介机构或者个人有企业破产法第二十四条第三款规定情形的，应当将其从管理人名册中除名。

二、管理人的指定

第15条 受理企业破产案件的人民法院指定管理人，一般应从本地管理人名册中指定。

对于商业银行、证券公司、保险公司等金融机构以及在全国范围内有重大影响、法律关系复杂、债务人财产分散的企业破产案件，人民法院可以从所在地区高级人民法院编制的管理人名册列明的其他地区管理人或者异地人民法院编制的管理人名册中指定管理人。

第16条 受理企业破产案件的人民法院，一般应指定管理人名册中的社会中介机构担任管理人。

第17条 对于事实清楚、债权债务关系简单、债务人财产相对集中的企业破产案件，人民法院可以指定管理人名册中的个人为管理人。

第18条 企业破产案件有下列情形之一的，人民法院可以指定清算组为管理人：

（一）破产申请受理前，根据有关规定已经成立清算组，人民法院认为符合本规定第十九条的规定；

（二）审理企业破产法第一百三十三条规定的案件；

（三）有关法律规定企业破产时成立清算组；

（四）人民法院认为可以指定清算组为管理人的其他情形。

第19条 清算组为管理人的，人民法院可以从政府有关部门、编入管理人名册的社会中介机构、金融资产管理公司中指定清算组成员，人民银行及金融监督管理机构可以按照有关法律和行政法规的规定派人参加清算组。

第 20 条　人民法院一般应当按照管理人名册所列名单采取轮候、抽签、摇号等随机方式公开指定管理人。

第 21 条　对于商业银行、证券公司、保险公司等金融机构或者在全国范围有重大影响、法律关系复杂、债务人财产分散的企业破产案件，人民法院可以采取公告的方式，邀请编入各地人民法院管理人名册中的社会中介机构参与竞争，从参与竞争的社会中介机构中指定管理人。参与竞争的社会中介机构不得少于三家。

采取竞争方式指定管理人的，人民法院应当组成专门的评审委员会。

评审委员会应当结合案件的特点，综合考量社会中介机构的专业水准、经验、机构规模、初步报价等因素，从参与竞争的社会中介机构中择优指定管理人。被指定为管理人的社会中介机构应经评审委员会成员二分之一以上通过。

采取竞争方式指定管理人的，人民法院应当确定一至两名备选社会中介机构，作为需要更换管理人时的接替人选。

第 22 条　对于经过行政清理、清算的商业银行、证券公司、保险公司等金融机构的破产案件，人民法院除可以按照本规定第十八条第一项的规定指定管理人外，也可以在金融监督管理机构推荐的已编入管理人名册的社会中介机构中指定管理人。

第 23 条　社会中介机构、清算组成员有下列情形之一，可能影响其忠实履行管理人职责的，人民法院可以认定为企业破产法第二十四条第三款第三项规定的利害关系：

（一）与债务人、债权人有未了结的债权债务关系；

（二）在人民法院受理破产申请前三年内，曾为债务人提供相对固定的中介服务；

（三）现在是或者在人民法院受理破产申请前三年内曾经是

债务人、债权人的控股股东或者实际控制人；

（四）现在担任或者在人民法院受理破产申请前三年内曾经担任债务人、债权人的财务顾问、法律顾问；

（五）人民法院认为可能影响其忠实履行管理人职责的其他情形。

第24条 清算组成员的派出人员、社会中介机构的派出人员、个人管理人有下列情形之一，可能影响其忠实履行管理人职责的，可以认定为企业破产法第二十四条第三款第三项规定的利害关系：

（一）具有本规定第二十三条规定情形；

（二）现在担任或者在人民法院受理破产申请前三年内曾经担任债务人、债权人的董事、监事、高级管理人员；

（三）与债权人或者债务人的控股股东、董事、监事、高级管理人员存在夫妻、直系血亲、三代以内旁系血亲或者近姻亲关系；

（四）人民法院认为可能影响其公正履行管理人职责的其他情形。

第25条 在进入指定管理人程序后，社会中介机构或者个人发现与本案有利害关系的，应主动申请回避并向人民法院书面说明情况。人民法院认为社会中介机构或者个人与本案有利害关系的，不应指定该社会中介机构或者个人为本案管理人。

第26条 社会中介机构或者个人有重大债务纠纷或者因涉嫌违法行为正被相关部门调查的，人民法院不应指定该社会中介机构或者个人为本案管理人。

第27条 人民法院指定管理人应当制作决定书，并向被指定为管理人的社会中介机构或者个人、破产申请人、债务人、债务人的企业登记机关送达。决定书应与受理破产申请的民事裁定书一并公告。

第 28 条　管理人无正当理由，不得拒绝人民法院的指定。

管理人一经指定，不得以任何形式将管理人应当履行的职责全部或者部分转给其他社会中介机构或者个人。

第 29 条　管理人凭指定管理人决定书按照国家有关规定刻制管理人印章，并交人民法院封样备案后启用。

管理人印章只能用于所涉破产事务。管理人根据企业破产法第一百二十二条规定终止执行职务后，应当将管理人印章交公安机关销毁，并将销毁的证明送交人民法院。

第 30 条　受理企业破产案件的人民法院应当将指定管理人过程中形成的材料存入企业破产案件卷宗，债权人会议或者债权人委员会有权查阅。

三、管理人的更换

第 31 条　债权人会议根据企业破产法第二十二条第二款的规定申请更换管理人的，应由债权人会议作出决议并向人民法院提出书面申请。

人民法院在收到债权人会议的申请后，应当通知管理人在两日内作出书面说明。

第 32 条　人民法院认为申请理由不成立的，应当自收到管理人书面说明之日起十日内作出驳回申请的决定。

人民法院认为申请更换管理人的理由成立的，应当自收到管理人书面说明之日起十日内作出更换管理人的决定。

第 33 条　社会中介机构管理人有下列情形之一的，人民法院可以根据债权人会议的申请或者依职权迳行决定更换管理人：

（一）执业许可证或者营业执照被吊销或者注销；

（二）出现解散、破产事由或者丧失承担执业责任风险的能力；

（三）与本案有利害关系；

（四）履行职务时，因故意或者重大过失导致债权人利益受到损害；

（五）有本规定第二十六条规定的情形。

清算组成员参照适用前款规定。

第34条 个人管理人有下列情形之一的，人民法院可以根据债权人会议的申请或者依职权迳行决定更换管理人：

（一）执业资格被取消、吊销；

（二）与本案有利害关系；

（三）履行职务时，因故意或者重大过失导致债权人利益受到损害；

（四）失踪、死亡或者丧失民事行为能力；

（五）因健康原因无法履行职务；

（六）执业责任保险失效；

（七）有本规定第二十六条规定的情形。

清算组成员的派出人员、社会中介机构的派出人员参照适用前款规定。

第35条 管理人无正当理由申请辞去职务的，人民法院不予许可。正当理由的认定，可参照适用本规定第三十三条、第三十四条规定的情形。

第36条 人民法院对管理人申请辞去职务未予许可，管理人仍坚持辞去职务并不再履行管理人职责的，人民法院应当决定更换管理人。

第37条 人民法院决定更换管理人的，原管理人应当自收到决定书之次日起，在人民法院监督下向新任管理人移交全部资料、财产、营业事务及管理人印章，并及时向新任管理人书面说明工作进展情况。原管理人不能履行上述职责的，新任管理人可以直接接管相关事务。

在破产程序终结前，原管理人应当随时接受新任管理人、债权人会议、人民法院关于其履行管理人职责情况的询问。

第38条　人民法院决定更换管理人的，应将决定书送达原管理人、新任管理人、破产申请人、债务人以及债务人的企业登记机关，并予公告。

第39条　管理人申请辞去职务未获人民法院许可，但仍坚持辞职并不再履行管理人职责，或者人民法院决定更换管理人后，原管理人拒不向新任管理人移交相关事务，人民法院可以根据企业破产法第一百三十条的规定和具体情况，决定对管理人罚款。对社会中介机构为管理人的罚款5万元至20万元人民币，对个人为管理人的罚款1万元至5万元人民币。

管理人有前款规定行为或者无正当理由拒绝人民法院指定的，编制管理人名册的人民法院可以决定停止其担任管理人一年至三年，或者将其从管理人名册中除名。

第40条　管理人不服罚款决定的，可以向上一级人民法院申请复议，上级人民法院应在收到复议申请后五日内作出决定，并将复议结果通知下级人民法院和当事人。

第十四条　通知债权人与公告

人民法院应当自裁定受理破产申请之日起二十五日内通知已知债权人，并予以公告。

通知和公告应当载明下列事项：

（一）申请人、被申请人的名称或者姓名；

（二）人民法院受理破产申请的时间；

（三）申报债权的期限、地点和注意事项；

（四）管理人的名称或者姓名及其处理事务的地址；

（五）债务人的债务人或者财产持有人应当向管理人清偿债务或者交付财产的要求；

（六）第一次债权人会议召开的时间和地点；

（七）人民法院认为应当通知和公告的其他事项。

● 司法解释及文件

1.《最高人民法院关于企业破产案件信息公开的规定（试行）》（2016年7月26日）

第1条　最高人民法院设立全国企业破产重整案件信息网（以下简称破产重整案件信息网），破产案件（包括破产重整、破产清算、破产和解案件）审判流程信息以及公告、法律文书、债务人信息等与破产程序有关的信息统一在破产重整案件信息网公布。

人民法院以及人民法院指定的破产管理人应当使用破产重整案件信息网及时披露破产程序有关信息。

第2条　破产案件信息公开以公开为原则，以不公开为例外。凡是不涉及国家秘密、个人隐私的信息均应依法公开。涉及商业秘密的债务人信息，在不损害债权人和债务人合法权益的情况下，破产管理人可以通过与重整投资人的协议向重整投资人公开。

第3条　人民法院依法公开破产案件的以下信息：

（一）审判流程节点信息；

（二）破产程序中人民法院发布的各类公告；

（三）人民法院制作的破产程序法律文书；

（四）人民法院认为应当公开的其他信息。

第7条　人民法院、破产管理人可以在破产重整案件信息网发布破产程序有关公告。

人民法院、破产管理人在其他媒体发布公告的，同时要在破产重整案件信息网发布公告。人民法院、破产管理人在破产重整案件信息网发布的公告具有法律效力。

第8条　经受送达人同意，人民法院可以通过破产重整案件信息网以电子邮件、移动通信等能够确认其收悉的方式送达破产程序有关法律文书，但裁定书除外。

采用前款方式送达的，以电子邮件、移动通信等到达受送达人特定系统的日期为送达日期。

第 9 条 申请人可以在破产重整案件信息网实名注册后申请预约立案并提交有关材料的电子文档。人民法院审查通过后，应当通知申请人到人民法院立案窗口办理立案登记。

2.《最高人民法院关于审理企业破产案件若干问题的规定》(2002年7月30日)

第 15 条 人民法院决定受理企业破产案件后，应当组成合议庭，并在10日内完成下列工作：

（一）将合议庭组成人员情况书面通知破产申请人和被申请人，并在法院公告栏张贴企业破产受理公告。公告内容应当写明：破产申请受理时间、债务人名称、申报债权的期限、地点和逾期未申报债权的法律后果、第一次债权人会议召开的日期、地点；

（二）在债务人企业发布公告，要求保护好企业财产，不得擅自处理企业的账册、文书、资料、印章，不得隐匿、私分、转让、出售企业财产；

（三）通知债务人立即停止清偿债务，非经人民法院许可不得支付任何费用；

（四）通知债务人的开户银行停止债务人的结算活动，并不得扣划债务人款项抵扣债务。但经人民法院依法许可的除外。

第 17 条 人民法院受理企业破产案件后，除应当按照企业破产法第九条的规定通知已知的债权人外，还应当于30日内在国家、地方有影响的报纸上刊登公告，公告内容同第十五条第（一）项的规定。

第十五条 债务人的有关人员的义务

自人民法院受理破产申请的裁定送达债务人之日起至破产程序终结之日，债务人的有关人员承担下列义务：

（一）妥善保管其占有和管理的财产、印章和账簿、文书等资料；
　　（二）根据人民法院、管理人的要求进行工作，并如实回答询问；
　　（三）列席债权人会议并如实回答债权人的询问；
　　（四）未经人民法院许可，不得离开住所地；
　　（五）不得新任其他企业的董事、监事、高级管理人员。
　　前款所称有关人员，是指企业的法定代表人；经人民法院决定，可以包括企业的财务管理人员和其他经营管理人员。

● 法　律

1. 《企业破产法》(2006年8月27日)

　　第125条　企业董事、监事或者高级管理人员违反忠实义务、勤勉义务，致使所在企业破产的，依法承担民事责任。

　　有前款规定情形的人员，自破产程序终结之日起三年内不得担任任何企业的董事、监事、高级管理人员。

　　第126条　有义务列席债权人会议的债务人的有关人员，经人民法院传唤，无正当理由拒不列席债权人会议的，人民法院可以拘传，并依法处以罚款。债务人的有关人员违反本法规定，拒不陈述、回答，或者作虚假陈述、回答的，人民法院可以依法处以罚款。

　　第127条　债务人违反本法规定，拒不向人民法院提交或者提交不真实的财产状况说明、债务清册、债权清册、有关财务会计报告以及职工工资的支付情况和社会保险费用的缴纳情况的，人民法院可以对直接责任人员依法处以罚款。

　　债务人违反本法规定，拒不向管理人移交财产、印章和账簿、文书等资料的，或者伪造、销毁有关财产证据材料而使财产状况不明的，人民法院可以对直接责任人员依法处以罚款。

第 128 条 债务人有本法第三十一条、第三十二条、第三十三条规定的行为，损害债权人利益的，债务人的法定代表人和其他直接责任人员依法承担赔偿责任。

第 129 条 债务人的有关人员违反本法规定，擅自离开住所地的，人民法院可以予以训诫、拘留，可以依法并处罚款。

● 司法解释及文件

2.《最高人民法院关于审理企业破产案件若干问题的规定》（2002年7月30日）

第 37 条 企业被宣告破产后，人民法院应当指定必要的留守人员。破产企业的法定代表人、财会、财产保管人员必须留守。

第十六条　债务人个别清偿的无效

人民法院受理破产申请后，债务人对个别债权人的债务清偿无效。

● 司法解释及文件

《最高人民法院关于审理企业破产案件若干问题的规定》（2002年7月30日）

第 15 条 人民法院决定受理企业破产案件后，应当组成合议庭，并在10日内完成下列工作：

（一）将合议庭组成人员情况书面通知破产申请人和被申请人，并在法院公告栏张贴企业破产受理公告。公告内容应当写明：破产申请受理时间、债务人名称、申报债权的期限、地点和逾期未申报债权的法律后果、第一次债权人会议召开的日期、地点；

（二）在债务人企业发布公告，要求保护好企业财产，不得擅自处理企业的账册、文书、资料、印章，不得隐匿、私分、转让、出售企业财产；

（三）通知债务人立即停止清偿债务，非经人民法院许可不得支付任何费用；

（四）通知债务人的开户银行停止债务人的结算活动，并不得扣划债务人款项抵扣债务。但经人民法院依法许可的除外。

第十七条　债务人的债务人或者财产持有人的义务

人民法院受理破产申请后，债务人的债务人或者财产持有人应当向管理人清偿债务或者交付财产。

债务人的债务人或者财产持有人故意违反前款规定向债务人清偿债务或者交付财产，使债权人受到损失的，不免除其清偿债务或者交付财产的义务。

● 司法解释及文件

《最高人民法院关于审理企业破产案件若干问题的规定》（2002 年 7 月 30 日）

第 73 条　清算组应当向破产企业的债务人和财产持有人发出书面通知，要求债务人和财产持有人于限定的时间向清算组清偿债务或者交付财产。

破产企业的债务人和财产持有人有异议的，应当在收到通知后的 7 日内提出，由人民法院作出裁定。

破产企业的债务人和财产持有人在收到通知后既不向清算组清偿债务或者交付财产，又没有正当理由不在规定的异议期内提出异议的，由清算组向人民法院提出申请，经人民法院裁定后强制执行。

破产企业在境外的财产，由清算组予以收回。

第 74 条　债务人享有的债权，其诉讼时效自人民法院受理债务人的破产申请之日起，适用《中华人民共和国民法通则》第一百四十条关于诉讼时效中断的规定。债务人与债权人达成和解协议，中止破产程序的，诉讼时效自人民法院中止破产程序裁定之日起重新计算。

第十八条　破产申请受理前成立的合同的继续履行与解除

人民法院受理破产申请后，管理人对破产申请受理前成立而债务人和对方当事人均未履行完毕的合同有权决定解除或者继续履行，并通知对方当事人。管理人自破产申请受理之日起二个月内未通知对方当事人，或者自收到对方当事人催告之日起三十日内未答复的，视为解除合同。

管理人决定继续履行合同的，对方当事人应当履行；但是，对方当事人有权要求管理人提供担保。管理人不提供担保的，视为解除合同。

● 法　律

1.《民法典》（2020 年 5 月 28 日）

第 562 条　当事人协商一致，可以解除合同。

当事人可以约定一方解除合同的事由。解除合同的事由发生时，解除权人可以解除合同。

第 563 条　有下列情形之一的，当事人可以解除合同：

（一）因不可抗力致使不能实现合同目的；

（二）在履行期限届满前，当事人一方明确表示或者以自己的行为表明不履行主要债务；

（三）当事人一方迟延履行主要债务，经催告后在合理期限内仍未履行；

（四）当事人一方迟延履行债务或者有其他违约行为致使不能实现合同目的；

（五）法律规定的其他情形。

以持续履行的债务为内容的不定期合同，当事人可以随时解除合同，但是应当在合理期限之前通知对方。

第564条　法律规定或者当事人约定解除权行使期限，期限届满当事人不行使的，该权利消灭。

法律没有规定或者当事人没有约定解除权行使期限，自解除权人知道或者应当知道解除事由之日起一年内不行使，或者经对方催告后在合理期限内不行使的，该权利消灭。

第565条　当事人一方依法主张解除合同的，应当通知对方。合同自通知到达对方时解除；通知载明债务人在一定期限内不履行债务则合同自动解除，债务人在该期限内未履行债务的，合同自通知载明的期限届满时解除。对方对解除合同有异议的，任何一方当事人均可以请求人民法院或者仲裁机构确认解除行为的效力。

当事人一方未通知对方，直接以提起诉讼或者申请仲裁的方式依法主张解除合同，人民法院或者仲裁机构确认该主张的，合同自起诉状副本或者仲裁申请书副本送达对方时解除。

2.《信托法》（2001年4月28日）

第52条　信托不因委托人或者受托人的死亡、丧失民事行为能力、依法解散、被依法撤销或者被宣告破产而终止，也不因受托人的辞任而终止。但本法或者信托文件另有规定的除外。

● 司法解释及文件

3.《最高人民法院关于适用〈中华人民共和国企业破产法〉若干问题的规定（二）》（2020年12月29日）

第34条　买卖合同双方当事人在合同中约定标的物所有权保留，在标的物所有权未依法转移给买受人前，一方当事人破产的，该买卖合同属于双方均未履行完毕的合同，管理人有权依据企业破产法第十八条的规定决定解除或者继续履行合同。

第35条　出卖人破产，其管理人决定继续履行所有权保留买卖合同的,买受人应当按照原买卖合同的约定支付价款或者履行其他义务。

买受人未依约支付价款或者履行完毕其他义务,或者将标的物出卖、出质或者作出其他不当处分,给出卖人造成损害,出卖人管理人依法主张取回标的物的,人民法院应予支持。但是,买受人已经支付标的物总价款百分之七十五以上或者第三人善意取得标的物所有权或者其他物权的除外。

因本条第二款规定未能取回标的物,出卖人管理人依法主张买受人继续支付价款、履行完毕其他义务,以及承担相应赔偿责任的,人民法院应予支持。

第36条 出卖人破产,其管理人决定解除所有权保留买卖合同,并依据企业破产法第十七条的规定要求买受人向其交付买卖标的物的,人民法院应予支持。

买受人以其不存在未依约支付价款或者履行完毕其他义务,或者将标的物出卖、出质或者作出其他不当处分情形抗辩的,人民法院不予支持。

买受人依法履行合同义务并依据本条第一款将买卖标的物交付出卖人管理人后,买受人已支付价款损失形成的债权作为共益债务清偿。但是,买受人违反合同约定,出卖人管理人主张上述债权作为普通破产债权清偿的,人民法院应予支持。

第37条 买受人破产,其管理人决定继续履行所有权保留买卖合同的,原买卖合同中约定的买受人支付价款或者履行其他义务的期限在破产申请受理时视为到期,买受人管理人应当及时向出卖人支付价款或者履行其他义务。

买受人管理人无正当理由未及时支付价款或者履行完毕其他义务,或者将标的物出卖、出质或者作出其他不当处分,给出卖人造成损害,出卖人依据民法典第六百四十一条等规定主张取回标的物的,人民法院应予支持。但是,买受人已支付标的物总价款百分之七十五以上或者第三人善意取得标的物所有权或者其他物权的除外。

因本条第二款规定未能取回标的物，出卖人依法主张买受人继续支付价款、履行完毕其他义务，以及承担相应赔偿责任的，人民法院应予支持。对因买受人未支付价款或者未履行完毕其他义务，以及买受人管理人将标的物出卖、出质或者作出其他不当处分导致出卖人损害产生的债务，出卖人主张作为共益债务清偿的，人民法院应予支持。

第38条　买受人破产，其管理人决定解除所有权保留买卖合同，出卖人依据企业破产法第三十八条的规定主张取回买卖标的物的，人民法院应予支持。

出卖人取回买卖标的物，买受人管理人主张出卖人返还已支付价款的，人民法院应予支持。取回的标的物价值明显减少给出卖人造成损失的，出卖人可从买受人已支付价款中优先予以抵扣后，将剩余部分返还给买受人；对买受人已支付价款不足以弥补出卖人标的物价值减损损失形成的债权，出卖人主张作为共益债务清偿的，人民法院应予支持。

4.《最高人民法院关于〈中华人民共和国企业破产法〉施行时尚未审结的企业破产案件适用法律若干问题的规定》（2007年4月25日）

第2条　清算组在企业破产法施行前未通知或者答复未履行完毕合同的对方当事人解除或者继续履行合同的，从企业破产法施行之日起计算，在该法第十八条第一款规定的期限内未通知或者答复的，视为解除合同。

● 案例指引

通州某集团有限公司诉安徽某化工有限公司别除权纠纷案（最高人民法院73号指导案例）

案件适用要点：本案双方当事人签订的建设工程施工合同虽约

定了工程竣工时间,但涉案工程因安徽天宇公司未能按合同约定支付工程款导致停工。现没有证据证明在工程停工后至法院受理破产申请前,双方签订的建设施工合同已经解除或终止履行,也没有证据证明在法院受理破产申请后,破产管理人决定继续履行合同。根据《中华人民共和国企业破产法》第18条"人民法院受理破产申请后,管理人对破产申请受理前成立而债务人和对方当事人均未履行完毕的合同有权决定解除或继续履行,并通知对方当事人。管理人自破产申请受理之日起2个月未通知对方当事人,或者自收到对方当事人催告之日起30日内未答复的,视为解除合同"之规定,涉案建设工程施工合同在法院受理破产申请后已实际解除,本案建设工程无法正常竣工。按照最高人民法院全国民事审判工作会议纪要精神,因发包人的原因,合同解除或终止履行时已经超出合同约定的竣工日期的,承包人行使优先受偿权的期限自合同解除之日起计算,安徽天宇公司要求按合同约定的竣工日期起算优先受偿权行使时间的主张,缺乏依据,不予采信。2011年8月26日,法院裁定受理对安徽天宇公司的破产申请,2011年10月10日通州建总公司向安徽天宇公司的破产管理人申报债权并主张工程款优先受偿权,因此,通州建总公司主张优先受偿权的时间是2011年10月10日。安徽天宇公司认为通州建总公司行使优先受偿权的时间超过了破产管理之日6个月,与事实不符,不予支持。

第十九条 保全措施解除与执行程序中止

人民法院受理破产申请后,有关债务人财产的保全措施应当解除,执行程序应当中止。

● 司法解释及文件

1.《最高人民法院关于适用〈中华人民共和国企业破产法〉若干问题的规定(二)》(2020年12月29日)

第5条 破产申请受理后,有关债务人财产的执行程序未依照企业破产法第十九条的规定中止的，采取执行措施的相关单位应当依法予以纠正。依法执行回转的财产，人民法院应当认定为债务人财产。

第 6 条　破产申请受理后，对于可能因有关利益相关人的行为或者其他原因，影响破产程序依法进行的，受理破产申请的人民法院可以根据管理人的申请或者依职权，对债务人的全部或者部分财产采取保全措施。

第 7 条　对债务人财产已采取保全措施的相关单位，在知悉人民法院已裁定受理有关债务人的破产申请后，应当依照企业破产法第十九条的规定及时解除对债务人财产的保全措施。

第 8 条　人民法院受理破产申请后至破产宣告前裁定驳回破产申请，或者依据企业破产法第一百零八条的规定裁定终结破产程序的，应当及时通知原已采取保全措施并已依法解除保全措施的单位按照原保全顺位恢复相关保全措施。

在已依法解除保全的单位恢复保全措施或者表示不再恢复之前，受理破产申请的人民法院不得解除对债务人财产的保全措施。

2.《最高人民法院关于人民法院执行工作若干问题的规定（试行）》（2020 年 12 月 29 日）

60. 中止执行的情形消失后，执行法院可以根据当事人的申请或依职权恢复执行。

恢复执行应当书面通知当事人。

62. 中止执行和终结执行的裁定书应当写明中止或终结执行的理由和法律依据。

63. 人民法院执行生效法律文书，一般应当在立案之日起六个月内执行结案，但中止执行的期间应当扣除。确有特殊情况需要延长的，由本院院长批准。

3. 《全国法院民商事审判工作会议纪要》(2019 年 11 月 8 日)

109.【受理后债务人财产保全措施的处理】要切实落实破产案件受理后相关保全措施应予解除、相关执行措施应当中止、债务人财产应当及时交付管理人等规定,充分运用信息化技术手段,通过信息共享与整合,维护债务人财产的完整性。相关人民法院拒不解除保全措施或者拒不中止执行的,破产受理人民法院可以请求该法院的上级人民法院依法予以纠正。对债务人财产采取保全措施或者执行措施的人民法院未依法及时解除保全措施、移交处置权,或者中止执行程序并移交有关财产的,上级人民法院应当依法予以纠正。相关人员违反上述规定造成严重后果的,破产受理人民法院可以向人民法院纪检监察部门移送其违法审判责任线索。

人民法院审理企业破产案件时,有关债务人财产被其他具有强制执行权力的国家行政机关,包括税务机关、公安机关、海关等采取保全措施或者执行程序的,人民法院应当积极与上述机关进行协调和沟通,取得有关机关的配合,参照上述具体操作规程,解除有关保全措施,中止有关执行程序,以便保障破产程序顺利进行。

4. 《全国法院破产审判工作会议纪要》(2018 年 3 月 4 日)

42. 破产案件受理后查封措施的解除或查封财产的移送。执行法院收到破产受理裁定后,应当解除对债务人财产的查封、扣押、冻结措施;或者根据破产受理法院的要求,出具函件将查封、扣押、冻结财产的处置权交破产受理法院。破产受理法院可以持执行法院的移送处置函件进行续行查封、扣押、冻结,解除查封、扣押、冻结,或者予以处置。

执行法院收到破产受理裁定拒不解除查封、扣押、冻结措施的,破产受理法院可以请求执行法院的上级法院依法予以纠正。

5.《最高人民法院关于公布失信被执行人名单信息的若干规定》
(2017年2月28日)

第10条 具有下列情形之一的，人民法院应当在三个工作日内删除失信信息：

（一）被执行人已履行生效法律文书确定的义务或人民法院已执行完毕的；

（二）当事人达成执行和解协议且已履行完毕的；

（三）申请执行人书面申请删除失信信息，人民法院审查同意的；

（四）终结本次执行程序后，通过网络执行查控系统查询被执行人财产两次以上，未发现有可供执行财产，且申请执行人或者其他人未提供有效财产线索的；

（五）因审判监督或破产程序，人民法院依法裁定对失信被执行人中止执行的；

（六）人民法院依法裁定不予执行的；

（七）人民法院依法裁定终结执行的。

有纳入期限的，不适用前款规定。纳入期限届满后三个工作日内，人民法院应当删除失信信息。

依照本条第一款规定删除失信信息后，被执行人具有本规定第一条规定情形之一的，人民法院可以重新将其纳入失信被执行人名单。

依照本条第一款第三项规定删除失信信息后六个月内，申请执行人申请将该被执行人纳入失信被执行人名单的，人民法院不予支持。

6.《最高人民法院关于正确审理企业破产案件为维护市场经济秩序提供司法保障若干问题的意见》(2009年6月12日)

各省、自治区、直辖市高级人民法院，解放军军事法院，新疆维吾尔自治区高级人民法院生产建设兵团分院：

当前，由于国际金融危机的不断发展和蔓延，我国经济发展仍然面临着严峻的考验。阻碍经济良性运行的负面因素和潜在风险明显增多，许多企业因资金链断裂引发的系统风险不断显现，严重影响了我国经济发展秩序良性运转和社会稳定。在当前经济形势下，充分发挥人民法院商事审判的职能作用，正确审理企业破产案件，防范和化解企业债务风险，挽救危困企业，规范市场主体退出机制，维护市场运行秩序，对于有效应对国际金融危机冲击，保障经济平稳较快发展，具有重要意义。现就人民法院做好企业破产案件审判工作，提出以下意见：

一、依法受理企业破产案件，为建立我国社会主义市场经济良性运行机制提供司法保障

1. 人民法院要正确认识企业破产法保障债权公平有序受偿、完善优胜劣汰的竞争机制、优化社会资源配置、调整社会产业结构、拯救危困企业的作用，依法受理审理企业破产清算、重整、和解案件，综合利用企业破产法的多种程序，充分发挥其对市场经济的调整作用，建立企业法人规范退出市场的良性运行机制，努力推动经济社会又好又快发展。

2. 为保障国家产业结构调整政策的落实，对于已经出现破产原因的企业，人民法院要依法受理符合条件的破产清算申请，通过破产清算程序使其从市场中有序退出。对于虽有借破产逃废债务可能但符合破产清算申请受理条件的非诚信企业，也要将其纳入到法定的破产清算程序中，通过撤销和否定其不当处置财产行为，以及追究出资人等相关主体责任的方式，使其借破产逃废债务的目的落空，剥夺其市场主体资格。对债权人申请债务人破产清算的，人民法院审查的重点是债务人是否不能清偿到期债务，而不能以债权人无法提交债务人财产状况说明等为由，不受理债权人的申请。

3. 对于虽然已经出现破产原因或者有明显丧失清偿能力可

能,但符合国家产业结构调整政策、仍具发展前景的企业,人民法院要充分发挥破产重整和破产和解程序的作用,对其进行积极有效的挽救。破产重整和和解制度,为尚有挽救希望的危困企业提供了避免破产清算死亡、获得再生的机会,有利于债务人及其债权人、出资人、职工、关联企业等各方主体实现共赢,有利于社会资源的充分利用。努力推动企业重整和和解成功,促进就业、优化资源配置、减少企业破产给社会带来的不利影响,是人民法院审理企业破产案件的重要目标之一,也是人民法院商事审判工作服务于保增长、保民生、保稳定大局的必然要求。

二、坚持在当地党委的领导下,努力配合政府做好企业破产案件中的维稳工作,为构建和谐社会提供司法保障

4. 债务人进入破产程序后,因涉及债权人、债务人、出资人、企业职工等众多当事人的利益,各方矛盾极为集中和突出,处理不当,极易引发群体性、突发性事件,影响社会稳定。人民法院审理企业破产案件,一定要坚持在当地党委的领导下,充分发挥地方政府建立的风险预警机制、联动机制、资金保障机制等协调机制的作用,努力配合政府做好企业破产案件中的维稳工作。

5. 对于职工欠薪和就业问题突出、债权人矛盾激化、债务人弃企逃债等敏感类破产案件,要及时向当地党委汇报,争取政府的支持。在政府协调下,加强与相关部门的沟通、配合,及时采取有力措施,积极疏导并化解各种矛盾纠纷,避免哄抢企业财产、职工集体上访的情况发生,将不稳定因素消除在萌芽状态。有条件的地方,可通过政府设立的维稳基金或鼓励第三方垫款等方式,优先解决破产企业职工的安置问题,政府或第三方就劳动债权的垫款,可以在破产程序中按照职工债权的受偿顺序优先获得清偿。

三、充分发挥破产重整和和解程序挽救危困企业、实现企业持续经营的作用，保障社会资源有效利用

6. 人民法院要充分发挥司法能动作用，注重做好当事人的释明和协调工作，合理适用破产重整和和解程序。对于当事人同时申请债务人清算、重整、和解的，人民法院要根据债务人的实际情况和各方当事人的意愿，在组织各方当事人充分论证的基础上，对于有重整或者和解可能的，应当依法受理重整或者和解申请。当事人申请重整，但因企业经营规模较小、虽有挽救必要但重整成本明显高于重整收益的困难企业，有关权利人不同意重整的，人民法院可引导当事人通过和解方式挽救企业。人民法院要加强破产程序中的调解工作，在法律允许的框架下，积极支持债务人、管理人和新出资人等为挽救企业所做的各项工作，为挽救困难企业创造良好的法律环境。

7. 人民法院适用强制批准裁量权挽救危困企业时，要保证反对重整计划草案的债权人或者出资人在重整中至少可以获得在破产清算中本可获得的清偿。对于重整计划草案被提请批准时依照破产清算程序所能获得的清偿比例的确定，应充分考虑其计算方法是否科学、客观、准确，是否充分保护了利害关系人的应有利益。人民法院要严格审查重整计划草案，综合考虑社会公共利益，积极审慎适用裁量权。对不符合强制批准条件的，不能借挽救企业之名违法审批。上级人民法院要肩负起监督职责，对利害关系人就重整程序中反映的问题要进行认真审查，问题属实的，要及时予以纠正。

四、在破产程序中要注重保障民生，切实维护职工合法权益

8. 依法优先保护劳动者权益，是破产法律制度的重要价值取向。人民法院在审理企业破产案件中，要切实维护职工的合法权益，严格依法保护职工利益。召开债权人会议要有债务人的职工和工会代表参加，保障职工对破产程序的参与权。职工对管理人

确认的工资等债权有异议的，管理人要认真审查核对，发现错误要及时纠正；因管理人未予纠正，职工据此提起诉讼的，人民法院要严格依法审理，及时作出判决。

9. 表决重整计划草案时，要充分尊重职工的意愿，并就债务人所欠职工工资等债权设定专门表决组进行表决；职工债权人表决组未通过重整计划草案的，人民法院强制批准必须以应当优先清偿的职工债权全额清偿为前提。企业继续保持原经营范围的，人民法院要引导债务人或管理人在制作企业重整计划草案时，尽可能保证企业原有职工的工作岗位。

10. 保障职工合法权益需要社会各方面的共同努力。人民法院要加强与国家社会保障部门、劳动部门、工商行政管理部门、组织人事等部门的沟通和协调，积极提出司法建议，推动适合中国特色的社会保障体制的建立和完善。

五、妥善指定适格管理人，充分发挥管理人在企业破产程序中的积极作用

11. 人民法院要根据企业破产法和有关司法解释的规定，采用适当方式指定管理人，对于重大疑难案件，可以通过竞争的方式择优确定管理人。要注意处理好审理破产案件的审判庭和司法技术辅助工作部门的关系，在指定管理人时，应由审理破产案件的审判庭根据案件实际情况决定采用哪类管理人以及采用哪种产生方式，在决定通过随机方式或者竞争方式产生管理人或其成员时，再由司法技术辅助工作部门根据规定产生管理人或其成员。

12. 企业重整中，因涉及重大资产重组、经营模式选择、引入新出资人等商业运作内容，重整中管理人的职责不仅是管理和处分债务人财产，更要管理债务人的经营业务，特别是制定和执行重整计划。因此，在我国目前管理人队伍尚未成熟的情况下，人民法院指定管理人时，应当注意吸收相关部门和人才，根据实际情况选择指定的形式和方式，以便产生适格管理人。

13. 管理人的工作能力和敬业精神直接决定着企业破产案件能否依法有效进行，以及破产法律制度能否充分发挥其应有的作用。人民法院要特别注意加强对管理人业务知识和各种能力的培养，建立管理人考核机制，通过业绩考核，形成激励和淘汰机制，逐步实现管理人队伍的专业化。

六、正确适用企业破产法的各项制度，充分保护债权人合法权益

14. 人民法院在审理企业破产案件中，要充分调动管理人的积极性，促使其利用法律手段，努力查找和追收债务人财产，最大限度保护债权人利益。对出资不实、抽逃出资的，要依法追回；对于不当处置公司财产的行为，要依法撤销或者认定无效，并追回有关财产；对于违反法律、行政法规等规定，给公司或债权人造成损失的，要依法追究行为人的民事责任；对于发现妨碍清算行为的犯罪线索，要及时向侦查机关通报情况。

15. 要充分发挥债权人会议和债权人委员会的职能作用，切实保障债权人对破产程序的参与权，坚决防止地方保护主义，即使在以挽救债务人为主要目的的破产重整和和解程序中，仍然要以充分保障债权人利益为前提，重整计划和和解协议的通过与否，要严格按照法定的程序确定表决权并依法表决。

16. 人民法院在审理债务人人员下落不明或财产状况不清的破产案件时，要从充分保障债权人合法利益的角度出发，在对债务人的法定代表人、财务管理人员、其他经营管理人员，以及出资人等进行释明，或者采取相应罚款、训诫、拘留等强制措施后，债务人仍不向人民法院提交有关材料或者不提交全部材料，影响清算顺利进行的，人民法院就现有财产对已知债权进行公平清偿并裁定终结清算程序后，应当告知债权人可以另行提起诉讼要求有责任的有限责任公司股东、股份有限公司董事、控股股东，以及实际控制人等清算义务人对债务人的债务承担清偿

责任。

七、正确认识破产程序与执行程序的功能定位，做好两个程序的有效衔接

17. 人民法院要充分认识破产程序和执行程序的不同功能定位，充分发挥企业破产法公平保护全体债权人的作用。破产程序是对债务人全部财产进行的概括执行，注重对所有债权的公平受偿，具有对一般债务清偿程序的排他性。因此，人民法院受理破产申请后，对债务人财产所采取的所有保全措施和执行程序都应解除和中止，相关债务在破产清算程序中一并公平清偿。

18. 人民法院要注重做好破产程序和执行程序的衔接工作，确保破产财产妥善处置。涉及到人民法院内部破产程序和执行程序的操作的，应注意不同法院、不同审判部门、不同程序的协调与配合。涉及到债务人财产被其他国家行政机关采取保全措施或执行程序的，人民法院应积极与上述机关进行协调和沟通，取得有关机关的配合，依法解除有关保全措施，中止有关执行程序。

19. 人民法院受理破产申请后，在宣告债务人破产前裁定驳回申请人的破产申请，并终结破产程序的，应当在作出终结破产程序的裁定前，告知管理人通知原对债务人财产采取保全措施或执行程序的法院恢复原有的保全措施或执行程序，有轮候保全的，以原采取保全措施的时间确定轮候顺位。对恢复受理债务人为被执行人的执行案件，应当适用申请执行时效中断的有关规定。

八、加强审理破产案件法官专业化队伍建设，充分发挥商事审判职能作用

20. 随着我国经济市场化、国际化程度越来越高，企业破产案件将呈逐步增长趋势，这对人民法院审判工作提出了更高的要求。一方面，企业破产案件审理周期长、难度大、事务性工作繁重，人民法院长期以来案多人少的矛盾更加突出。另一方面，由

于破产案件审理的复杂性和特殊性，客观上需要一支不仅具备较为扎实的法学理论功底，而且还要有解决社会矛盾、处理应急事务、协调各方利益等多方面工作能力的专业化法官队伍。因此，人民法院要加强法官专业化队伍建设，在人财物方面给予支持和保障。有条件的法院可以根据企业破产案件的数量，成立专门的破产案件审判庭，或指定专门的合议庭负责审理破产案件。

21. 人民法院要积极调动法官审理企业破产案件的积极性，在考核法官工作业绩时，要充分考虑企业破产案件审理的特殊性，以及法官办理企业破产案件所付出的辛勤劳动和承担的各种压力，积极探索能够客观反映审理破产案件工作量的科学考评标准，不断提高破产案件的审理质量。

22. 审理企业破产案件的法官，要大力加强对党的路线方针政策的学习，增强大局意识和责任意识。在当前经济形势下，更要正确处理好保护金融债权与挽救危困企业之间的关系，实现债权人与债务人的共赢，共渡难关。正确处理好保护投资者利益与维护职工合法权益之间的关系，保障社会和谐稳定。正确处理好企业破产清算与企业再生之间的关系，实现社会资源的充分利用以及法律效果和社会效果的有机统一。广大法官要大力加强廉政建设，严格执行最高人民法院"五个严禁"等审判纪律和规章制度，无论是在指定管理人还是在委托拍卖财产等敏感环节，都要坚持以制度管人，坚决杜绝人情案、关系案、金钱案，确保以公正高效的审判业绩，为我国国民经济平稳较快发展创造条件。

7.《最高人民法院关于依法审理和执行被风险处置证券公司相关案件的通知》（2009年5月26日）

四、破产程序作为司法权介入的特殊偿债程序，是在债务人财产不足以清偿债务的情况下，以法定的程序和方法，为所有债权人创造获得公平受偿的条件和机会，以使所有债权人共同享有利益、共同分担损失。鉴此，根据企业破产法第十九条的规定，人民法院受理证券公司的破产申请后，有关证券公司财产的保全措施应当解除，执行程序应当中止。具体如下：

1. 人民法院受理破产申请后，已对证券公司有关财产采取了保全措施，包括执行程序中的查封、冻结、扣押措施的人民法院应当解除相应措施。人民法院解除有关证券公司财产的保全措施时，应当及时通知破产案件管理人并将有关财产移交管理人接管，管理人可以向受理破产案件的人民法院申请保全。

2. 人民法院受理破产申请后，已经受理有关证券公司执行案件的人民法院，对证券公司财产尚未执行或者尚未执行完毕的程序应当中止执行。当事人在破产申请受理后向有关法院申请对证券公司财产强制执行的，有关法院对其申请不予受理，并告知其依法向破产案件管理人申报债权。破产申请受理后人民法院未中止执行的，对于已经执行了的证券公司财产，执行法院应当依法执行回转，并交由管理人作为破产财产统一分配。

3. 管理人接管证券公司财产、调查证券公司财产状况后，发现有关法院仍然对证券公司财产进行保全或者继续执行，向采取保全措施或执行措施的人民法院提出申请的，有关人民法院应当依法及时解除保全或中止执行。

4. 受理破产申请的人民法院在破产宣告前裁定驳回申请人的破产申请，并终结证券公司破产程序的，应当在作出终结破产程序的裁定前，告知管理人通知原对证券公司财产采取保全措施的人民法院恢复原有的保全措施，有轮候保全的，以原采取保全措施的时间确定轮候顺位。对恢复受理证券公司为被执行人的执行案件，适用申请执行时效中断的规定。

五、证券公司进入破产程序后，人民法院作出的刑事附带民事赔偿或者涉及追缴赃款赃物的判决应当中止执行，由相关权利人在破产程序中以申报债权等方式行使权利；刑事判决中罚金、没收财产等处罚，应当在破产程序债权人获得全额清偿后的剩余财产中执行。

8.《最高人民法院关于审理企业破产案件若干问题的规定》(2002年7月30日)

第36条 破产宣告后,破产企业的财产在其他民事诉讼程序中被查封、扣押、冻结的,受理破产案件的人民法院应当立即通知采取查封、扣押、冻结措施的人民法院予以解除,并向受理破产案件的人民法院办理移交手续。

第二十条　民事诉讼或仲裁的中止与继续

> 人民法院受理破产申请后,已经开始而尚未终结的有关债务人的民事诉讼或者仲裁应当中止;在管理人接管债务人的财产后,该诉讼或者仲裁继续进行。

● 司法解释及文件

1.《最高人民法院关于适用〈中华人民共和国企业破产法〉若干问题的规定(二)》(2020年12月29日)

第21条 破产申请受理前,债权人就债务人财产提起下列诉讼,破产申请受理时案件尚未审结的,人民法院应当中止审理:

(一)主张次债务人代替债务人直接向其偿还债务的;

(二)主张债务人的出资人、发起人和负有监督股东履行出资义务的董事、高级管理人员,或者协助抽逃出资的其他股东、董事、高级管理人员、实际控制人等直接向其承担出资不实或者抽逃出资责任的;

(三)以债务人的股东与债务人法人人格严重混同为由,主张债务人的股东直接向其偿还债务人对其所负债务的;

(四)其他就债务人财产提起的个别清偿诉讼。

债务人破产宣告后,人民法院应当依照企业破产法第四十四条的规定判决驳回债权人的诉讼请求。但是，债权人一审中变更其诉讼请求为追收的相关财产归入债务人财产的除外。

债务人破产宣告前，人民法院依据企业破产法第十二条或者第一百零八条的规定裁定驳回破产申请或者终结破产程序的，上述中止审理的案件应当依法恢复审理。

2.《全国法院民商事审判工作会议纪要》（2019 年 11 月 8 日）

110.【受理后有关债务人诉讼的处理】人民法院受理破产申请后，已经开始而尚未终结的有关债务人的民事诉讼，在管理人接管债务人财产和诉讼事务后继续进行。债权人已经对债务人提起的给付之诉，破产申请受理后，人民法院应当继续审理，但是在判定相关当事人实体权利义务时，应当注意与企业破产法及其司法解释的规定相协调。

上述裁判作出并生效前，债权人可以同时向管理人申报债权，但其作为债权尚未确定的债权人，原则上不得行使表决权，除非人民法院临时确定其债权额。上述裁判生效后，债权人应当根据裁判认定的债权数额在破产程序中依法统一受偿，其对债务人享有的债权利息应当按照《企业破产法》第 46 条第 2 款的规定停止计算。

人民法院受理破产申请后，债权人新提起的要求债务人清偿的民事诉讼，人民法院不予受理，同时告知债权人应当向管理人申报债权。债权人申报债权后，对管理人编制的债权表记载有异议的，可以根据《企业破产法》第 58 条的规定提起债权确认之诉。

3.《最高人民法院关于审理企业破产案件若干问题的规定》（2002 年 7 月 30 日）

第 20 条 人民法院受理企业破产案件后，对债务人财产的其他民事执行程序应当中止。

以债务人为被告的其他债务纠纷案件，根据下列不同情况分别处理：

（一）已经审结但未执行完毕的，应当中止执行，由债权人凭生效的法律文书向受理破产案件的人民法院申报债权。

（二）尚未审结且无其他被告和无独立请求权的第三人的，应当中止诉讼，由债权人向受理破产案件的人民法院申报债权。在企业被宣告破产后，终结诉讼。

（三）尚未审结并有其他被告或者无独立请求权的第三人的，应当中止诉讼，由债权人向受理破产案件的人民法院申报债权。待破产程序终结后，恢复审理。

（四）债务人系从债务人的债务纠纷案件继续审理。

第二十一条　债务人的民事诉讼的管辖

人民法院受理破产申请后，有关债务人的民事诉讼，只能向受理破产申请的人民法院提起。

● **司法解释及文件**

1. 《最高人民法院关于适用〈中华人民共和国企业破产法〉若干问题的规定（三）》（2020年12月29日）

第8条　债务人、债权人对债权表记载的债权有异议的，应当说明理由和法律依据。经管理人解释或调整后，异议人仍然不服的，或者管理人不予解释或调整的，异议人应当在债权人会议核查结束后十五日内向人民法院提起债权确认的诉讼。当事人之间在破产申请受理前订立有仲裁条款或仲裁协议的，应当向选定的仲裁机构申请确认债权债务关系。

2. 《最高人民法院关于适用〈中华人民共和国企业破产法〉若干问题的规定（二）》（2020年12月29日）

第23条　破产申请受理后，债权人就债务人财产向人民法院提起本规定第二十一条第一款所列诉讼的，人民法院不予受理。

债权人通过债权人会议或者债权人委员会,要求管理人依法向次债务人、债务人的出资人等追收债务人财产,管理人无正当理由拒绝追收,债权人会议依据企业破产法第二十二条的规定,申请人民法院更换管理人的,人民法院应予支持。

管理人不予追收,个别债权人代表全体债权人提起相关诉讼,主张次债务人或者债务人的出资人等向债务人清偿或者返还债务人财产,或者依法申请合并破产的,人民法院应予受理。

第47条 人民法院受理破产申请后,当事人提起的有关债务人的民事诉讼案件,应当依据企业破产法第二十一条的规定,由受理破产申请的人民法院管辖。

受理破产申请的人民法院管辖的有关债务人的第一审民事案件,可以依据民事诉讼法第三十八条的规定,由上级人民法院提审,或者报请上级人民法院批准后交下级人民法院审理。

受理破产申请的人民法院,如对有关债务人的海事纠纷、专利纠纷、证券市场因虚假陈述引发的民事赔偿纠纷等案件不能行使管辖权的,可以依据民事诉讼法第三十七条的规定,由上级人民法院指定管辖。

3.《全国法院民商事审判工作会议纪要》(2019年11月8日)

113.【重整计划监督期间的管理人报酬及诉讼管辖】要依法确保重整计划的执行和有效监督。重整计划的执行期间和监督期间原则上应当一致。二者不一致的,人民法院在确定和调整重整程序中的管理人报酬方案时,应当根据重整期间和重整计划监督期间管理人工作量的不同予以区别对待。其中,重整期间的管理人报酬应当根据管理人对重整发挥的实际作用等因素予以确定和支付;重整计划监督期间管理人报酬的支付比例和支付时间,应当根据管理人监督职责的履行情况,与债权人按照重整计划实际受偿比例和受偿时间相匹配。

重整计划执行期间，因重整程序终止后新发生的事实或者事件引发的有关债务人的民事诉讼，不适用《企业破产法》第21条有关集中管辖的规定。除重整计划有明确约定外，上述纠纷引发的诉讼，不再由管理人代表债务人进行。

4.《最高人民法院关于审理企业破产案件若干问题的规定》（2002年7月30日）

第19条 人民法院受理企业破产案件后，以债务人为原告的其他民事纠纷案件尚在一审程序的，受诉人民法院应当将案件移送受理破产案件的人民法院；案件已进行到二审程序的，受诉人民法院应当继续审理。

第三章　管　理　人

第二十二条　管理人的指定与更换

管理人由人民法院指定。

债权人会议认为管理人不能依法、公正执行职务或者有其他不能胜任职务情形的，可以申请人民法院予以更换。

指定管理人和确定管理人报酬的办法，由最高人民法院规定。

● 司法解释及文件

1.《最高人民法院关于适用〈中华人民共和国企业破产法〉若干问题的规定（二）》（2020年12月29日）

第23条 破产申请受理后，债权人就债务人财产向人民法院提起本规定第二十一条第一款所列诉讼的，人民法院不予受理。

债权人通过债权人会议或者债权人委员会，要求管理人依法向次债务人、债务人的出资人等追收债务人财产，管理人无正当理由拒绝追收，债权人会议依据企业破产法第二十二条的规定，申请人民法院更换管理人的，人民法院应予支持。

管理人不予追收，个别债权人代表全体债权人提起相关诉讼，主张次债务人或者债务人的出资人等向债务人清偿或者返还债务人财产，或者依法申请合并破产的，人民法院应予受理。

2. 《全国法院民商事审判工作会议纪要》（2019年11月8日）

113.【重整计划监督期间的管理人报酬及诉讼管辖】要依法确保重整计划的执行和有效监督。重整计划的执行期间和监督期间原则上应当一致。二者不一致的，人民法院在确定和调整重整程序中的管理人报酬方案时，应当根据重整期间和重整计划监督期间管理人工作量的不同予以区别对待。其中，重整期间的管理人报酬应当根据管理人对重整发挥的实际作用等因素予以确定和支付；重整计划监督期间管理人报酬的支付比例和支付时间，应当根据管理人监督职责的履行情况，与债权人按照重整计划实际受偿比例和受偿时间相匹配。

重整计划执行期间，因重整程序终止后新发生的事实或者事件引发的有关债务人的民事诉讼，不适用《企业破产法》第21条有关集中管辖的规定。除重整计划有明确约定外，上述纠纷引发的诉讼，不再由管理人代表债务人进行。

114.【重整程序与破产清算程序的衔接】重整期间或者重整计划执行期间，债务人因法定事由被宣告破产的，人民法院不再另立新的案号，原重整程序的管理人原则上应当继续履行破产清算程序中的职责。原重整程序的管理人不能继续履行职责或者不适宜继续担任管理人的，人民法院应当依法重新指定管理人。

重整程序转破产清算案件中的管理人报酬，应当综合管理人为重整工作和清算工作分别发挥的实际作用等因素合理确定。重整期间因法定事由转入破产清算程序的，应当按照破产清算案件确定管理人报酬。重整计划执行期间因法定事由转入破产清算程序的，后续破产清算阶段的管理人报酬应当根据管理人实际工作量予以确定，不能简单根据债务人最终清偿的财产价值总额计算。

重整程序因人民法院裁定批准重整计划草案而终止的，重整案件可作结案处理。重整计划执行完毕后，人民法院可以根据管理人等利害关系人申请，作出重整程序终结的裁定。

3.《关于进一步做好全国企业破产重整案件信息网推广应用工作的办法》（2016年11月11日）

第8条 人民法院要制定完善管理人考核办法，将工作信息公开、债务人信息披露等各项工作纳入考核范围，并作为确定管理人薪酬的依据。

4.《最高人民法院关于正确审理企业破产案件为维护市场经济秩序提供司法保障若干问题的意见》（2009年6月12日）

五、妥善指定适格管理人，充分发挥管理人在企业破产程序中的积极作用

11. 人民法院要根据企业破产法和有关司法解释的规定，采用适当方式指定管理人，对于重大疑难案件，可以通过竞争的方式择优确定管理人。要注意处理好审理破产案件的审判庭和司法技术辅助工作部门的关系，在指定管理人时，应由审理破产案件的审判庭根据案件实际情况决定采用哪类管理人以及采用哪种产生方式，在决定通过随机方式或者竞争方式产生管理人或其成员时，再由司法技术辅助工作部门根据规定产生管理人或其成员。

12. 企业重整中，因涉及重大资产重组、经营模式选择、引入新出资人等商业运作内容，重整中管理人的职责不仅是管理和处分债务人财产，更要管理债务人的经营业务，特别是制定和执行重整计划。因此，在我国目前管理人队伍尚未成熟的情况下，人民法院指定管理人时，应当注意吸收相关部门和人才，根据实

际情况选择指定的形式和方式，以便产生适格管理人。

5.《最高人民法院关于审理企业破产案件指定管理人的规定》（2007年4月12日）

二、管理人的指定

第15条 受理企业破产案件的人民法院指定管理人，一般应从本地管理人名册中指定。

对于商业银行、证券公司、保险公司等金融机构以及在全国范围内有重大影响、法律关系复杂、债务人财产分散的企业破产案件，人民法院可以从所在地区高级人民法院编制的管理人名册列明的其他地区管理人或者异地人民法院编制的管理人名册中指定管理人。

第16条 受理企业破产案件的人民法院，一般应指定管理人名册中的社会中介机构担任管理人。

第17条 对于事实清楚、债权债务关系简单、债务人财产相对集中的企业破产案件，人民法院可以指定管理人名册中的个人为管理人。

第18条 企业破产案件有下列情形之一的，人民法院可以指定清算组为管理人：

（一）破产申请受理前，根据有关规定已经成立清算组，人民法院认为符合本规定第十九条的规定；

（二）审理企业破产法第一百三十三条规定的案件；

（三）有关法律规定企业破产时成立清算组；

（四）人民法院认为可以指定清算组为管理人的其他情形。

第19条 清算组为管理人的，人民法院可以从政府有关部门、编入管理人名册的社会中介机构、金融资产管理公司中指定清算组成员，人民银行及金融监督管理机构可以按照有关法律和行政法规的规定派人参加清算组。

第20条 人民法院一般应当按照管理人名册所列名单采取

轮候、抽签、摇号等随机方式公开指定管理人。

第21条 对于商业银行、证券公司、保险公司等金融机构或者在全国范围有重大影响、法律关系复杂、债务人财产分散的企业破产案件，人民法院可以采取公告的方式，邀请编入各地人民法院管理人名册中的社会中介机构参与竞争，从参与竞争的社会中介机构中指定管理人。参与竞争的社会中介机构不得少于三家。

采取竞争方式指定管理人的，人民法院应当组成专门的评审委员会。

评审委员会应当结合案件的特点，综合考量社会中介机构的专业水准、经验、机构规模、初步报价等因素，从参与竞争的社会中介机构中择优指定管理人。被指定为管理人的社会中介机构应经评审委员会成员二分之一以上通过。

采取竞争方式指定管理人的，人民法院应当确定一至两名备选社会中介机构，作为需要更换管理人时的接替人选。

第22条 对于经过行政清理、清算的商业银行、证券公司、保险公司等金融机构的破产案件，人民法院除可以按照本规定第十八条第一项的规定指定管理人外，也可以在金融监督管理机构推荐的已编入管理人名册的社会中介机构中指定管理人。

第23条 社会中介机构、清算组成员有下列情形之一，可能影响其忠实履行管理人职责的，人民法院可以认定为企业破产法第二十四条第三款第三项规定的利害关系：

（一）与债务人、债权人有未了结的债权债务关系；

（二）在人民法院受理破产申请前三年内，曾为债务人提供相对固定的中介服务；

（三）现在是或者在人民法院受理破产申请前三年内曾经是债务人、债权人的控股股东或者实际控制人；

（四）现在担任或者在人民法院受理破产申请前三年内曾经

担任债务人、债权人的财务顾问、法律顾问；

（五）人民法院认为可能影响其忠实履行管理人职责的其他情形。

第 24 条　清算组成员的派出人员、社会中介机构的派出人员、个人管理人有下列情形之一，可能影响其忠实履行管理人职责的，可以认定为企业破产法第二十四条第三款第三项规定的利害关系：

（一）具有本规定第二十三条规定情形；

（二）现在担任或者在人民法院受理破产申请前三年内曾经担任债务人、债权人的董事、监事、高级管理人员；

（三）与债权人或者债务人的控股股东、董事、监事、高级管理人员存在夫妻、直系血亲、三代以内旁系血亲或者近姻亲关系；

（四）人民法院认为可能影响其公正履行管理人职责的其他情形。

第 25 条　在进入指定管理人程序后，社会中介机构或者个人发现与本案有利害关系的，应主动申请回避并向人民法院书面说明情况。人民法院认为社会中介机构或者个人与本案有利害关系，不应指定该社会中介机构或者个人为本案管理人。

第 26 条　社会中介机构或者个人有重大债务纠纷或者因涉嫌违法行为正被相关部门调查的，人民法院不应指定该社会中介机构或者个人为本案管理人。

第 27 条　人民法院指定管理人应当制作决定书，并向被指定为管理人的社会中介机构或者个人、破产申请人、债务人、债务人的企业登记机关送达。决定书应与受理破产申请的民事裁定书一并公告。

第 28 条　管理人无正当理由，不得拒绝人民法院的指定。

管理人一经指定，不得以任何形式将管理人应当履行的职责全部或者部分转给其他社会中介机构或者个人。

第29条 管理人凭指定管理人决定书按照国家有关规定刻制管理人印章，并交人民法院封样备案后启用。

管理人印章只能用于所涉破产事务。管理人根据企业破产法第一百二十二条规定终止执行职务后，应当将管理人印章交公安机关销毁，并将销毁的证明送交人民法院。

第30条 受理企业破产案件的人民法院应当将指定管理人过程中形成的材料存入企业破产案件卷宗，债权人会议或者债权人委员会有权查阅。

三、管理人的更换

第31条 债权人会议根据企业破产法第二十二条第二款的规定申请更换管理人的，应由债权人会议作出决议并向人民法院提出书面申请。

人民法院在收到债权人会议的申请后，应当通知管理人在两日内作出书面说明。

第32条 人民法院认为申请理由不成立的，应当自收到管理人书面说明之日起十日内作出驳回申请的决定。

人民法院认为申请更换管理人的理由成立的，应当自收到管理人书面说明之日起十日内作出更换管理人的决定。

第33条 社会中介机构管理人有下列情形之一的，人民法院可以根据债权人会议的申请或者依职权迳行决定更换管理人：

（一）执业许可证或者营业执照被吊销或者注销；

（二）出现解散、破产事由或者丧失承担执业责任风险的能力；

（三）与本案有利害关系；

（四）履行职务时，因故意或者重大过失导致债权人利益受到损害；

（五）有本规定第二十六条规定的情形。

清算组成员参照适用前款规定。

第34条 个人管理人有下列情形之一的，人民法院可以根据债权人会议的申请或者依职权迳行决定更换管理人：

（一）执业资格被取消、吊销；

（二）与本案有利害关系；

（三）履行职务时，因故意或者重大过失导致债权人利益受到损害；

（四）失踪、死亡或者丧失民事行为能力；

（五）因健康原因无法履行职务；

（六）执业责任保险失效；

（七）有本规定第二十六条规定的情形。

清算组成员的派出人员、社会中介机构的派出人员参照适用前款规定。

第35条 管理人无正当理由申请辞去职务的，人民法院不予许可。正当理由的认定，可参照适用本规定第三十三条、第三十四条规定的情形。

第36条 人民法院对管理人申请辞去职务未予许可，管理人仍坚持辞去职务并不再履行管理人职责的，人民法院应当决定更换管理人。

第37条 人民法院决定更换管理人的，原管理人应当自收到决定书之次日起，在人民法院监督下向新任管理人移交全部资料、财产、营业事务及管理人印章，并及时向新任管理人书面说明工作进展情况。原管理人不能履行上述职责的，新任管理人可以直接接管相关事务。

在破产程序终结前，原管理人应当随时接受新任管理人、债权人会议、人民法院关于其履行管理人职责情况的询问。

第38条 人民法院决定更换管理人的，应将决定书送达原管理人、新任管理人、破产申请人、债务人以及债务人的企业登记机关，并予公告。

第39条 管理人申请辞去职务未获人民法院许可，但仍坚持辞职并不再履行管理人职责，或者人民法院决定更换管理人后，原管理人拒不向新任管理人移交相关事务，人民法院可以根据企业破产法第一百三十条的规定和具体情况，决定对管理人罚款。对社会中介机构为管理人的罚款5万元至20万元人民币，对个人为管理人的罚款1万元至5万元人民币。

管理人有前款规定行为或者无正当理由拒绝人民法院指定的，编制管理人名册的人民法院可以决定停止其担任管理人一年至三年，或者将其从管理人名册中除名。

第40条 管理人不服罚款决定的，可以向上一级人民法院申请复议，上级人民法院应在收到复议申请后五日内作出决定，并将复议结果通知下级人民法院和当事人。

6.《最高人民法院关于审理企业破产案件确定管理人报酬的规定》（2007年4月12日）

为公正、高效审理企业破产案件，规范人民法院确定管理人报酬工作，根据《中华人民共和国企业破产法》的规定，制定本规定。

第1条 管理人履行企业破产法第二十五条规定的职责，有权获得相应报酬。

管理人报酬由审理企业破产案件的人民法院依据本规定确定。

第2条 人民法院应根据债务人最终清偿的财产价值总额，在以下比例限制范围内分段确定管理人报酬：

（一）不超过一百万元（含本数，下同）的，在12%以下确定；

（二）超过一百万元至五百万元的部分，在10%以下确定；

（三）超过五百万元至一千万元的部分，在8%以下确定；

（四）超过一千万元至五千万元的部分，在6%以下确定；
（五）超过五千万元至一亿元的部分，在3%以下确定；
（六）超过一亿元至五亿元的部分，在1%以下确定；
（七）超过五亿元的部分，在0.5%以下确定。

担保权人优先受偿的担保物价值，不计入前款规定的财产价值总额。

高级人民法院认为有必要的，可以参照上述比例在30%的浮动范围内制定符合当地实际情况的管理人报酬比例限制范围，并通过当地有影响的媒体公告，同时报最高人民法院备案。

第3条 人民法院可以根据破产案件的实际情况，确定管理人分期或者最后一次性收取报酬。

第4条 人民法院受理企业破产申请后，应当对债务人可供清偿的财产价值和管理人的工作量作出预测，初步确定管理人报酬方案。管理人报酬方案应当包括管理人报酬比例和收取时间。

第5条 人民法院采取公开竞争方式指定管理人的，可以根据社会中介机构提出的报价确定管理人报酬方案，但报酬比例不得超出本规定第二条规定的限制范围。

上述报酬方案一般不予调整，但债权人会议异议成立的除外。

第6条 人民法院应当自确定管理人报酬方案之日起三日内，书面通知管理人。

管理人应当在第一次债权人会议上报告管理人报酬方案内容。

第7条 管理人、债权人会议对管理人报酬方案有意见的，可以进行协商。双方就调整管理人报酬方案内容协商一致的，管理人应向人民法院书面提出具体的请求和理由，并附相应的债权人会议决议。

人民法院经审查认为上述请求和理由不违反法律和行政法规

强制性规定，且不损害他人合法权益的，应当按照双方协商的结果调整管理人报酬方案。

第 8 条　人民法院确定管理人报酬方案后，可以根据破产案件和管理人履行职责的实际情况进行调整。

人民法院应当自调整管理人报酬方案之日起三日内，书面通知管理人。管理人应当自收到上述通知之日起三日内，向债权人委员会或者债权人会议主席报告管理人报酬方案调整内容。

第 9 条　人民法院确定或者调整管理人报酬方案时，应当考虑以下因素：

（一）破产案件的复杂性；

（二）管理人的勤勉程度；

（三）管理人为重整、和解工作做出的实际贡献；

（四）管理人承担的风险和责任；

（五）债务人住所地居民可支配收入及物价水平；

（六）其他影响管理人报酬的情况。

第 10 条　最终确定的管理人报酬及收取情况，应列入破产财产分配方案。在和解、重整程序中，管理人报酬方案内容应列入和解协议草案或重整计划草案。

第 11 条　管理人收取报酬，应当向人民法院提出书面申请。申请书应当包括以下内容：

（一）可供支付报酬的债务人财产情况；

（二）申请收取报酬的时间和数额；

（三）管理人履行职责的情况。

人民法院应当自收到上述申请书之日起十日内，确定支付管理人的报酬数额。

第 12 条　管理人报酬从债务人财产中优先支付。

债务人财产不足以支付管理人报酬和管理人执行职务费用的，管理人应当提请人民法院终结破产程序。但债权人、管理人、债务人的出资人或者其他利害关系人愿意垫付上述报酬和费用的，破产程序可以继续进行。

上述垫付款项作为破产费用从债务人财产中向垫付人随时清偿。

第13条　管理人对担保物的维护、变现、交付等管理工作付出合理劳动的，有权向担保权人收取适当的报酬。管理人与担保权人就上述报酬数额不能协商一致的，人民法院应当参照本规定第二条规定的方法确定，但报酬比例不得超出该条规定限制范围的10%。

第14条　律师事务所、会计师事务所通过聘请本专业的其他社会中介机构或者人员协助履行管理人职责的，所需费用从其报酬中支付。

破产清算事务所通过聘请其他社会中介机构或者人员协助履行管理人职责的，所需费用从其报酬中支付。

第15条　清算组中有关政府部门派出的工作人员参与工作的不收取报酬。其他机构或人员的报酬根据其履行职责的情况确定。

第16条　管理人发生更换的，人民法院应当分别确定更换前后的管理人报酬。其报酬比例总和不得超出本规定第二条规定的限制范围。

第17条　债权人会议对管理人报酬有异议的，应当向人民法院书面提出具体的请求和理由。异议书应当附有相应的债权人会议决议。

第18条　人民法院应当自收到债权人会议异议书之日起三日内通知管理人。管理人应当自收到通知之日起三日内作出书面说明。

人民法院认为有必要的，可以举行听证会，听取当事人意见。

人民法院应当自收到债权人会议异议书之日起十日内，就是否调整管理人报酬问题书面通知管理人、债权人委员会或者债权人会议主席。

7.《最高人民法院关于审理企业破产案件若干问题的规定》(2002年7月30日)

第18条 人民法院受理企业破产案件后,除可以随即进行破产宣告成立清算组的外,在企业原管理组织不能正常履行管理职责的情况下,可以成立企业监管组。企业监管组成员从企业上级主管部门或者股东会议代表、企业原管理人员、主要债权人中产生,也可以聘请会计师、律师等中介机构参加。企业监管组主要负责处理以下事务:

(一)清点、保管企业财产;

(二)核查企业债权;

(三)为企业利益而进行的必要的经营活动;

(四)支付人民法院许可的必要支出;

(五)人民法院许可的其他工作。

企业监管组向人民法院负责,接受人民法院的指导、监督。

第47条 人民法院应当自裁定宣告企业破产之日起15日内成立清算组。

第二十三条 管理人的义务

管理人依照本法规定执行职务,向人民法院报告工作,并接受债权人会议和债权人委员会的监督。

管理人应当列席债权人会议,向债权人会议报告职务执行情况,并回答询问。

● 司法解释及文件

《最高人民法院关于审理企业破产案件若干问题的规定》(2002年7月30日)

第51条 清算组对人民法院负责并且报告工作,接受人民法院的监督。人民法院应当及时指导清算组的工作,明确清算组的职权与责任,帮助清算组拟订工作计划,听取清算组汇报工作。

清算组有损害债权人利益的行为或者其他违法行为的,人民法院可以根据债权人的申请或者依职权予以纠正。

人民法院可以根据债权人的申请或者依职权更换不称职的清算组成员。

第52条 清算组应当列席债权人会议,接受债权人会议的询问。债权人有权查阅有关资料、询问有关事项;清算组的决定违背债权人利益的,债权人可以申请人民法院裁定撤销该决定。

第二十四条　管理人的资格

管理人可以由有关部门、机构的人员组成的清算组或者依法设立的律师事务所、会计师事务所、破产清算事务所等社会中介机构担任。

人民法院根据债务人的实际情况,可以在征询有关社会中介机构的意见后,指定该机构具备相关专业知识并取得执业资格的人员担任管理人。

有下列情形之一的,不得担任管理人:

(一)因故意犯罪受过刑事处罚;

(二)曾被吊销相关专业执业证书;

(三)与本案有利害关系;

(四)人民法院认为不宜担任管理人的其他情形。

个人担任管理人的,应当参加执业责任保险。

● 司法解释及文件

1.《最高人民法院关于适用〈中华人民共和国公司法〉若干问题的规定(二)》(2020年12月29日)

第8条 人民法院受理公司清算案件,应当及时指定有关人员组成清算组。

清算组成员可以从下列人员或者机构中产生：

（一）公司股东、董事、监事、高级管理人员；

（二）依法设立的律师事务所、会计师事务所、破产清算事务所等社会中介机构；

（三）依法设立的律师事务所、会计师事务所、破产清算事务所等社会中介机构中具备相关专业知识并取得执业资格的人员。

2.《最高人民法院关于审理企业破产案件指定管理人的规定》（2007年4月12日）

第9条　社会中介机构及个人具有下列情形之一的，人民法院可以适用企业破产法第二十四条第三款第四项的规定：

（一）因执业、经营中故意或者重大过失行为，受到行政机关、监管机构或者行业自律组织行政处罚或者纪律处分之日起未逾三年；

（二）因涉嫌违法行为正被相关部门调查；

（三）因不适当履行职务或者拒绝接受人民法院指定等原因，被人民法院从管理人名册除名之日起未逾三年；

（四）缺乏担任管理人所应具备的专业能力；

（五）缺乏承担民事责任的能力；

（六）人民法院认为可能影响履行管理人职责的其他情形。

第14条　人民法院可以根据企业破产案件受理情况、管理人履行职务以及管理人资格变化等因素，对管理人名册适时进行调整。新编入管理人名册的社会中介机构和个人应当按照本规定的程序办理。

人民法院发现社会中介机构或者个人有企业破产法第二十四条第三款规定情形的，应当将其从管理人名册中除名。

第23条　社会中介机构、清算组成员有下列情形之一，可能影响其忠实履行管理人职责的，人民法院可以认定为企业破产法第二十四条第三款第三项规定的利害关系：

（一）与债务人、债权人有未了结的债权债务关系；

（二）在人民法院受理破产申请前三年内，曾为债务人提供相对固定的中介服务；

（三）现在是或者在人民法院受理破产申请前三年内曾经是债务人、债权人的控股股东或者实际控制人；

（四）现在担任或者在人民法院受理破产申请前三年内曾经担任债务人、债权人的财务顾问、法律顾问；

（五）人民法院认为可能影响其忠实履行管理人职责的其他情形。

第24条 清算组成员的派出人员、社会中介机构的派出人员、个人管理人有下列情形之一，可能影响其忠实履行管理人职责的，可以认定为企业破产法第二十四条第三款第三项规定的利害关系：

（一）具有本规定第二十三条规定情形；

（二）现在担任或者在人民法院受理破产申请前三年内曾经担任债务人、债权人的董事、监事、高级管理人员；

（三）与债权人或者债务人的控股股东、董事、监事、高级管理人员存在夫妻、直系血亲、三代以内旁系血亲或者近姻亲关系；

（四）人民法院认为可能影响其公正履行管理人职责的其他情形。

3. 《最高人民法院关于审理企业破产案件若干问题的规定》（2002年7月30日）

第48条 清算组成员可以从破产企业上级主管部门、清算中介机构以及会计、律师中产生，也可以从政府财政、工商管理、计委、经委、审计、税务、物价、劳动、社会保险、土地管理、国有资产管理、人事等部门中指定。人民银行分（支）行可以按照有关规定派人参加清算组。

第二十五条　管理人的职责

管理人履行下列职责：

（一）接管债务人的财产、印章和账簿、文书等资料；

（二）调查债务人财产状况，制作财产状况报告；

（三）决定债务人的内部管理事务；

（四）决定债务人的日常开支和其他必要开支；

（五）在第一次债权人会议召开之前，决定继续或者停止债务人的营业；

（六）管理和处分债务人的财产；

（七）代表债务人参加诉讼、仲裁或者其他法律程序；

（八）提议召开债权人会议；

（九）人民法院认为管理人应当履行的其他职责。

本法对管理人的职责另有规定的，适用其规定。

● 法　律

1.《劳动合同法》（2018年12月28日）

第41条　有下列情形之一，需要裁减人员二十人以上或者裁减不足二十人但占企业职工总数百分之十以上的，用人单位提前三十日向工会或者全体职工说明情况，听取工会或者职工的意见后，裁减人员方案经向劳动行政部门报告，可以裁减人员：

（一）依照企业破产法规定进行重整的；

（二）生产经营发生严重困难的；

（三）企业转产、重大技术革新或者经营方式调整，经变更劳动合同后，仍需裁减人员的；

（四）其他因劳动合同订立时所依据的客观经济情况发生重

大变化，致使劳动合同无法履行的。

裁减人员时，应当优先留用下列人员：

（一）与本单位订立较长期限的固定期限劳动合同的；

（二）与本单位订立无固定期限劳动合同的；

（三）家庭无其他就业人员，有需要扶养的老人或者未成年人的。

用人单位依照本条第一款规定裁减人员，在六个月内重新招用人员的，应当通知被裁减的人员，并在同等条件下优先招用被裁减的人员。

第44条　有下列情形之一的，劳动合同终止：

（一）劳动合同期满的；

（二）劳动者开始依法享受基本养老保险待遇的；

（三）劳动者死亡，或者被人民法院宣告死亡或者宣告失踪的；

（四）用人单位被依法宣告破产的；

（五）用人单位被吊销营业执照、责令关闭、撤销或者用人单位决定提前解散的；

（六）法律、行政法规规定的其他情形。

2.《劳动法》（2018年12月29日）

第27条　用人单位濒临破产进行法定整顿期间或者生产经营状况发生严重困难，确需裁减人员的，应当提前三十日向工会或者全体职工说明情况，听取工会或者职工的意见，经向劳动行政部门报告后，可以裁减人员。

用人单位依据本条规定裁减人员，在六个月内录用人员的，应当优先录用被裁减的人员。

3.《企业破产法》（2006年8月27日）

第26条　在第一次债权人会议召开之前，管理人决定继续或者停止债务人的营业或者有本法第六十九条规定行为之一的，应当经人民法院许可。

第 34 条　因本法第三十一条、第三十二条或者第三十三条规定的行为而取得的债务人的财产，管理人有权追回。

第 69 条　管理人实施下列行为，应当及时报告债权人委员会：

（一）涉及土地、房屋等不动产权益的转让；

（二）探矿权、采矿权、知识产权等财产权的转让；

（三）全部库存或者营业的转让；

（四）借款；

（五）设定财产担保；

（六）债权和有价证券的转让；

（七）履行债务人和对方当事人均未履行完毕的合同；

（八）放弃权利；

（九）担保物的取回；

（十）对债权人利益有重大影响的其他财产处分行为。

未设立债权人委员会的，管理人实施前款规定的行为应当及时报告人民法院。

第 73 条　在重整期间，经债务人申请，人民法院批准，债务人可以在管理人的监督下自行管理财产和营业事务。

有前款规定情形的，依照本法规定已接管债务人财产和营业事务的管理人应当向债务人移交财产和营业事务，本法规定的管理人的职权由债务人行使。

第 74 条　管理人负责管理财产和营业事务的，可以聘任债务人的经营管理人员负责营业事务。

● 行政法规及文件

4.《劳动合同法实施条例》（2008 年 9 月 18 日）

第 19 条　有下列情形之一的，依照劳动合同法规定的条件、程序，用人单位可以与劳动者解除固定期限劳动合同、无固定期限劳动合同或者以完成一定工作任务为期限的劳动合同：

（一）用人单位与劳动者协商一致的；

（二）劳动者在试用期间被证明不符合录用条件的；

（三）劳动者严重违反用人单位的规章制度的；

（四）劳动者严重失职，营私舞弊，给用人单位造成重大损害的；

（五）劳动者同时与其他用人单位建立劳动关系，对完成本单位的工作任务造成严重影响，或者经用人单位提出，拒不改正的；

（六）劳动者以欺诈、胁迫的手段或者乘人之危，使用人单位在违背真实意思的情况下订立或者变更劳动合同的；

（七）劳动者被依法追究刑事责任的；

（八）劳动者患病或者非因工负伤，在规定的医疗期满后不能从事原工作，也不能从事由用人单位另行安排的工作的；

（九）劳动者不能胜任工作，经过培训或者调整工作岗位，仍不能胜任工作的；

（十）劳动合同订立时所依据的客观情况发生重大变化，致使劳动合同无法履行，经用人单位与劳动者协商，未能就变更劳动合同内容达成协议的；

（十一）用人单位依照企业破产法规定进行重整的；

（十二）用人单位生产经营发生严重困难的；

（十三）企业转产、重大技术革新或者经营方式调整，经变更劳动合同后，仍需裁减人员的；

（十四）其他因劳动合同订立时所依据的客观经济情况发生重大变化，致使劳动合同无法履行的。

● 司法解释及文件

5.《关于进一步做好全国企业破产重整案件信息网推广应用工作的办法》（2016年11月11日）

第5条 为促进重整工作顺利开展，实现企业运营价值，关于债务人信息的披露，管理人除应按照要求及时公开债务人工商登记信息、最近一年的年度报告、资产负债表、涉及诉讼、仲裁案件的基本信息外，还应及时公开以下信息：

（一）企业产品、职工、资产等企业概况；

（二）企业经营困境及出现困境的原因；

（三）企业品牌价值、销售渠道、先进设备、知识产权、特殊资质、政策优势等方面的特有价值；

（四）管理人工作日志；

（五）重整计划获得批准后，重整计划的执行情况，以及后续经营情况。

6.《最高人民法院关于企业破产案件信息公开的规定（试行）》（2016年7月26日）

第4条 破产管理人依法公开破产案件的以下信息：

（一）债务人信息；

（二）征集、招募重整投资人的公告；

（三）破产管理人工作节点信息；

（四）破产程序中破产管理人发布的其他公告；

（五）破产管理人制作的破产程序法律文书；

（六）人民法院裁定批准的重整计划、认可的破产财产分配方案、和解协议。

破产管理人认为应当公开的其他信息，经人民法院批准可以公开。

第5条 破产管理人应当通过破产重整案件信息网及时公开下列债务人信息：

（一）工商登记信息；

（二）最近一年的年度报告；

（三）最近一年的资产负债表；

（四）涉及的诉讼、仲裁案件的基本信息。

第 6 条 重整投资人可以通过破产重整案件信息网与破产管理人互动交流。破产管理人可以根据与重整投资人的协议向重整投资人公开下列债务人信息：

（一）资产、经营状况信息；

（二）涉及的诉讼、仲裁案件的详细信息；

（三）重整投资人需要的其他信息。

第 7 条 人民法院、破产管理人可以在破产重整案件信息网发布破产程序有关公告。

人民法院、破产管理人在其他媒体发布公告的，同时要在破产重整案件信息网发布公告。人民法院、破产管理人在破产重整案件信息网发布的公告具有法律效力。

第 10 条 债权人可以在破产重整案件信息网实名注册后申报债权并提交有关证据的电子文档，网上申报债权与其他方式申报债权具有同等法律效力。

债权人向破产管理人书面申报债权的，破产管理人应当将债权申报书及有关证据的电子文档上传破产重整案件信息网。

第 11 条 人民法院、破产管理人可以在破产重整案件信息网召集债权人会议并表决有关事项。网上投票形成的表决结果与现场投票形成的表决结果具有同等法律效力。

债权人可以选择现场投票或者网上投票，但选择后不能再采用其他方式进行投票，采用其他方式进行投票的，此次投票无效。

7.《最高人民法院关于审理上市公司破产重整案件工作座谈会纪要》（2012 年 10 月 29 日）

五、关于对破产重整上市公司的信息保密和披露

会议认为，对于股票仍在正常交易的上市公司，在上市公司破产重整申请相关信息披露前，上市公司及其债权人、出资人等利害关系人应当按照法律、行政法规、证券监管机构的部门规章及证券交易所上市规则做好信息保密工作。

上市公司的债权人提出破产重整申请的，人民法院应当要求债权人提供其已就此告知上市公司的有关证据。上市公司应当按照相关规则及时履行信息披露义务。

上市公司进入破产重整程序后，由管理人履行相关法律、行政法规、部门规章和公司章程规定的原上市公司董事会、董事和高级管理人员承担的职责和义务，上市公司自行管理财产和营业事务的除外。管理人在上市公司破产重整程序中存在信息披露违法违规行为的，应当依法承担相应的责任。

8.《最高人民法院关于审理企业破产案件确定管理人报酬的规定》（2007年4月12日）

第1条 管理人履行企业破产法第二十五条规定的职责，有权获得相应报酬。

管理人报酬由审理企业破产案件的人民法院依据本规定确定。

9.《最高人民法院关于审理企业破产案件若干问题的规定》（2002年7月30日）

第34条 人民法院宣告债务人破产后，应当通知债务人的开户银行，限定其银行账户只能由清算组使用。人民法院通知开户银行时应当附破产宣告裁定书。

第50条 清算组的主要职责是：

（一）接管破产企业。向破产企业原法定代表人及留守人员接收原登记造册的资产明细表、有形资产清册，接管所有财产、账册、文书档案、印章、证照和有关资料。破产宣告前成立企业监管组的，由企业监管组和企业原法定代表人向清算组进行移交；

（二）清理破产企业财产，编制财产明细表和资产负债表，编制债权债务清册，组织破产财产的评估、拍卖、变现；

（三）回收破产企业的财产，向破产企业的债务人、财产持有人依法行使财产权利；

（四）管理、处分破产财产，决定是否履行合同和在清算范围内进行经营活动。确认别除权、抵销权、取回权；

（五）进行破产财产的委托评估、拍卖及其他变现工作；

（六）依法提出并执行破产财产处理和分配方案；

（七）提交清算报告；

（八）代表破产企业参加诉讼和仲裁活动；

（九）办理企业注销登记等破产终结事宜；

（十）完成人民法院依法指定的其他事项。

第53条 清算组对破产财产应当及时登记、清理、审计、评估、变价。必要时，可以请求人民法院对破产企业财产进行保全。

第54条 清算组应当采取有效措施保护破产企业的财产。债务人的财产权利如不依法登记或者及时行使将丧失权利的，应当及时予以登记或者行使；对易损、易腐、跌价或者保管费用较高的财产应当及时变卖。

第二十六条　第一次债权人会议前管理人行为的许可

在第一次债权人会议召开之前，管理人决定继续或者停止债务人的营业或者有本法第六十九条规定行为之一的，应当经人民法院许可。

● 法　律

1. 《企业破产法》（2006年8月27日）

第69条 管理人实施下列行为，应当及时报告债权人委员会：

（一）涉及土地、房屋等不动产权益的转让；

（二）探矿权、采矿权、知识产权等财产权的转让；

（三）全部库存或者营业的转让；

（四）借款；

（五）设定财产担保；

（六）债权和有价证券的转让；

（七）履行债务人和对方当事人均未履行完毕的合同；

（八）放弃权利；

（九）担保物的取回；

（十）对债权人利益有重大影响的其他财产处分行为。

未设立债权人委员会的，管理人实施前款规定的行为应当及时报告人民法院。

● **司法解释及文件**

2.《最高人民法院关于审理企业破产案件若干问题的规定》（2002年7月30日）

第33条 债务人自破产宣告之日起停止生产经营活动。为债权人利益确有必要继续生产经营的，须经人民法院许可。

第二十七条 管理人的忠实义务

管理人应当勤勉尽责，忠实执行职务。

● **法　律**

《企业破产法》（2006年8月27日）

第24条 管理人可以由有关部门、机构的人员组成的清算组或者依法设立的律师事务所、会计师事务所、破产清算事务所等社会中介机构担任。

人民法院根据债务人的实际情况，可以在征询有关社会中介机构的意见后，指定该机构具备相关专业知识并取得执业资格的人员担任管理人。

有下列情形之一的，不得担任管理人：

（一）因故意犯罪受过刑事处罚；

（二）曾被吊销相关专业执业证书；

（三）与本案有利害关系；

（四）人民法院认为不宜担任管理人的其他情形。

个人担任管理人的，应当参加执业责任保险。

第130条 管理人未依照本法规定勤勉尽责，忠实执行职务的，人民法院可以依法处以罚款；给债权人、债务人或者第三人造成损失的，依法承担赔偿责任。

第二十八条 管理人聘任工作人员与管理人的报酬

管理人经人民法院许可，可以聘用必要的工作人员。

管理人的报酬由人民法院确定。债权人会议对管理人的报酬有异议的，有权向人民法院提出。

● 司法解释及文件

1.《全国法院破产审判工作会议纪要》（2018年3月4日）

11.管理人聘用其他人员费用负担的规制。管理人经人民法院许可聘用企业经营管理人员，或者管理人确有必要聘请其他社会中介机构或人员处理重大诉讼、仲裁、执行或审计等专业性较强工作，如所需费用需要列入破产费用的，应当经债权人会议同意。

2.《最高人民法院关于审理企业破产案件确定管理人报酬的规定》（2007年4月12日）

第1条 管理人履行企业破产法第二十五条规定的职责，有权获得相应报酬。

管理人报酬由审理企业破产案件的人民法院依据本规定确定。

第2条 人民法院应根据债务人最终清偿的财产价值总额，

在以下比例限制范围内分段确定管理人报酬：

（一）不超过一百万元（含本数，下同）的，在12%以下确定；

（二）超过一百万元至五百万元的部分，在10%以下确定；

（三）超过五百万元至一千万元的部分，在8%以下确定；

（四）超过一千万元至五千万元的部分，在6%以下确定；

（五）超过五千万元至一亿元的部分，在3%以下确定；

（六）超过一亿元至五亿元的部分，在1%以下确定；

（七）超过五亿元的部分，在0.5%以下确定。

担保权人优先受偿的担保物价值，不计入前款规定的财产价值总额。

高级人民法院认为有必要的，可以参照上述比例在30%的浮动范围内制定符合当地实际情况的管理人报酬比例限制范围，并通过当地有影响的媒体公告，同时报最高人民法院备案。

第3条　人民法院可以根据破产案件的实际情况，确定管理人分期或者最后一次性收取报酬。

第4条　人民法院受理企业破产申请后，应当对债务人可供清偿的财产价值和管理人的工作量作出预测，初步确定管理人报酬方案。管理人报酬方案应当包括管理人报酬比例和收取时间。

第17条　债权人会议对管理人报酬有异议的，应当向人民法院书面提出具体的请求和理由。异议书应当附有相应的债权人会议决议。

第18条　人民法院应当自收到债权人会议异议书之日起三日内通知管理人。管理人应当自收到通知之日起三日内作出书面说明。

人民法院认为有必要的，可以举行听证会，听取当事人意见。

人民法院应当自收到债权人会议异议书之日起十日内，就是否调整管理人报酬问题书面通知管理人、债权人委员会或者债权人会议主席。

3.《最高人民法院关于审理企业破产案件若干问题的规定》（2002年7月30日）

第49条 清算组经人民法院同意可以聘请破产清算机构、律师事务所、会计事务所等中介机构承担一定的破产清算工作。中介机构就清算工作向清算组负责。

第75条 经人民法院同意，清算组可以聘用律师或者其他中介机构的人员追收债权。

第二十九条　管理人的辞职

管理人没有正当理由不得辞去职务。管理人辞去职务应当经人民法院许可。

第四章　债务人财产

第三十条　债务人财产

破产申请受理时属于债务人的全部财产，以及破产申请受理后至破产程序终结前债务人取得的财产，为债务人财产。

● 法　律

1.《证券法》（2019年12月28日）

第131条 证券公司客户的交易结算资金应当存放在商业银行，以每个客户的名义单独立户管理。

证券公司不得将客户的交易结算资金和证券归入其自有财产。禁止任何单位或者个人以任何形式挪用客户的交易结算资金和证券。证券公司破产或者清算时，客户的交易结算资金和证券不属于其破产财产或者清算财产。非因客户本身的债务或者法律规定的其他情形,不得查封、冻结、扣划或者强制执行客户的交易结算资金和证券。

2. 《保险法》(2015年4月24日)

第92条 经营有人寿保险业务的保险公司被依法撤销或者被依法宣告破产的,其持有的人寿保险合同及责任准备金,必须转让给其他经营有人寿保险业务的保险公司;不能同其他保险公司达成转让协议的,由国务院保险监督管理机构指定经营有人寿保险业务的保险公司接受转让。

转让或者由国务院保险监督管理机构指定接受转让前款规定的人寿保险合同及责任准备金的,应当维护被保险人、受益人的合法权益。

第100条 保险公司应当缴纳保险保障基金。

保险保障基金应当集中管理,并在下列情形下统筹使用:

(一)在保险公司被撤销或者被宣告破产时,向投保人、被保险人或者受益人提供救济;

(二)在保险公司被撤销或者被宣告破产时,向依法接受其人寿保险合同的保险公司提供救济;

(三)国务院规定的其他情形。

保险保障基金筹集、管理和使用的具体办法,由国务院制定。

3. 《证券投资基金法》(2015年4月24日)

第5条 基金财产的债务由基金财产本身承担,基金份额持有人以其出资为限对基金财产的债务承担责任。但基金合同依照本法另有约定的,从其约定。

基金财产独立于基金管理人、基金托管人的固有财产。基金管理人、基金托管人不得将基金财产归入其固有财产。

基金管理人、基金托管人因基金财产的管理、运用或者其他情形而取得的财产和收益,归入基金财产。

基金管理人、基金托管人因依法解散、被依法撤销或者被依法宣告破产等原因进行清算的,基金财产不属于其清算财产。

4. 《信托法》(2001年4月28日)

第15条 信托财产与委托人未设立信托的其他财产相区别。设立信托后,委托人死亡或者依法解散、被依法撤销、被宣告破产时,委托人是唯一受益人的,信托终止,信托财产作为其遗产或者清算财产;委托人不是唯一受益人的,信托存续,信托财产不作为其遗产或者清算财产;但作为共同受益人的委托人死亡或者依法解散、被依法撤销、被宣告破产时,其信托受益权作为其遗产或者清算财产。

第16条 信托财产与属于受托人所有的财产(以下简称固有财产)相区别,不得归入受托人的固有财产或者成为固有财产的一部分。

受托人死亡或者依法解散、被依法撤销、被宣告破产而终止,信托财产不属于其遗产或者清算财产。

● 行政法规及文件

5. 《外资保险公司管理条例》(2019年9月30日)

第30条 外资保险公司解散、依法被撤销或者被宣告破产的,未清偿债务前,不得将其财产转移至中国境外。

6. 《基本养老保险基金投资管理办法》(2015年8月17日)

第8条 受托机构、托管机构、投资管理机构和其他为养老基金投资管理提供服务的法人或者其他组织因依法解散、被依法撤销或者被依法宣告破产等原因进行清算的,基金资产不属于其清算财产。

● 部门规章及文件

7. 《保险资金运用管理办法》(2018年1月24日)

第22条 保险集团(控股)公司、保险公司应当选择符合条件的商业银行等专业机构，实施保险资金运用第三方托管和监督，具体办法由中国保监会制定。

托管的保险资产独立于托管机构固有资产，并独立于托管机构托管的其他资产。托管机构因依法解散、被依法撤销或者被依法宣告破产等原因进行清算的，托管资产不属于其清算财产。

8.《保险资金间接投资基础设施项目管理办法》（2021年6月14日）

第6条 受托人、托管人、独立监督人及其他为投资计划管理提供服务的自然人、法人或者组织，因依法解散、被依法撤销或者被依法宣告破产等原因进行终止清算的，投资计划财产不属于其清算财产。

投资计划财产的债权，不得与受托人、托管人、独立监督人及其他为投资计划管理提供服务的自然人、法人或者组织的固有财产产生的债务相抵销。不同投资计划财产的债权债务，不得相互抵销。

非因执行投资计划产生债务，不得对投资计划财产强制执行。

9.《中国保监会关于保险机构开展员工持股计划有关事项的通知》（2015年6月18日）

五、员工持股计划的管理

（四）员工持股计划管理方应当对员工持股计划的股权、资金进行专户管理。员工持股计划持有的股权、资金为委托财产，管理方不得将委托财产归入其固有财产。管理方因依法解散、被依法撤销或者被依法宣告破产等原因进行清算的，委托财产不属于其清算财产。

10.《信托公司集合资金信托计划管理办法》（2009年2月4日）

第3条 信托计划财产独立于信托公司的固有财产，信托公司不得将信托计划财产归入其固有财产；信托公司因信托计划财产的管理、运用或者其他情形而取得的财产和收益，归入信托计划财产；信托公司因依法解散、被依法撤销或者被依法宣告破产等原因进行清算的，信托计划财产不属于其清算财产。

● 司法解释及文件

11.《最高人民法院关于适用〈中华人民共和国企业破产法〉若干问题的规定（二）》（2020年12月29日）

第1条　除债务人所有的货币、实物外，债务人依法享有的可以用货币估价并可以依法转让的债权、股权、知识产权、用益物权等财产和财产权益，人民法院均应认定为债务人财产。

第2条　下列财产不应认定为债务人财产：

（一）债务人基于仓储、保管、承揽、代销、借用、寄存、租赁等合同或者其他法律关系占有、使用的他人财产；

（二）债务人在所有权保留买卖中尚未取得所有权的财产；

（三）所有权专属于国家且不得转让的财产；

（四）其他依照法律、行政法规不属于债务人的财产。

第3条　债务人已依法设定担保物权的特定财产，人民法院应当认定为债务人财产。

对债务人的特定财产在担保物权消灭或者实现担保物权后的剩余部分，在破产程序中可用以清偿破产费用、共益债务和其他破产债权。

第4条　债务人对按份享有所有权的共有财产的相关份额，或者共同享有所有权的共有财产的相应财产权利，以及依法分割共有财产所得部分，人民法院均应认定为债务人财产。

人民法院宣告债务人破产清算，属于共有财产分割的法定事由。人民法院裁定债务人重整或者和解的，共有财产的分割应当依据民法典第三百零三条的规定进行；基于重整或者和解的需要必须分割共有财产，管理人请求分割的，人民法院应予准许。

因分割共有财产导致其他共有人损害产生的债务，其他共有人请求作为共益债务清偿的，人民法院应予支持。

第5条 破产申请受理后，有关债务人财产的执行程序未依照企业破产法第十九条的规定中止的，采取执行措施的相关单位应当依法予以纠正。依法执行回转的财产，人民法院应当认定为债务人财产。

12.《最高人民法院关于审理企业破产案件若干问题的规定》（2002年7月30日）

第64条 破产财产由下列财产构成：
（一）债务人在破产宣告时所有的或者经营管理的全部财产；
（二）债务人在破产宣告后至破产程序终结前取得的财产；
（三）应当由债务人行使的其他财产权利。

第65条 债务人与他人共有的物、债权、知识产权等财产或者财产权，应当在破产清算中予以分割，债务人分割所得属于破产财产；不能分割的，应当就其应得部分转让，转让所得属于破产财产。

第67条 企业破产前受让他人财产并依法取得所有权或者土地使用权的，即便未支付或者未完全支付对价，该财产仍属于破产财产。

第68条 债务人的财产被采取民事诉讼执行措施的，在受理破产案件后尚未执行的或者未执行完毕的剩余部分，在该企业被宣告破产后列入破产财产。因错误执行应当执行回转的财产，在执行回转后列入破产财产。

第69条 债务人依照法律规定取得代位求偿权的，依该代位求偿权享有的债权属于破产财产。

第70条 债务人在被宣告破产时未到期的债权视为已到期，属于破产财产，但应当减去未到期的利息。

第71条 下列财产不属于破产财产：
（一）债务人基于仓储、保管、加工承揽、委托交易、代销、借用、寄存、租赁等法律关系占有、使用的他人财产；

（二）抵押物、留置物、出质物，但权利人放弃优先受偿权的或者优先偿付被担保债权剩余的部分除外；

（三）担保物灭失后产生的保险金、补偿金、赔偿金等代位物；

（四）依照法律规定存在优先权的财产，但权利人放弃优先受偿权或者优先偿付特定债权剩余的部分除外；

（五）特定物买卖中，尚未转移占有但相对人已完全支付对价的特定物；

（六）尚未办理产权证或者产权过户手续但已向买方交付的财产；

（七）债务人在所有权保留买卖中尚未取得所有权的财产；

（八）所有权专属于国家且不得转让的财产；

（九）破产企业工会所有的财产。

第76条　债务人设立的分支机构和没有法人资格的全资机构的财产，应当一并纳入破产程序进行清理。

第77条　债务人在其开办的全资企业中的投资权益应当予以追收。

全资企业资不抵债的，清算组停止追收。

第78条　债务人对外投资形成的股权及其收益应当予以追收。对该股权可以出售或者转让，出售、转让所得列入破产财产进行分配。

股权价值为负值的，清算组停止追收。

第79条　债务人开办的全资企业，以及由其参股、控股的企业不能清偿到期债务，需要进行破产还债的，应当另行提出破产申请。

第80条　清算组处理集体所有土地使用权时，应当遵守相关法律规定。未办理土地征用手续的集体所有土地使用权，应当在该集体范围内转让。

第81条 破产企业的职工住房,已经签订合同、交付房款,进行房改给个人的,不属于破产财产。未进行房改的,可由清算组向有关部门申请办理房改事项,向职工出售。按照国家规定不具备房改条件,或者职工在房改中不购买住房的,由清算组根据实际情况处理。

第82条 债务人的幼儿园、学校、医院等公益福利性设施,按国家有关规定处理,不作为破产财产分配。

第三十一条　受理破产申请前一年内行为的撤销

人民法院受理破产申请前一年内,涉及债务人财产的下列行为,管理人有权请求人民法院予以撤销:

(一) 无偿转让财产的;
(二) 以明显不合理的价格进行交易的;
(三) 对没有财产担保的债务提供财产担保的;
(四) 对未到期的债务提前清偿的;
(五) 放弃债权的。

● 法　律

1.《民法典》(2020年5月28日)

第147条 基于重大误解实施的民事法律行为,行为人有权请求人民法院或者仲裁机构予以撤销。

第148条 一方以欺诈手段,使对方在违背真实意思的情况下实施的民事法律行为,受欺诈方有权请求人民法院或者仲裁机构予以撤销。

第149条 第三人实施欺诈行为,使一方在违背真实意思的情况下实施的民事法律行为,对方知道或者应当知道该欺诈行为的,受欺诈方有权请求人民法院或者仲裁机构予以撤销。

第150条 一方或者第三人以胁迫手段，使对方在违背真实意思的情况下实施的民事法律行为，受胁迫方有权请求人民法院或者仲裁机构予以撤销。

第151条 一方利用对方处于危困状态、缺乏判断能力等情形，致使民事法律行为成立时显失公平的，受损害方有权请求人民法院或者仲裁机构予以撤销。

第152条 有下列情形之一的，撤销权消灭：

（一）当事人自知道或者应当知道撤销事由之日起一年内、重大误解的当事人自知道或者应当知道撤销事由之日起九十日内没有行使撤销权；

（二）当事人受胁迫，自胁迫行为终止之日起一年内没有行使撤销权；

（三）当事人知道撤销事由后明确表示或者以自己的行为表明放弃撤销权。

当事人自民事法律行为发生之日起五年内没有行使撤销权的，撤销权消灭。

第538条 债务人以放弃其债权、放弃债权担保、无偿转让财产等方式无偿处分财产权益，或者恶意延长其到期债权的履行期限，影响债权人的债权实现的，债权人可以请求人民法院撤销债务人的行为。

第539条 债务人以明显不合理的低价转让财产、以明显不合理的高价受让他人财产或者为他人的债务提供担保，影响债权人的债权实现，债务人的相对人知道或者应当知道该情形的，债权人可以请求人民法院撤销债务人的行为。

第540条 撤销权的行使范围以债权人的债权为限。债权人行使撤销权的必要费用，由债务人负担。

第541条 撤销权自债权人知道或者应当知道撤销事由之日起一年内行使。自债务人的行为发生之日起五年内没有行使撤销权的，该撤销权消灭。

2. 《企业破产法》（2006 年 8 月 27 日）

第 21 条　人民法院受理破产申请后，有关债务人的民事诉讼，只能向受理破产申请的人民法院提起。

第 32 条　人民法院受理破产申请前六个月内，债务人有本法第二条第一款规定的情形，仍对个别债权人进行清偿的，管理人有权请求人民法院予以撤销。但是，个别清偿使债务人财产受益的除外。

第 34 条　因本法第三十一条、第三十二条或者第三十三条规定的行为而取得的债务人的财产，管理人有权追回。

● 司法解释及文件

3. 《最高人民法院关于适用〈中华人民共和国企业破产法〉若干问题的规定（二）》（2020 年 12 月 29 日）

第 9 条　管理人依据企业破产法第三十一条和第三十二条的规定提起诉讼，请求撤销涉及债务人财产的相关行为并由相对人返还债务人财产的，人民法院应予支持。

管理人因过错未依法行使撤销权导致债务人财产不当减损，债权人提起诉讼主张管理人对其损失承担相应赔偿责任的，人民法院应予支持。

第 10 条　债务人经过行政清理程序转入破产程序的，企业破产法第三十一条和第三十二条规定的可撤销行为的起算点，为行政监管机构作出撤销决定之日。

债务人经过强制清算程序转入破产程序的，企业破产法第三十一条和第三十二条规定的可撤销行为的起算点，为人民法院裁定受理强制清算申请之日。

第 11 条　人民法院根据管理人的请求撤销涉及债务人财产的以明显不合理价格进行的交易的，买卖双方应当依法返还从对方获取的财产或者价款。

因撤销该交易，对于债务人应返还受让人已支付价款所产生的债务，受让人请求作为共益债务清偿的，人民法院应予支持。

第12条　破产申请受理前一年内债务人提前清偿的未到期债务，在破产申请受理前已经到期，管理人请求撤销该清偿行为的，人民法院不予支持。但是，该清偿行为发生在破产申请受理前六个月内且债务人有企业破产法第二条第一款规定情形的除外。

第13条　破产申请受理后，管理人未依据企业破产法第三十一条的规定请求撤销债务人无偿转让财产、以明显不合理价格交易、放弃债权行为的，债权人依据民法典第五百三十八条、第五百三十九条等规定提起诉讼，请求撤销债务人上述行为并将因此追回的财产归入债务人财产的，人民法院应予受理。

相对人以债权人行使撤销权的范围超出债权人的债权抗辩的，人民法院不予支持。

第三十二条　受理破产申请前六个月内行为的撤销

人民法院受理破产申请前六个月内，债务人有本法第二条第一款规定的情形，仍对个别债权人进行清偿的，管理人有权请求人民法院予以撤销。但是，个别清偿使债务人财产受益的除外。

● 司法解释及文件

《最高人民法院关于适用〈中华人民共和国企业破产法〉若干问题的规定（二）》（2020年12月29日）

第9条　管理人依据企业破产法第三十一条和第三十二条的规定提起诉讼，请求撤销涉及债务人财产的相关行为并由相对人返还债务人财产的，人民法院应予支持。

管理人因过错未依法行使撤销权导致债务人财产不当减损，债权人提起诉讼主张管理人对其损失承担相应赔偿责任的，人民法院应予支持。

第10条　债务人经过行政清理程序转入破产程序的，企业破产法第三十一条和第三十二条规定的可撤销行为的起算点，为行政监管机构作出撤销决定之日。

债务人经过强制清算程序转入破产程序的，企业破产法第三十一条和第三十二条规定的可撤销行为的起算点，为人民法院裁定受理强制清算申请之日。

第11条　人民法院根据管理人的请求撤销涉及债务人财产的以明显不合理价格进行的交易的，买卖双方应当依法返还从对方获取的财产或者价款。

因撤销该交易，对于债务人应返还受让人已支付价款所产生的债务，受让人请求作为共益债务清偿的，人民法院应予支持。

第12条　破产申请受理前一年内债务人提前清偿的未到期债务，在破产申请受理前已经到期，管理人请求撤销该清偿行为的，人民法院不予支持。但是，该清偿行为发生在破产申请受理前六个月内且债务人有企业破产法第二条第一款规定情形的除外。

第13条　破产申请受理后，管理人未依据企业破产法第三十一条的规定请求撤销债务人无偿转让财产、以明显不合理价格交易、放弃债权行为的，债权人依据民法典第五百三十八条、第五百三十九条等规定提起诉讼，请求撤销债务人上述行为并将因此追回的财产归入债务人财产的，人民法院应予受理。

相对人以债权人行使撤销权的范围超出债权人的债权抗辩的，人民法院不予支持。

第14条　债务人对以自有财产设定担保物权的债权进行的个别清偿，管理人依据企业破产法第三十二条的规定请求撤销的，人民法院不予支持。但是，债务清偿时担保财产的价值低于债权额的除外。

第 15 条　债务人经诉讼、仲裁、执行程序对债权人进行的个别清偿，管理人依据企业破产法第三十二条的规定请求撤销的，人民法院不予支持。但是，债务人与债权人恶意串通损害其他债权人利益的除外。

第 16 条　债务人对债权人进行的以下个别清偿，管理人依据企业破产法第三十二条的规定请求撤销的，人民法院不予支持：

（一）债务人为维系基本生产需要而支付水费、电费等的；

（二）债务人支付劳动报酬、人身损害赔偿金的；

（三）使债务人财产受益的其他个别清偿。

第三十三条　无效行为

涉及债务人财产的下列行为无效：

（一）为逃避债务而隐匿、转移财产的；

（二）虚构债务或者承认不真实的债务的。

● 法　律

1.《民法典》（2020 年 5 月 28 日）

第 144 条　无民事行为能力人实施的民事法律行为无效。

第 145 条　限制民事行为能力人实施的纯获利益的民事法律行为或者与其年龄、智力、精神健康状况相适应的民事法律行为有效；实施的其他民事法律行为经法定代理人同意或者追认后有效。

相对人可以催告法定代理人自收到通知之日起三十日内予以追认。法定代理人未作表示的，视为拒绝追认。民事法律行为被追认前，善意相对人有撤销的权利。撤销应当以通知的方式作出。

第146条　行为人与相对人以虚假的意思表示实施的民事法律行为无效。

以虚假的意思表示隐藏的民事法律行为的效力，依照有关法律规定处理。

第153条　违反法律、行政法规的强制性规定的民事法律行为无效。但是，该强制性规定不导致该民事法律行为无效的除外。

违背公序良俗的民事法律行为无效。

第154条　行为人与相对人恶意串通，损害他人合法权益的民事法律行为无效。

第155条　无效的或者被撤销的民事法律行为自始没有法律约束力。

第156条　民事法律行为部分无效，不影响其他部分效力的，其他部分仍然有效。

第157条　民事法律行为无效、被撤销或者确定不发生效力后，行为人因该行为取得的财产，应当予以返还；不能返还或者没有必要返还的，应当折价补偿。有过错的一方应当赔偿对方由此所受到的损失；各方都有过错的，应当各自承担相应的责任。法律另有规定的，依照其规定。

第506条　合同中的下列免责条款无效：

（一）造成对方人身损害的；

（二）因故意或者重大过失造成对方财产损失的。

● 司法解释及文件

2.《最高人民法院关于适用〈中华人民共和国企业破产法〉若干问题的规定（二）》（2020年12月29日）

第17条　管理人依据企业破产法第三十三条的规定提起诉讼，主张被隐匿、转移财产的实际占有人返还债务人财产，或者主张债务人虚构债务或者承认不真实债务的行为无效并返还债务人财产的,人民法院应予支持。

第三十四条 追回因被撤销或无效行为取得的债务人的财产

因本法第三十一条、第三十二条或者第三十三条规定的行为而取得的债务人的财产,管理人有权追回。

● 司法解释及文件

《最高人民法院关于人民法院在审理企业破产和改制案件中切实防止债务人逃废债务的紧急通知》(2001年8月10日)

四、人民法院在审理企业破产案件时,要切实监督和指导清算组认真审查破产企业的财务报表和原始凭证,逐项核实债权、债务,最大限度地保护债权人和其他当事人的合法权益。对破产企业隐匿、私分和无偿转让、压价出售财产,以及违反法律,对未到期债务提前清偿损害其他债权人利益和放弃债权等行为,应当依法确认无效,或者依当事人的申请依法予以撤销,并采取有效措施追回财产,防止国有资产流失。要准确把握政策界限,对未列入《全国企业兼并破产和职工再就业工作计划》的国有工业企业破产,不能适用国务院国发(1994)59号和(1997)10号文件,而应当按照《中华人民共和国企业破产法(试行)》的规定办理,即破产企业财产变现所得必须用于按比例清偿债务,安置破产企业职工的费用只能从当地政府补贴、民政救济和社会保障等渠道予以妥善解决。严格禁止和纠正违反规定,随意"搭车",损害债权人的合法利益的现象。凡是纳入国家兼并破产计划的国有企业破产案件,在未对破产财产依法清算、处置完毕前,不得裁定终结破产程序。

第三十五条　债务人的出资人缴纳出资

人民法院受理破产申请后，债务人的出资人尚未完全履行出资义务的，管理人应当要求该出资人缴纳所认缴的出资，而不受出资期限的限制。

● 法　律

1.《刑法》（2023 年 12 月 29 日）

第 159 条　公司发起人、股东违反公司法的规定未交付货币、实物或者未转移财产权，虚假出资，或者在公司成立后又抽逃其出资，数额巨大、后果严重或者有其他严重情节的，处五年以下有期徒刑或者拘役，并处或者单处虚假出资金额或者抽逃出资金额百分之二以上百分之十以下罚金。

单位犯前款罪的，对单位判处罚金，并对其直接负责的主管人员和其他直接责任人员，处五年以下有期徒刑或者拘役。

2.《公司法》（2023 年 12 月 29 日）

第 47 条　有限责任公司的注册资本为在公司登记机关登记的全体股东认缴的出资额。全体股东认缴的出资额由股东按照公司章程的规定自公司成立之日起五年内缴足。

法律、行政法规以及国务院决定对有限责任公司注册资本实缴、注册资本最低限额、股东出资期限另有规定的，从其规定。

第 48 条　股东可以用货币出资，也可以用实物、知识产权、土地使用权、股权、债权等可以用货币估价并可以依法转让的非货币财产作价出资；但是，法律、行政法规规定不得作为出资的财产除外。

对作为出资的非货币财产应当评估作价，核实财产，不得高估或者低估作价。法律、行政法规对评估作价有规定的，从其规定。

第 49 条　股东应当按期足额缴纳公司章程规定的各自所认

缴的出资额。

股东以货币出资的，应当将货币出资足额存入有限责任公司在银行开设的账户；以非货币财产出资的，应当依法办理其财产权的转移手续。

股东未按期足额缴纳出资的，除应当向公司足额缴纳外，还应当对给公司造成的损失承担赔偿责任。

第50条 有限责任公司设立时，股东未按照公司章程规定实际缴纳出资，或者实际出资的非货币财产的实际价额显著低于所认缴的出资额的，设立时的其他股东与该股东在出资不足的范围内承担连带责任。

第51条 有限责任公司成立后，董事会应当对股东的出资情况进行核查，发现股东未按期足额缴纳公司章程规定的出资的，应当由公司向该股东发出书面催缴书，催缴出资。

未及时履行前款规定的义务，给公司造成损失的，负有责任的董事应当承担赔偿责任。

第52条 股东未按照公司章程规定的出资日期缴纳出资，公司依照前条第一款规定发出书面催缴书催缴出资的，可以载明缴纳出资的宽限期；宽限期自公司发出催缴书之日起，不得少于六十日。宽限期届满，股东仍未履行出资义务的，公司经董事会决议可以向该股东发出失权通知，通知应当以书面形式发出。自通知发出之日起，该股东丧失其未缴纳出资的股权。

依照前款规定丧失的股权应当依法转让，或者相应减少注册资本并注销该股权；六个月内未转让或者注销的，由公司其他股东按照其出资比例足额缴纳相应出资。

股东对失权有异议的，应当自接到失权通知之日起三十日内，向人民法院提起诉讼。

第53条 公司成立后，股东不得抽逃出资。

违反前款规定的，股东应当返还抽逃的出资；给公司造成损失的，负有责任的董事、监事、高级管理人员应当与该股东承担连带赔偿责任。

第 54 条　公司不能清偿到期债务的，公司或者已到期债权的债权人有权要求已认缴出资但未届出资期限的股东提前缴纳出资。

第 252 条　公司的发起人、股东虚假出资，未交付或者未按期交付作为出资的货币或者非货币财产的，由公司登记机关责令改正，可以处以五万元以上二十万元以下的罚款；情节严重的，处以虚假出资或者未出资金额百分之五以上百分之十五以下的罚款；对直接负责的主管人员和其他直接责任人员处以一万元以上十万元以下的罚款。

第 253 条　公司的发起人、股东在公司成立后，抽逃其出资的，由公司登记机关责令改正，处以所抽逃出资金额百分之五以上百分之十五以下的罚款；对直接负责的主管人员和其他直接责任人员处以三万元以上三十万元以下的罚款。

● 司法解释及文件

3.《最高人民法院关于适用〈中华人民共和国企业破产法〉若干问题的规定（二）》（2020 年 12 月 29 日）

第 20 条　管理人代表债务人提起诉讼，主张出资人向债务人依法缴付未履行的出资或者返还抽逃的出资本息，出资人以认缴出资尚未届至公司章程规定的缴纳期限或者违反出资义务已经超过诉讼时效为由抗辩的，人民法院不予支持。

管理人依据公司法的相关规定代表债务人提起诉讼，主张公司的发起人和负有监督股东履行出资义务的董事、高级管理人员，或者协助抽逃出资的其他股东、董事、高级管理人员、实际控制人等，对股东违反出资义务或者抽逃出资承担相应责任，并将财产归入债务人财产的，人民法院应予支持。

第 46 条　债务人的股东主张以下列债务与债务人对其负有的债务抵销，债务人管理人提出异议的，人民法院应予支持：

（一）债务人股东因欠缴债务人的出资或者抽逃出资对债务人所负的债务；

（二）债务人股东滥用股东权利或者关联关系损害公司利益对债务人所负的债务。

4.《最高人民法院关于审理企业破产案件若干问题的规定》（2002年7月30日）

第 66 条　债务人的开办人注册资金投入不足的，应当由该开办人予以补足，补足部分属于破产财产。

第三十六条　管理人员非正常收入和财产的追回

债务人的董事、监事和高级管理人员利用职权从企业获取的非正常收入和侵占的企业财产，管理人应当追回。

● 法　律

1.《刑法》（2023年12月29日）

第 271 条　公司、企业或者其他单位的工作人员，利用职务上的便利，将本单位财物非法占为己有，数额较大的，处三年以下有期徒刑或者拘役，并处罚金；数额巨大的，处三年以上十年以下有期徒刑，并处罚金；数额特别巨大的，处十年以上有期徒刑或者无期徒刑，并处罚金。

国有公司、企业或者其他国有单位中从事公务的人员和国有公司、企业或者其他国有单位委派到非国有公司、企业以及其他单位从事公务的人员有前款行为的，依照本法第三百八十二条、第三百八十三条的规定定罪处罚。

第 382 条　国家工作人员利用职务上的便利，侵吞、窃取、骗取或者以其他手段非法占有公共财物的，是贪污罪。

受国家机关、国有公司、企业、事业单位、人民团体委托管理、经营国有财产的人员，利用职务上的便利，侵吞、窃取、骗取或者以其他手段非法占有国有财物的，以贪污论。

与前两款所列人员勾结，伙同贪污的，以共犯论处。

第383条　对犯贪污罪的，根据情节轻重，分别依照下列规定处罚：

（一）贪污数额较大或者有其他较重情节的，处三年以下有期徒刑或者拘役，并处罚金。

（二）贪污数额巨大或者有其他严重情节的，处三年以上十年以下有期徒刑，并处罚金或者没收财产。

（三）贪污数额特别巨大或者有其他特别严重情节的，处十年以上有期徒刑或者无期徒刑，并处罚金或者没收财产；数额特别巨大，并使国家和人民利益遭受特别重大损失的，处无期徒刑或者死刑，并处没收财产。

对多次贪污未经处理的，按照累计贪污数额处罚。

犯第一款罪，在提起公诉前如实供述自己罪行、真诚悔罪、积极退赃，避免、减少损害结果的发生，有第一项规定情形的，可以从轻、减轻或者免除处罚；有第二项、第三项规定情形的，可以从轻处罚。

犯第一款罪，有第三项规定情形被判处死刑缓期执行的，人民法院根据犯罪情节等情况可以同时决定在其死刑缓期执行二年期满依法减为无期徒刑后，终身监禁，不得减刑、假释。

2.《公司法》（2023年12月29日）

第179条　董事、监事、高级管理人员应当遵守法律、行政法规和公司章程。

第180条　董事、监事、高级管理人员对公司负有忠实义务，应当采取措施避免自身利益与公司利益冲突，不得利用职权牟取不正当利益。

董事、监事、高级管理人员对公司负有勤勉义务，执行职务应当为公司的最大利益尽到管理者通常应有的合理注意。

公司的控股股东、实际控制人不担任公司董事但实际执行公司事务的，适用前两款规定。

第181条　董事、监事、高级管理人员不得有下列行为：

（一）侵占公司财产、挪用公司资金；

（二）将公司资金以其个人名义或者以其他个人名义开立账户存储；

（三）利用职权贿赂或者收受其他非法收入；

（四）接受他人与公司交易的佣金归为己有；

（五）擅自披露公司秘密；

（六）违反对公司忠实义务的其他行为。

第182条　董事、监事、高级管理人员，直接或者间接与本公司订立合同或者进行交易，应当就与订立合同或者进行交易有关的事项向董事会或者股东会报告，并按照公司章程的规定经董事会或者股东会决议通过。

董事、监事、高级管理人员的近亲属，董事、监事、高级管理人员或者其近亲属直接或者间接控制的企业，以及与董事、监事、高级管理人员有其他关联关系的关联人，与公司订立合同或者进行交易，适用前款规定。

第183条　董事、监事、高级管理人员，不得利用职务便利为自己或者他人谋取属于公司的商业机会。但是，有下列情形之一的除外：

（一）向董事会或者股东会报告，并按照公司章程的规定经董事会或者股东会决议通过；

（二）根据法律、行政法规或者公司章程的规定，公司不能利用该商业机会。

第184条　董事、监事、高级管理人员未向董事会或者股东会报告，并按照公司章程的规定经董事会或者股东会决议通过，不得自营或者为他人经营与其任职公司同类的业务。

● 司法解释及文件

3.《最高人民法院关于适用〈中华人民共和国企业破产法〉若干问题的规定（二）》（2020年12月29日）

第24条 债务人有企业破产法第二条第一款规定的情形时，债务人的董事、监事和高级管理人员利用职权获取的以下收入，人民法院应当认定为企业破产法第三十六条规定的非正常收入：

（一）绩效奖金；

（二）普遍拖欠职工工资情况下获取的工资性收入；

（三）其他非正常收入。

债务人的董事、监事和高级管理人员拒不向管理人返还上述债务人财产，管理人主张上述人员予以返还的，人民法院应予支持。

债务人的董事、监事和高级管理人员因返还第一款第（一）项、第（三）项非正常收入形成的债权，可以作为普通破产债权清偿。因返还第一款第（二）项非正常收入形成的债权，依据企业破产法第一百一十三条第三款的规定，按照该企业职工平均工资计算的部分作为拖欠职工工资清偿；高出该企业职工平均工资计算的部分，可以作为普通破产债权清偿。

第三十七条　管理人取回质物、留置物

人民法院受理破产申请后，管理人可以通过清偿债务或者提供为债权人接受的担保，取回质物、留置物。

前款规定的债务清偿或者替代担保，在质物或者留置物的价值低于被担保的债权额时，以该质物或者留置物当时的市场价值为限。

● 法 律

1.《民法典》(2020 年 5 月 28 日)

　　第 425 条　为担保债务的履行，债务人或者第三人将其动产出质给债权人占有的，债务人不履行到期债务或者发生当事人约定的实现质权的情形，债权人有权就该动产优先受偿。

　　前款规定的债务人或者第三人为出质人，债权人为质权人，交付的动产为质押财产。

　　第 436 条　债务人履行债务或者出质人提前清偿所担保的债权的，质权人应当返还质押财产。

　　债务人不履行到期债务或者发生当事人约定的实现质权的情形，质权人可以与出质人协议以质押财产折价，也可以就拍卖、变卖质押财产所得的价款优先受偿。

　　质押财产折价或者变卖的，应当参照市场价格。

　　第 447 条　债务人不履行到期债务，债权人可以留置已经合法占有的债务人的动产，并有权就该动产优先受偿。

　　前款规定的债权人为留置权人，占有的动产为留置财产。

　　第 453 条　留置权人与债务人应当约定留置财产后的债务履行期限；没有约定或者约定不明确的，留置权人应当给债务人六十日以上履行债务的期限，但是鲜活易腐等不易保管的动产除外。债务人逾期未履行的，留置权人可以与债务人协议以留置财产折价，也可以就拍卖、变卖留置财产所得的价款优先受偿。

　　留置财产折价或者变卖的，应当参照市场价格。

2.《企业破产法》(2006 年 8 月 27 日)

　　第 69 条　管理人实施下列行为，应当及时报告债权人委员会：

　　(一) 涉及土地、房屋等不动产权益的转让；

　　(二) 探矿权、采矿权、知识产权等财产权的转让；

　　(三) 全部库存或者营业的转让；

（四）借款；

（五）设定财产担保；

（六）债权和有价证券的转让；

（七）履行债务人和对方当事人均未履行完毕的合同；

（八）放弃权利；

（九）担保物的取回；

（十）对债权人利益有重大影响的其他财产处分行为。

未设立债权人委员会的，管理人实施前款规定的行为应当及时报告人民法院。

● 司法解释及文件

3.《最高人民法院关于适用〈中华人民共和国企业破产法〉若干问题的规定（二）》（2020年12月29日）

第25条 管理人拟通过清偿债务或者提供担保取回质物、留置物，或者与质权人、留置权人协议以质物、留置物折价清偿债务等方式，进行对债权人利益有重大影响的财产处分行为的，应当及时报告债权人委员会。未设立债权人委员会的，管理人应当及时报告人民法院。

第三十八条　权利人财产的取回

人民法院受理破产申请后，债务人占有的不属于债务人的财产，该财产的权利人可以通过管理人取回。但是，本法另有规定的除外。

● 法　律

1.《民法典》（2020年5月28日）

第235条 无权占有不动产或者动产的，权利人可以请求返还原物。

第312条 所有权人或者其他权利人有权追回遗失物。该遗失物通过转让被他人占有的,权利人有权向无处分权人请求损害赔偿,或者自知道或者应当知道受让人之日起二年内向受让人请求返还原物;但是,受让人通过拍卖或者向具有经营资格的经营者购得该遗失物的,权利人请求返还原物时应当支付受让人所付的费用。权利人向受让人支付所付费用后,有权向无处分权人追偿。

第462条 占有的不动产或者动产被侵占的,占有人有权请求返还原物;对妨害占有的行为,占有人有权请求排除妨害或者消除危险;因侵占或者妨害造成损害的,占有人有权依法请求损害赔偿。

占有人返还原物的请求权,自侵占发生之日起一年内未行使的,该请求权消灭。

2.《企业破产法》(2006年8月27日)

第76条 债务人合法占有的他人财产,该财产的权利人在重整期间要求取回的,应当符合事先约定的条件。

● 司法解释及文件

3.《最高人民法院关于适用〈中华人民共和国企业破产法〉若干问题的规定(二)》(2020年12月29日)

第26条 权利人依据企业破产法第三十八条的规定行使取回权,应当在破产财产变价方案或者和解协议、重整计划草案提交债权人会议表决前向管理人提出。权利人在上述期限后主张取回相关财产的,应当承担延迟行使取回权增加的相关费用。

第27条 权利人依据企业破产法第三十八条的规定向管理人主张取回相关财产,管理人不予认可,权利人以债务人为被告向人民法院提起诉讼请求行使取回权的,人民法院应予受理。

权利人依据人民法院或者仲裁机关的相关生效法律文书向管

理人主张取回所涉争议财产，管理人以生效法律文书错误为由拒绝其行使取回权的，人民法院不予支持。

第 28 条　权利人行使取回权时未依法向管理人支付相关的加工费、保管费、托运费、委托费、代销费等费用，管理人拒绝其取回相关财产的，人民法院应予支持。

第 29 条　对债务人占有的权属不清的鲜活易腐等不易保管的财产或者不及时变现价值将严重贬损的财产，管理人及时变价并提存变价款后，有关权利人就该变价款行使取回权的，人民法院应予支持。

第 38 条　买受人破产，其管理人决定解除所有权保留买卖合同，出卖人依据企业破产法第三十八条的规定主张取回买卖标的物的，人民法院应予支持。

出卖人取回买卖标的物，买受人管理人主张出卖人返还已支付价款的，人民法院应予支持。取回的标的物价值明显减少给出卖人造成损失的，出卖人可从买受人已支付价款中优先予以抵扣后，将剩余部分返还给买受人；对买受人已支付价款不足以弥补出卖人标的物价值减损损失形成的债权，出卖人主张作为共益债务清偿的，人民法院应予支持。

4.《最高人民法院关于审理买卖合同纠纷案件适用法律问题的解释》（2020 年 12 月 29 日）

第 26 条　买受人已经支付标的物总价款的百分之七十五以上，出卖人主张取回标的物的，人民法院不予支持。

在民法典第六百四十二条第一款第三项情形下，第三人依据民法典第三百一十一条的规定已经善意取得标的物所有权或者其他物权，出卖人主张取回标的物的，人民法院不予支持。

第三十九条　在途运输标的物的取回与交付

人民法院受理破产申请时，出卖人已将买卖标的物向作为买受人的债务人发运，债务人尚未收到且未付清全部价款的，出卖人可以取回在运途中的标的物。但是，管理人可以支付全部价款，请求出卖人交付标的物。

● 法　律

1.《民法典》（2020年5月28日）

第829条　在承运人将货物交付收货人之前，托运人可以要求承运人中止运输、返还货物、变更到达地或者将货物交给其他收货人，但是应当赔偿承运人因此受到的损失。

● 司法解释及文件

2.《最高人民法院关于适用〈中华人民共和国企业破产法〉若干问题的规定（二）》（2020年12月29日）

第39条　出卖人依据企业破产法第三十九条的规定，通过通知承运人或者实际占有人中止运输、返还货物、变更到达地，或者将货物交给其他收货人等方式，对在运途中标的物主张了取回权但未能实现，或者在货物未达管理人前已向管理人主张取回在运途中标的物，在买卖标的物到达管理人后，出卖人向管理人主张取回的，管理人应予准许。

出卖人对在运途中标的物未及时行使取回权，在买卖标的物到达管理人后向管理人行使在运途中标的物取回权的，管理人不应准许。

第四十条　抵销权

债权人在破产申请受理前对债务人负有债务的，可以向管理人主张抵销。但是，有下列情形之一的，不得抵销：

（一）债务人的债务人在破产申请受理后取得他人对债务人的债权的；

（二）债权人已知债务人有不能清偿到期债务或者破产申请的事实，对债务人负担债务的；但是，债权人因为法律规定或者有破产申请一年前所发生的原因而负担债务的除外；

（三）债务人的债务人已知债务人有不能清偿到期债务或者破产申请的事实，对债务人取得债权的；但是，债务人的债务人因为法律规定或者有破产申请一年前所发生的原因而取得债权的除外。

● 法　律

1.《民法典》（2020年5月28日）

第549条　有下列情形之一的，债务人可以向受让人主张抵销：

（一）债务人接到债权转让通知时，债务人对让与人享有债权，且债务人的债权先于转让的债权到期或者同时到期；

（二）债务人的债权与转让的债权是基于同一合同产生。

第568条　当事人互负债务，该债务的标的物种类、品质相同的，任何一方可以将自己的债务与对方的到期债务抵销；但是，根据债务性质、按照当事人约定或者依照法律规定不得抵销的除外。

当事人主张抵销的，应当通知对方。通知自到达对方时生效。抵销不得附条件或者附期限。

第569条　当事人互负债务，标的物种类、品质不相同的，经协商一致，也可以抵销。

2.《合伙企业法》（2006年8月27日）

第41条　合伙人发生与合伙企业无关的债务，相关债权人不得以其债权抵销其对合伙企业的债务；也不得代位行使合伙人在合伙企业中的权利。

● **司法解释及文件**

3.《最高人民法院关于适用〈中华人民共和国企业破产法〉若干问题的规定（二）》（2020年12月29日）

第41条 债权人依据企业破产法第四十条的规定行使抵销权，应当向管理人提出抵销主张。

管理人不得主动抵销债务人与债权人的互负债务，但抵销使债务人财产受益的除外。

第42条 管理人收到债权人提出的主张债务抵销的通知后，经审查无异议的，抵销自管理人收到通知之日起生效。

管理人对抵销主张有异议的，应当在约定的异议期限内或者自收到主张债务抵销的通知之日起三个月内向人民法院提起诉讼。无正当理由逾期提起的，人民法院不予支持。

人民法院判决驳回管理人提起的抵销无效诉讼请求的，该抵销自管理人收到主张债务抵销的通知之日起生效。

第43条 债权人主张抵销，管理人以下列理由提出异议的，人民法院不予支持：

（一）破产申请受理时，债务人对债权人负有的债务尚未到期；

（二）破产申请受理时，债权人对债务人负有的债务尚未到期；

（三）双方互负债务标的物种类、品质不同。

第44条 破产申请受理前六个月内，债务人有企业破产法第二条第一款规定的情形，债务人与个别债权人以抵销方式对个别债权人清偿，其抵销的债权债务属于企业破产法第四十条第（二）、（三）项规定的情形之一，管理人在破产申请受理之日起三个月内向人民法院提起诉讼，主张该抵销无效的，人民法院应予支持。

第45条　企业破产法第四十条所列不得抵销情形的债权人，主张以其对债务人特定财产享有优先受偿权的债权，与债务人对其不享有优先受偿权的债权抵销，债务人管理人以抵销存在企业破产法第四十条规定的情形提出异议的，人民法院不予支持。但是，用以抵销的债权大于债权人享有优先受偿权财产价值的除外。

第46条　债务人的股东主张以下列债务与债务人对其负有的债务抵销，债务人管理人提出异议的，人民法院应予支持：

（一）债务人股东因欠缴债务人的出资或者抽逃出资对债务人所负的债务；

（二）债务人股东滥用股东权利或者关联关系损害公司利益对债务人所负的债务。

4.《最高人民法院关于〈中华人民共和国企业破产法〉施行时尚未审结的企业破产案件适用法律若干问题的规定》（2007年4月25日）

第4条　债权人主张对债权债务抵销的，应当符合企业破产法第四十条规定的情形；但企业破产法施行前，已经依据有关法律规定抵销的除外。

5.《最高人民法院关于审理企业破产案件若干问题的规定》（2002年7月30日）

第60条　与债务人互负债权债务的债权人可以向清算组请求行使抵销权，抵销权的行使应当具备以下条件：

（一）债权人的债权已经得到确认；

（二）主张抵销的债权债务均发生在破产宣告之前。

经确认的破产债权可以转让。受让人以受让的债权抵销其所欠债务人债务的，人民法院不予支持。

第五章　破产费用和共益债务

第四十一条　**破产费用**

人民法院受理破产申请后发生的下列费用，为破产费用：

（一）破产案件的诉讼费用；

（二）管理、变价和分配债务人财产的费用；

（三）管理人执行职务的费用、报酬和聘用工作人员的费用。

● 行政法规及文件

1. 《诉讼费用交纳办法》（2006 年 12 月 19 日）

第 13 条　案件受理费分别按照下列标准交纳：

（一）财产案件根据诉讼请求的金额或者价额，按照下列比例分段累计交纳：

1. 不超过 1 万元的，每件交纳 50 元；
2. 超过 1 万元至 10 万元的部分，按照 2.5%交纳；
3. 超过 10 万元至 20 万元的部分，按照 2%交纳；
4. 超过 20 万元至 50 万元的部分，按照 1.5%交纳；
5. 超过 50 万元至 100 万元的部分，按照 1%交纳；
6. 超过 100 万元至 200 万元的部分，按照 0.9%交纳；
7. 超过 200 万元至 500 万元的部分，按照 0.8%交纳；
8. 超过 500 万元至 1000 万元的部分，按照 0.7%交纳；
9. 超过 1000 万元至 2000 万元的部分，按照 0.6%交纳；
10. 超过 2000 万元的部分，按照 0.5%交纳。

（二）非财产案件按照下列标准交纳：

1. 离婚案件每件交纳 50 元至 300 元。涉及财产分割，财产总额不超过 20 万元的，不另行交纳；超过 20 万元的部分，按照 0.5%交纳。

2. 侵害姓名权、名称权、肖像权、名誉权、荣誉权以及其他人格权的案件，每件交纳 100 元至 500 元。涉及损害赔偿，赔偿金额不超过 5 万元的，不另行交纳；超过 5 万元至 10 万元的部分，按照 1%交纳；超过 10 万元的部分，按照 0.5%交纳。

3. 其他非财产案件每件交纳 50 元至 100 元。

（三）知识产权民事案件，没有争议金额或者价额的，每件交纳 500 元至 1000 元；有争议金额或者价额的，按照财产案件的标准交纳。

（四）劳动争议案件每件交纳 10 元。

（五）行政案件按照下列标准交纳：

1. 商标、专利、海事行政案件每件交纳 100 元；

2. 其他行政案件每件交纳 50 元。

（六）当事人提出案件管辖权异议，异议不成立的，每件交纳 50 元至 100 元。

省、自治区、直辖市人民政府可以结合本地实际情况在本条第（二）项、第（三）项、第（六）项规定的幅度内制定具体交纳标准。

第 14 条　申请费分别按照下列标准交纳：

（一）依法向人民法院申请执行人民法院发生法律效力的判决、裁定、调解书，仲裁机构依法作出的裁决和调解书，公证机关依法赋予强制执行效力的债权文书，申请承认和执行外国法院判决、裁定以及国外仲裁机构裁决的，按照下列标准交纳：

1. 没有执行金额或者价额的，每件交纳 50 元至 500 元。

2. 执行金额或者价额不超过 1 万元的，每件交纳 50 元；超过 1 万元至 50 万元的部分，按照 1.5%交纳；超过 50 万元至 500 万元的部分，按照 1%交纳；超过 500 万元至 1000 万元的部分，按照 0.5%交纳；超过 1000 万元的部分，按照 0.1%交纳。

3. 符合民事诉讼法第五十五条第四款规定，未参加登记的权利人向人民法院提起诉讼的，按照本项规定的标准交纳申请费，不再交纳案件受理费。

（二）申请保全措施的，根据实际保全的财产数额按照下列标准交纳：

财产数额不超过 1000 元或者不涉及财产数额的，每件交纳 30 元；超过 1000 元至 10 万元的部分，按照 1%交纳；超过 10 万元的部分，按照 0.5%交纳。但是，当事人申请保全措施交纳的费用最多不超过 5000 元。

（三）依法申请支付令的，比照财产案件受理费标准的 1/3 交纳。

（四）依法申请公示催告的，每件交纳 100 元。

（五）申请撤销仲裁裁决或者认定仲裁协议效力的，每件交纳 400 元。

（六）破产案件依据破产财产总额计算，按照财产案件受理费标准减半交纳，但是，最高不超过 30 万元。

（七）海事案件的申请费按照下列标准交纳：

1. 申请设立海事赔偿责任限制基金的，每件交纳 1000 元至 1 万元；

2. 申请海事强制令的，每件交纳 1000 元至 5000 元；

3. 申请船舶优先权催告的，每件交纳 1000 元至 5000 元；

4. 申请海事债权登记的，每件交纳 1000 元；

5. 申请共同海损理算的，每件交纳 1000 元。

● 司法解释及文件

2. 《最高人民法院关于适用〈中华人民共和国企业破产法〉若干问题的规定（三）》（2020年12月29日）

第1条 人民法院裁定受理破产申请的，此前债务人尚未支付的公司强制清算费用、未终结的执行程序中产生的评估费、公告费、保管费等执行费用，可以参照企业破产法关于破产费用的规定，由债务人财产随时清偿。

此前债务人尚未支付的案件受理费、执行申请费，可以作为破产债权清偿。

3. 《最高人民法院关于人民法院网络司法拍卖若干问题的规定》（2016年8月2日）

第7条 实施网络司法拍卖的，人民法院可以将下列拍卖辅助工作委托社会机构或者组织承担：

（一）制作拍卖财产的文字说明及视频或者照片等资料；

（二）展示拍卖财产，接受咨询，引领查看，封存样品等；

（三）拍卖财产的鉴定、检验、评估、审计、仓储、保管、运输等；

（四）其他可以委托的拍卖辅助工作。

社会机构或者组织承担网络司法拍卖辅助工作所支出的必要费用由被执行人承担。

4. 《最高人民法院关于〈中华人民共和国企业破产法〉施行时尚未审结的企业破产案件适用法律若干问题的规定》（2007年4月25日）

第5条 对于尚未清偿的破产费用，应当按企业破产法第四十一条和第四十二条的规定区分破产费用和共益债务，并依据企业破产法第四十三条的规定清偿。

5. 《最高人民法院关于审理企业破产案件若干问题的规定》（2002年7月30日）

第88条　破产费用包括：

（一）破产财产的管理、变卖、分配所需要的费用；

（二）破产案件的受理费；

（三）债权人会议费用；

（四）催收债务所需费用；

（五）为债权人的共同利益而在破产程序中支付的其他费用。

第89条　人民法院受理企业破产案件可以按照《人民法院诉讼收费办法补充规定》预收案件受理费。

破产宣告前发生的经人民法院认可的必要支出，从债务人财产中拨付。债务人财产不足以支付的，如系债权人申请破产的，由债权人支付。

第四十二条　共益债务

人民法院受理破产申请后发生的下列债务，为共益债务：

（一）因管理人或者债务人请求对方当事人履行双方均未履行完毕的合同所产生的债务；

（二）债务人财产受无因管理所产生的债务；

（三）因债务人不当得利所产生的债务；

（四）为债务人继续营业而应支付的劳动报酬和社会保险费用以及由此产生的其他债务；

（五）管理人或者相关人员执行职务致人损害所产生的债务；

（六）债务人财产致人损害所产生的债务。

● 司法解释及文件

1.《最高人民法院关于适用〈中华人民共和国企业破产法〉若干问题的规定（三）》（2020年12月29日）

第2条　破产申请受理后，经债权人会议决议通过，或者第一次债权人会议召开前经人民法院许可，管理人或者自行管理的债务人可以为债务人继续营业而借款。提供借款的债权人主张参照企业破产法第四十二条第四项的规定优先于普通破产债权清偿的，人民法院应予支持，但其主张优先于此前已就债务人特定财产享有担保的债权清偿的，人民法院不予支持。

管理人或者自行管理的债务人可以为前述借款设定抵押担保，抵押物在破产申请受理前已为其他债权人设定抵押的，债权人主张按照民法典第四百一十四条规定的顺序清偿，人民法院应予支持。

2.《最高人民法院关于适用〈中华人民共和国企业破产法〉若干问题的规定（二）》（2020年12月29日）

第4条　债务人对按份享有所有权的共有财产的相关份额，或者共同享有所有权的共有财产的相应财产权利，以及依法分割共有财产所得部分，人民法院均应认定为债务人财产。

人民法院宣告债务人破产清算，属于共有财产分割的法定事由。人民法院裁定债务人重整或者和解的，共有财产的分割应当依据民法典第三百零三条的规定进行；基于重整或者和解的需要必须分割共有财产，管理人请求分割的，人民法院应予准许。

因分割共有财产导致其他共有人损害产生的债务，其他共有人请求作为共益债务清偿的，人民法院应予支持。

第11条　人民法院根据管理人的请求撤销涉及债务人财产的以明显不合理价格进行的交易的，买卖双方应当依法返还从对方获取的财产或者价款。

因撤销该交易,对于债务人应返还受让人已支付价款所产生的债务,受让人请求作为共益债务清偿的,人民法院应予支持。

第30条 债务人占有的他人财产被违法转让给第三人,依据民法典第三百一十一条的规定第三人已善意取得财产所有权,原权利人无法取回该财产的,人民法院应当按照以下规定处理:

(一)转让行为发生在破产申请受理前的,原权利人因财产损失形成的债权,作为普通破产债权清偿;

(二)转让行为发生在破产申请受理后的,因管理人或者相关人员执行职务导致原权利人损害产生的债务,作为共益债务清偿。

第33条 管理人或者相关人员在执行职务过程中,因故意或者重大过失不当转让他人财产或者造成他人财产毁损、灭失,导致他人损害产生的债务作为共益债务,由债务人财产随时清偿不足弥补损失,权利人向管理人或者相关人员主张承担补充赔偿责任的,人民法院应予支持。

上述债务作为共益债务由债务人财产随时清偿后,债权人以管理人或者相关人员执行职务不当导致债务人财产减少给其造成损失为由提起诉讼,主张管理人或者相关人员承担相应赔偿责任的,人民法院应予支持。

第36条 出卖人破产,其管理人决定解除所有权保留买卖合同,并依据企业破产法第十七条的规定要求买受人向其交付买卖标的物的,人民法院应予支持。

买受人以其不存在未依约支付价款或者履行完毕其他义务,或者将标的物出卖、出质或者作出其他不当处分情形抗辩的,人民法院不予支持。

买受人依法履行合同义务并依据本条第一款将买卖标的物交付出卖人管理人后,买受人已支付价款损失形成的债权作为共益债务清偿。但是，买受人违反合同约定，出卖人管理人主张上述债权作为普通破产债权清偿的，人民法院应予支持。

第37条 买受人破产，其管理人决定继续履行所有权保留买卖合同的，原买卖合同中约定的买受人支付价款或者履行其他义务的期限在破产申请受理时视为到期，买受人管理人应当及时向出卖人支付价款或者履行其他义务。

买受人管理人无正当理由未及时支付价款或者履行完毕其他义务，或者将标的物出卖、出质或者作出其他不当处分，给出卖人造成损害，出卖人依据民法典第六百四十一条等规定主张取回标的物的，人民法院应予支持。但是，买受人已支付标的物总价款百分之七十五以上或者第三人善意取得标的物所有权或者其他物权的除外。

因本条第二款规定未能取回标的物，出卖人依法主张买受人继续支付价款、履行完毕其他义务，以及承担相应赔偿责任的，人民法院应予支持。对因买受人未支付价款或者未履行完毕其他义务，以及买受人管理人将标的物出卖、出质或者作出其他不当处分导致出卖人损害产生的债务，出卖人主张作为共益债务清偿的，人民法院应予支持。

第38条 买受人破产，其管理人决定解除所有权保留买卖合同，出卖人依据企业破产法第三十八条的规定主张取回买卖标的物的，人民法院应予支持。

出卖人取回买卖标的物，买受人管理人主张出卖人返还已支付价款的，人民法院应予支持。取回的标的物价值明显减少给出卖人造成损失的，出卖人可从买受人已支付价款中优先予以抵扣后，将剩余部分返还给买受人；对买受人已支付价款不足以弥补出卖人标的物价值减损损失形成的债权，出卖人主张作为共益债务清偿的，人民法院应予支持。

第四十三条　破产费用和共益债务的清偿

破产费用和共益债务由债务人财产随时清偿。

债务人财产不足以清偿所有破产费用和共益债务的,先行清偿破产费用。

债务人财产不足以清偿所有破产费用或者共益债务的,按照比例清偿。

债务人财产不足以清偿破产费用的,管理人应当提请人民法院终结破产程序。人民法院应当自收到请求之日起十五日内裁定终结破产程序,并予以公告。

● 司法解释及文件

1. **《全国法院破产审判工作会议纪要》**(2018年3月4日)

　　五、破产清算

　　会议认为,破产清算作为破产制度的重要组成部分,具有淘汰落后产能、优化市场资源配置的直接作用。对于缺乏拯救价值和可能性的债务人,要及时通过破产清算程序对债权债务关系进行全面清理,重新配置社会资源,提升社会有效供给的质量和水平,增强企业破产法对市场经济发展的引领作用。

　　23. 破产宣告的条件。人民法院受理破产清算申请后,第一次债权人会议上无人提出重整或和解申请的,管理人应当在债权审核确认和必要的审计、资产评估后,及时向人民法院提出宣告破产的申请。人民法院受理破产和解或重整申请后,债务人出现应当宣告破产的法定原因时,人民法院应当依法宣告债务人破产。

　　24. 破产宣告的程序及转换限制。相关主体向人民法院提出宣告破产申请的,人民法院应当自收到申请之日起七日内作出破产宣告裁定并进行公告。债务人被宣告破产后,不得再转入重整程序或和解程序。

　　25. 担保权人权利的行使与限制。在破产清算和破产和解程序中，对债务人特定财产享有担保权的债权人可以随时向管理人主张就该特定财产变价处置行使优先受偿权，管理人应及时变价处置，不得以须经债权人会议决议等为由拒绝。但因单独处置担保财产会降低其他破产财产的价值而应整体处置的除外。

26. 破产财产的处置。破产财产处置应当以价值最大化为原则，兼顾处置效率。人民法院要积极探索更为有效的破产财产处置方式和渠道，最大限度提升破产财产变价率。采用拍卖方式进行处置的，拍卖所得预计不足以支付评估拍卖费用，或者拍卖不成的，经债权人会议决议，可以采取作价变卖或实物分配方式。变卖或实物分配的方案经债权人会议两次表决仍未通过的，由人民法院裁定处理。

27. 企业破产与职工权益保护。破产程序中要依法妥善处理劳动关系，推动完善职工欠薪保障机制，依法保护职工生存权。由第三方垫付的职工债权，原则上按照垫付的职工债权性质进行清偿；由欠薪保障基金垫付的，应按照企业破产法第一百一十三条第一款第二项的顺序清偿。债务人欠缴的住房公积金，按照债务人拖欠的职工工资性质清偿。

28. 破产债权的清偿原则和顺序。对于法律没有明确规定清偿顺序的债权，人民法院可以按照人身损害赔偿债权优先于财产性债权、私法债权优先于公法债权、补偿性债权优先于惩罚性债权的原则合理确定清偿顺序。因债务人侵权行为造成的人身损害赔偿，可以参照企业破产法第一百一十三条第一款第一项规定的顺序清偿，但其中涉及的惩罚性赔偿除外。破产财产依照企业破产法第一百一十三条规定的顺序清偿后仍有剩余的，可依次用于清偿破产受理前产生的民事惩罚性赔偿金、行政罚款、刑事罚金等惩罚性债权。

29. 建立破产案件审理的繁简分流机制。人民法院审理破产案件应当提升审判效率，在确保利害关系人程序和实体权利不受损害的前提下,建立破产案件审理的繁简分流机制。对于债权债务关系明确、债务人财产状况清楚的破产案件,可以通过缩短程序时间、简化流程等方式加快案件审理进程,但不得突破法律规定的最低期限。

30. 破产清算程序的终结。人民法院终结破产清算程序应当以查明债务人财产状况、明确债务人财产的分配方案、确保破产债权获得依法清偿为基础。破产申请受理后,经管理人调查,债务人财产不足以清偿破产费用且无人代为清偿或垫付的,人民法院应当依管理人申请宣告破产并裁定终结破产清算程序。

31. 保证人的清偿责任和求偿权的限制。破产程序终结前,已向债权人承担了保证责任的保证人,可以要求债务人向其转付已申报债权的债权人在破产程序中应得清偿部分。破产程序终结后,债权人就破产程序中未受清偿部分要求保证人承担保证责任的,应在破产程序终结后六个月内提出。保证人承担保证责任后,不得再向和解或重整后的债务人行使求偿权。

2.《最高人民法院关于执行案件移送破产审查若干问题的指导意见》(2017年1月20日)

15. 受移送法院裁定受理破产案件的,在此前的执行程序中产生的评估费、公告费、保管费等执行费用,可以参照破产费用的规定,从债务人财产中随时清偿。

3.《最高人民法院关于适用〈中华人民共和国企业破产法〉若干问题的规定(一)》(2011年9月9日)

第8条 破产案件的诉讼费用,应根据企业破产法第四十三条的规定,从债务人财产中拨付。相关当事人以申请人未预先交纳诉讼费用为由,对破产申请提出异议的,人民法院不予支持。

4.《最高人民法院关于审理企业破产案件若干问题的规定》(2002年7月30日)

第90条 清算期间职工生活费、医疗费可以从破产财产中优先拨付。

第 91 条　破产费用可随时支付，破产财产不足以支付破产费用的，人民法院根据清算组的申请裁定终结破产程序。

● 案例指引

上海某港实业有限公司破产清算转破产重整案（最高人民法院 214 号指导案例）

裁判要点：1. 人民法院审理涉流域港口码头经营企业破产重整案件，应当将环境污染治理作为实现重整价值的重要考量因素，及时消除影响码头经营许可资质存续的环境污染状态。

2. 港口码头经营企业对相关基础设施建设、维护缺失造成环境污染，不及时治理将影响其破产重整价值的，应当由管理人依法进行治理。管理人请求将相关环境治理费用作为共益债务由债务人财产随时清偿的，人民法院依法应予支持。

第六章　债权申报

第四十四条　债权人依法定程序行使权利

人民法院受理破产申请时对债务人享有债权的债权人，依照本法规定的程序行使权利。

● 法　律

1.《企业破产法》（2006 年 8 月 27 日）

第 56 条　在人民法院确定的债权申报期限内，债权人未申报债权的，可以在破产财产最后分配前补充申报；但是，此前已进行的分配，不再对其补充分配。为审查和确认补充申报债权的费用，由补充申报人承担。

债权人未依照本法规定申报债权的，不得依照本法规定的程序行使权利。

● **司法解释及文件**

2.《最高人民法院关于适用〈中华人民共和国企业破产法〉若干问题的规定（二）》（2020年12月29日）

第21条 破产申请受理前，债权人就债务人财产提起下列诉讼，破产申请受理时案件尚未审结的，人民法院应当中止审理：

（一）主张次债务人代替债务人直接向其偿还债务的；

（二）主张债务人的出资人、发起人和负有监督股东履行出资义务的董事、高级管理人员，或者协助抽逃出资的其他股东、董事、高级管理人员、实际控制人等直接向其承担出资不实或者抽逃出资责任的；

（三）以债务人的股东与债务人法人人格严重混同为由，主张债务人的股东直接向其偿还债务人对其所负债务的；

（四）其他就债务人财产提起的个别清偿诉讼。

债务人破产宣告后，人民法院应当依照企业破产法第四十四条的规定判决驳回债权人的诉讼请求。但是，债权人一审中变更其诉讼请求为追收的相关财产归入债务人财产的除外。

债务人破产宣告前，人民法院依据企业破产法第十二条或者第一百零八条的规定裁定驳回破产申请或者终结破产程序的，上述中止审理的案件应当依法恢复审理。

第四十五条　债权申报期限

人民法院受理破产申请后，应当确定债权人申报债权的期限。债权申报期限自人民法院发布受理破产申请公告之日起计算，最短不得少于三十日，最长不得超过三个月。

> **第四十六条** 未到期的债权与附利息的债权的算定
>
> 未到期的债权,在破产申请受理时视为到期。
> 附利息的债权自破产申请受理时起停止计息。

● 司法解释及文件

1.《最高人民法院关于适用〈中华人民共和国企业破产法〉若干问题的规定(二)》(2020年12月29日)

第20条 管理人代表债务人提起诉讼,主张出资人向债务人依法缴付未履行的出资或者返还抽逃的出资本息,出资人以认缴出资尚未届至公司章程规定的缴纳期限或者违反出资义务已经超过诉讼时效为由抗辩的,人民法院不予支持。

管理人依据公司法的相关规定代表债务人提起诉讼,主张公司的发起人和负有监督股东履行出资义务的董事、高级管理人员,或者协助抽逃出资的其他股东、董事、高级管理人员、实际控制人等,对股东违反出资义务或者抽逃出资承担相应责任,并将财产归入债务人财产的,人民法院应予支持。

第37条 买受人破产,其管理人决定继续履行所有权保留买卖合同的,原买卖合同中约定的买受人支付价款或者履行其他义务的期限在破产申请受理时视为到期,买受人管理人应当及时向出卖人支付价款或者履行其他义务。

买受人管理人无正当理由未及时支付价款或者履行完毕其他义务,或者将标的物出卖、出质或者作出其他不当处分,给出卖人造成损害,出卖人依据民法典第六百四十一条等规定主张取回标的物的,人民法院应予支持。但是,买受人已支付标的物总价款百分之七十五以上或者第三人善意取得标的物所有权或者其他物权的除外。

因本条第二款规定未能取回标的物,出卖人依法主张买受人继续支付价款、履行完毕其他义务,以及承担相应赔偿责任的,人民法院应予支持。对因买受人未支付价款或者未履行完毕其他义务，以及买受人管理人将标的物出卖、出质或者作出其他不当处分导致出卖人损害产生的债务，出卖人主张作为共益债务清偿的，人民法院应予支持。

2.《最高人民法院关于〈中华人民共和国企业破产法〉施行时尚未审结的企业破产案件适用法律若干问题的规定》（2007年4月25日）

第6条 人民法院尚未宣告债务人破产的，应当适用企业破产法第四十六条的规定确认债权利息；已经宣告破产的，依据企业破产法施行前的法律规定确认债权利息。

第四十七条　附条件、附期限债权与未决债权的申报

附条件、附期限的债权和诉讼、仲裁未决的债权，债权人可以申报。

● 法　律

《企业破产法》（2006年8月27日）

第117条 对于附生效条件或者解除条件的债权，管理人应当将其分配额提存。

管理人依照前款规定提存的分配额，在最后分配公告日，生效条件未成就或者解除条件成就的，应当分配给其他债权人；在最后分配公告日，生效条件成就或者解除条件未成就的，应当交付给债权人。

第119条 破产财产分配时，对于诉讼或者仲裁未决的债权，管理人应当将其分配额提存。自破产程序终结之日起满二年仍不能受领分配的，人民法院应当将提存的分配额分配给其他债权人。

第四十八条　申报债权的公示与异议

债权人应当在人民法院确定的债权申报期限内向管理人申报债权。

债务人所欠职工的工资和医疗、伤残补助、抚恤费用，所欠的应当划入职工个人账户的基本养老保险、基本医疗保险费用，以及法律、行政法规规定应当支付给职工的补偿金，不必申报，由管理人调查后列出清单并予以公示。职工对清单记载有异议的，可以要求管理人更正；管理人不予更正的，职工可以向人民法院提起诉讼。

● 司法解释及文件

1.《最高人民法院关于适用〈中华人民共和国企业破产法〉若干问题的规定（三）》（2020年12月29日）

第3条　破产申请受理后，债务人欠缴款项产生的滞纳金，包括债务人未履行生效法律文书应当加倍支付的迟延利息和劳动保险金的滞纳金，债权人作为破产债权申报的，人民法院不予确认。

2.《最高人民法院关于〈中华人民共和国企业破产法〉施行时尚未审结的企业破产案件适用法律若干问题的规定》（2007年4月25日）

第10条　债务人的职工就清单记载有异议，向受理破产申请的人民法院提起诉讼的，人民法院应当依据企业破产法第二十一条和第四十八条的规定予以受理。但人民法院对异议债权已经作出裁决的除外。

第四十九条　申报债权的书面说明

债权人申报债权时，应当书面说明债权的数额和有无财产担保，并提交有关证据。申报的债权是连带债权的，应当说明。

● 司法解释及文件

《最高人民法院关于审理企业破产案件若干问题的规定》（2002 年 7 月 30 日）

第 21 条 债权人申报债权应当提交债权证明和合法有效的身份证明；代理申报人应当提交委托人的有效身份证明、授权委托书和债权证明。

申报的债权有财产担保的，应当提交证明财产担保的证据。

第五十条　连带债权人申报债权

连带债权人可以由其中一人代表全体连带债权人申报债权，也可以共同申报债权。

● 司法解释及文件

《最高人民法院关于审理企业破产案件若干问题的规定》（2002 年 7 月 30 日）

第 23 条 连带债务人之一或者数人破产的，债权人可就全部债权向该债务人或者各债务人行使权利，申报债权。债权人未申报债权的，其他连带债务人可就将来可能承担的债务申报债权。

第五十一条　连带债务人申报债权

债务人的保证人或者其他连带债务人已经代替债务人清偿债务的，以其对债务人的求偿权申报债权。

债务人的保证人或者其他连带债务人尚未代替债务人清偿债务的，以其对债务人的将来求偿权申报债权。但是，债权人已经向管理人申报全部债权的除外。

● 法　律

1. 《民法典》（2020 年 5 月 28 日）

第 687 条　当事人在保证合同中约定，债务人不能履行债务时，由保证人承担保证责任的，为一般保证。

一般保证的保证人在主合同纠纷未经审判或者仲裁，并就债务人财产依法强制执行仍不能履行债务前，有权拒绝向债权人承担保证责任，但是有下列情形之一的除外：

（一）债务人下落不明，且无财产可供执行；

（二）人民法院已经受理债务人破产案件；

（三）债权人有证据证明债务人的财产不足以履行全部债务或者丧失履行债务能力；

（四）保证人书面表示放弃本款规定的权利。

● 司法解释及文件

2. 《最高人民法院关于适用〈中华人民共和国民法典〉有关担保制度的解释》（2020 年 12 月 31 日）

第 23 条　人民法院受理债务人破产案件，债权人在破产程序中申报债权后又向人民法院提起诉讼，请求担保人承担担保责任的，人民法院依法予以支持。

担保人清偿债权人的全部债权后，可以代替债权人在破产程序中受偿；在债权人的债权未获全部清偿前，担保人不得代替债权人在破产程序中受偿，但是有权就债权人通过破产分配和实现担保债权等方式获得清偿总额中超出债权的部分，在其承担担保责任的范围内请求债权人返还。

债权人在债务人破产程序中未获全部清偿，请求担保人继续承担担保责任的，人民法院应予支持；担保人承担担保责任后，向和解协议或者重整计划执行完毕后的债务人追偿的，人民法院不予支持。

3.《最高人民法院关于适用〈中华人民共和国企业破产法〉若干问题的规定（三）》（2020年12月29日）

第4条　保证人被裁定进入破产程序的，债权人有权申报其对保证人的保证债权。

主债务未到期的，保证债权在保证人破产申请受理时视为到期。一般保证的保证人主张行使先诉抗辩权的，人民法院不予支持，但债权人在一般保证人破产程序中的分配额应予提存，待一般保证人应承担的保证责任确定后再按照破产清偿比例予以分配。

保证人被确定应当承担保证责任的，保证人的管理人可以就保证人实际承担的清偿额向主债务人或其他债务人行使求偿权。

第五十二条　连带债务人的债权人申报债权

连带债务人数人被裁定适用本法规定的程序的，其债权人有权就全部债权分别在各破产案件中申报债权。

● 司法解释及文件

《最高人民法院关于适用〈中华人民共和国企业破产法〉若干问题的规定（三）》（2020年12月29日）

第5条　债务人、保证人均被裁定进入破产程序的，债权人有权向债务人、保证人分别申报债权。

债权人向债务人、保证人均申报全部债权的，从一方破产程序中获得清偿后，其对另一方的债权额不作调整，但债权人的受偿额不得超出其债权总额。保证人履行保证责任后不再享有求偿权。

第五十三条　解除合同后对方当事人申报债权

管理人或者债务人依照本法规定解除合同的，对方当事人以因合同解除所产生的损害赔偿请求权申报债权。

● 法　律

1.《企业破产法》(2006 年 8 月 27 日)

　　第 18 条　人民法院受理破产申请后,管理人对破产申请受理前成立而债务人和对方当事人均未履行完毕的合同有权决定解除或者继续履行,并通知对方当事人。管理人自破产申请受理之日起二个月内未通知对方当事人,或者自收到对方当事人催告之日起三十日内未答复的,视为解除合同。

　　管理人决定继续履行合同的,对方当事人应当履行;但是,对方当事人有权要求管理人提供担保。管理人不提供担保的,视为解除合同。

● 司法解释及文件

2.《最高人民法院关于适用〈中华人民共和国企业破产法〉若干问题的规定(二)》(2020 年 12 月 29 日)

　　第 36 条　出卖人破产,其管理人决定解除所有权保留买卖合同,并依据企业破产法第十七条的规定要求买受人向其交付买卖标的物的,人民法院应予支持。

　　买受人以其不存在未依约支付价款或者履行完毕其他义务,或者将标的物出卖、出质或者作出其他不当处分情形抗辩的,人民法院不予支持。

　　买受人依法履行合同义务并依据本条第一款将买卖标的物交付出卖人管理人后,买受人已支付价款损失形成的债权作为共益债务清偿。但是,买受人违反合同约定,出卖人管理人主张上述债权作为普通破产债权清偿的,人民法院应予支持。

　　第 37 条　买受人破产,其管理人决定继续履行所有权保留买卖合同的,原买卖合同中约定的买受人支付价款或者履行其他义务的期限在破产申请受理时视为到期,买受人管理人应当及时向出卖人支付价款或者履行其他义务。

买受人管理人无正当理由未及时支付价款或者履行完毕其他义务，或者将标的物出卖、出质或者作出其他不当处分，给出卖人造成损害，出卖人依据民法典第六百四十一条等规定主张取回标的物的，人民法院应予支持。但是，买受人已支付标的物总价款百分之七十五以上或者第三人善意取得标的物所有权或者其他物权的除外。

因本条第二款规定未能取回标的物，出卖人依法主张买受人继续支付价款、履行完毕其他义务，以及承担相应赔偿责任的，人民法院应予支持。对因买受人未支付价款或者未履行完毕其他义务，以及买受人管理人将标的物出卖、出质或者作出其他不当处分导致出卖人损害产生的债务，出卖人主张作为共益债务清偿的，人民法院应予支持。

第五十四条　受托人申报债权

债务人是委托合同的委托人，被裁定适用本法规定的程序，受托人不知该事实，继续处理委托事务的，受托人以由此产生的请求权申报债权。

● 法　律

《民法典》（2020年5月28日）

第934条　委托人死亡、终止或者受托人死亡、丧失民事行为能力、终止的，委托合同终止；但是，当事人另有约定或者根据委托事务的性质不宜终止的除外。

第935条　因委托人死亡或者被宣告破产、解散，致使委托合同终止将损害委托人利益的，在委托人的继承人、遗产管理人或者清算人承受委托事务之前，受托人应当继续处理委托事务。

第936条　因受托人死亡、丧失民事行为能力或者被宣告破产、解散，致使委托合同终止的，受托人的继承人、遗产管理人、法定代理人或者清算人应当及时通知委托人。因委托合同终止将损害委托人利益的，在委托人作出善后处理之前，受托人的继承人、遗产管理人、法定代理人或者清算人应当采取必要措施。

第五十五条　票据付款人申报债权

> 债务人是票据的出票人，被裁定适用本法规定的程序，该票据的付款人继续付款或者承兑的，付款人以由此产生的请求权申报债权。

● 法　律

1. 《票据法》（2004 年 8 月 28 日）

第 61 条　汇票到期被拒绝付款的，持票人可以对背书人、出票人以及汇票的其他债务人行使追索权。

汇票到期日前，有下列情形之一的，持票人也可以行使追索权：

（一）汇票被拒绝承兑的；

（二）承兑人或者付款人死亡、逃匿的；

（三）承兑人或者付款人被依法宣告破产的或者因违法被责令终止业务活动的。

第 64 条　承兑人或者付款人被人民法院依法宣告破产的，人民法院的有关司法文书具有拒绝证明的效力。

承兑人或者付款人因违法被责令终止业务活动的，有关行政主管部门的处罚决定具有拒绝证明的效力。

● 司法解释及文件

2. 《最高人民法院关于审理票据纠纷案件若干问题的规定》（2020 年 12 月 29 日）

第 10 条　付款人或者承兑人被人民法院依法宣告破产的，持票人因行使追索权而向人民法院提起诉讼时，应当向受理法院提供人民法院依法作出的宣告破产裁定书或者能够证明付款人或者承兑人破产的其他证据。

第16条 票据出票人或者背书人被宣告破产的，而付款人或者承兑人不知其事实而付款或者承兑，因此所产生的追索权可以登记为破产债权，付款人或者承兑人为债权人。

第五十六条　补充申报债权

在人民法院确定的债权申报期限内，债权人未申报债权的，可以在破产财产最后分配前补充申报；但是，此前已进行的分配，不再对其补充分配。为审查和确认补充申报债权的费用，由补充申报人承担。

债权人未依照本法规定申报债权的，不得依照本法规定的程序行使权利。

● 法　律

1.《企业破产法》（2006年8月27日）

第92条 经人民法院裁定批准的重整计划，对债务人和全体债权人均有约束力。

债权人未依照本法规定申报债权的，在重整计划执行期间不得行使权利；在重整计划执行完毕后，可以按照重整计划规定的同类债权的清偿条件行使权利。

债权人对债务人的保证人和其他连带债务人所享有的权利，不受重整计划的影响。

● 司法解释及文件

2.《最高人民法院关于〈中华人民共和国企业破产法〉施行时尚未审结的企业破产案件适用法律若干问题的规定》（2007年4月25日）

第8条 债权人未在人民法院确定的债权申报期内向人民法

院申报债权的,可以依据企业破产法第五十六条的规定补充申报。

3.《最高人民法院关于审理企业破产案件若干问题的规定》(2002年7月30日)

第24条 债权人虽未在法定期间申报债权,但有民事诉讼法第七十六条规定情形的,在破产财产分配前可向清算组申报债权。清算组负责审查其申报的债权,并由人民法院审查确定。债权人会议对人民法院同意该债权人参加破产财产分配有异议的,可以向人民法院申请复议。

第五十七条　债权表

管理人收到债权申报材料后,应当登记造册,对申报的债权进行审查,并编制债权表。

债权表和债权申报材料由管理人保存,供利害关系人查阅。

● 司法解释及文件

1.《最高人民法院关于适用〈中华人民共和国企业破产法〉若干问题的规定(三)》(2020年12月29日)

第3条 破产申请受理后,债务人欠缴款项产生的滞纳金,包括债务人未履行生效法律文书应当加倍支付的迟延利息和劳动保险金的滞纳金,债权人作为破产债权申报的,人民法院不予确认。

第6条 管理人应当依照企业破产法第五十七条的规定对所申报的债权进行登记造册,详尽记载申报人的姓名、单位、代理人、申报债权额、担保情况、证据、联系方式等事项,形成债权申报登记册。

管理人应当依照企业破产法第五十七条的规定对债权的性质、数额、担保财产、是否超过诉讼时效期间、是否超过强制执行期间等情况进行审查、编制债权表并提交债权人会议核查。

债权表、债权申报登记册及债权申报材料在破产期间由管理人保管，债权人、债务人、债务人职工及其他利害关系人有权查阅。

第 7 条　已经生效法律文书确定的债权，管理人应当予以确认。

管理人认为债权人据以申报债权的生效法律文书确定的债权错误，或者有证据证明债权人与债务人恶意通过诉讼、仲裁或者公证机关赋予强制执行力公证文书的形式虚构债权债务的，应当依法通过审判监督程序向作出该判决、裁定、调解书的人民法院或者上一级人民法院申请撤销生效法律文书，或者向受理破产申请的人民法院申请撤销或者不予执行仲裁裁决、不予执行公证债权文书后，重新确定债权。

第 10 条　单个债权人有权查阅债务人财产状况报告、债权人会议决议、债权人委员会决议、管理人监督报告等参与破产程序所必需的债务人财务和经营信息资料。管理人无正当理由不予提供的，债权人可以请求人民法院作出决定；人民法院应当在五日内作出决定。

上述信息资料涉及商业秘密的，债权人应当依法承担保密义务或者签署保密协议；涉及国家秘密的应当依照相关法律规定处理。

2.《最高人民法院关于适用〈中华人民共和国企业破产法〉若干问题的规定（二）》（2020 年 12 月 29 日）

第 30 条　债务人占有的他人财产被违法转让给第三人，依据民法典第三百一十一条的规定第三人已善意取得财产所有权，原权利人无法取回该财产的，人民法院应当按照以下规定处理：

（一）转让行为发生在破产申请受理前的，原权利人因财产

损失形成的债权,作为普通破产债权清偿;

(二)转让行为发生在破产申请受理后的,因管理人或者相关人员执行职务导致原权利人损害产生的债务,作为共益债务清偿。

第31条 债务人占有的他人财产被违法转让给第三人,第三人已向债务人支付了转让价款,但依据民法典第三百一十一条的规定未取得财产所有权,原权利人依法追回转让财产的,对因第三人已支付对价而产生的债务,人民法院应当按照以下规定处理:

(一)转让行为发生在破产申请受理前的,作为普通破产债权清偿;

(二)转让行为发生在破产申请受理后的,作为共益债务清偿。

第32条 债务人占有的他人财产毁损、灭失,因此获得的保险金、赔偿金、代偿物尚未交付给债务人,或者代偿物虽已交付给债务人但能与债务人财产予以区分的,权利人主张取回就此获得的保险金、赔偿金、代偿物的,人民法院应予支持。

保险金、赔偿金已经交付给债务人,或者代偿物已经交付给债务人且不能与债务人财产予以区分的,人民法院应当按照以下规定处理:

(一)财产毁损、灭失发生在破产申请受理前的,权利人因财产损失形成的债权,作为普通破产债权清偿;

(二)财产毁损、灭失发生在破产申请受理后的,因管理人或者相关人员执行职务导致权利人损害产生的债务,作为共益债务清偿。

债务人占有的他人财产毁损、灭失,没有获得相应的保险金、赔偿金、代偿物,或者保险金、赔偿物、代偿物不足以弥补其损失的部分,人民法院应当按照本条第二款的规定处理。

3.《最高人民法院关于审理企业破产案件若干问题的规定》（2002年7月30日）

第22条 人民法院在登记申报的债权时，应当记明债权人名称、住所、开户银行、申报债权数额、申报债权的证据、财产担保情况、申报时间、联系方式以及其他必要的情况。

已经成立清算组的，由清算组进行上述债权登记工作。

第55条 下列债权属于破产债权：

（一）破产宣告前发生的无财产担保的债权；

（二）破产宣告前发生的虽有财产担保但是债权人放弃优先受偿的债权；

（三）破产宣告前发生的虽有财产担保但是债权数额超过担保物价值部分的债权；

（四）票据出票人被宣告破产，付款人或者承兑人不知其事实而向持票人付款或者承兑所产生的债权；

（五）清算组解除合同，对方当事人依法或者依照合同约定产生的对债务人可以用货币计算的债权；

（六）债务人的受托人在债务人破产后，为债务人的利益处理委托事务所发生的债权；

（七）债务人发行债券形成的债权；

（八）债务人的保证人代替债务人清偿债务后依法可以向债务人追偿的债权；

（九）债务人的保证人按照《中华人民共和国担保法》第三十二条的规定预先行使追偿权而申报的债权；

（十）债务人为保证人的，在破产宣告前已经被生效的法律文书确定承担的保证责任；

（十一）债务人在破产宣告前因侵权、违约给他人造成财产损失而产生的赔偿责任；

（十二）人民法院认可的其他债权。以上第（五）项债权以实际损失为计算原则。违约金不作为破产债权，定金不再适用定金罚则。

第57条　债务人所欠非正式职工（含短期劳动工）的劳动报酬，参照企业破产法第三十七条第二款第（一）项规定的顺序清偿。

第58条　债务人所欠企业职工集资款，参照企业破产法第三十七条第二款第（一）项规定的顺序清偿。但对违反法律规定的高额利息部分不予保护。

职工向企业的投资，不属于破产债权。

第59条　债务人退出联营应当对该联营企业的债务承担责任的，联营企业的债权人对该债务人享有的债权属于破产债权。

第61条　下列债权不属于破产债权：

（一）行政、司法机关对破产企业的罚款、罚金以及其他有关费用；

（二）人民法院受理破产案件后债务人未支付应付款项的滞纳金，包括债务人未执行生效法律文书应当加倍支付的迟延利息和劳动保险金的滞纳金；

（三）破产宣告后的债务利息；

（四）债权人参加破产程序所支出的费用；

（五）破产企业的股权、股票持有人在股权、股票上的权利；

（六）破产财产分配开始后向清算组申报的债权；

（七）超过诉讼时效的债权；

（八）债务人开办单位对债务人未收取的管理费、承包费。

上述不属于破产债权的权利，人民法院或者清算组也应当对当事人的申报进行登记。

第62条　政府无偿拨付给债务人的资金不属于破产债权。但财政、扶贫、科技管理等行政部门通过签订合同，按有偿使用、定期归还原则发放的款项，可以作为破产债权。

第 72 条 本规定第七十一条第（一）项所列的财产，财产权利人有权取回。

前款财产在破产宣告前已经毁损灭失的，财产权利人仅能以直接损失额为限申报债权；在破产宣告后因清算组的责任毁损灭失的，财产权利人有权获得等值赔偿。

债务人转让上述财产获利的，财产权利人有权要求债务人等值赔偿。

第五十八条　债权表的核查、确认与异议

依照本法第五十七条规定编制的债权表，应当提交第一次债权人会议核查。

债务人、债权人对债权表记载的债权无异议的，由人民法院裁定确认。

债务人、债权人对债权表记载的债权有异议的，可以向受理破产申请的人民法院提起诉讼。

● 司法解释及文件

1. 《最高人民法院关于适用〈中华人民共和国企业破产法〉若干问题的规定（三）》（2020 年 12 月 29 日）

第 7 条 已经生效法律文书确定的债权，管理人应当予以确认。

管理人认为债权人据以申报债权的生效法律文书确定的债权错误，或者有证据证明债权人与债务人恶意通过诉讼、仲裁或者公证机关赋予强制执行力公证文书的形式虚构债权债务的，应当依法通过审判监督程序向作出该判决、裁定、调解书的人民法院或者上一级人民法院申请撤销生效法律文书，或者向受理破产申请的人民法院申请撤销或者不予执行仲裁裁决、不予执行公证债权文书后，重新确定债权。

第 8 条 债务人、债权人对债权表记载的债权有异议的,应当说明理由和法律依据。经管理人解释或调整后,异议人仍然不服的,或者管理人不予解释或调整的,异议人应当在债权人会议核查结束后十五日内向人民法院提起债权确认的诉讼。当事人之间在破产申请受理前订立有仲裁条款或仲裁协议的,应当向选定的仲裁机构申请确认债权债务关系。

第 9 条 债务人对债权表记载的债权有异议向人民法院提起诉讼的,应将被异议债权人列为被告。债权人对债权表记载的他人债权有异议的,应将被异议债权人列为被告;债权人对债权表记载的本人债权有异议的,应将债务人列为被告。

对同一笔债权存在多个异议人,其他异议人申请参加诉讼的,应当列为共同原告。

2.《最高人民法院关于审理企业破产案件若干问题的规定》(2002年7月30日)

第 63 条 债权人对清算组确认或者否认的债权有异议的,可以向清算组提出。债权人对清算组的处理仍有异议的,可以向人民法院提出。人民法院应当在查明事实的基础上依法作出裁决。

第七章　债权人会议

第一节　一般规定

第五十九条　债权人会议的组成

依法申报债权的债权人为债权人会议的成员,有权参加债权人会议,享有表决权。

债权尚未确定的债权人,除人民法院能够为其行使表决权而临时确定债权额的外,不得行使表决权。

对债务人的特定财产享有担保权的债权人,未放弃优先受偿权利的,对于本法第六十一条第一款第七项、第十项规定的事项不享有表决权。

债权人可以委托代理人出席债权人会议,行使表决权。代理人出席债权人会议,应当向人民法院或者债权人会议主席提交债权人的授权委托书。

债权人会议应当有债务人的职工和工会的代表参加,对有关事项发表意见。

● **司法解释及文件**

《最高人民法院关于审理企业破产案件若干问题的规定》(2002年7月30日)

第39条 债权人会议由申报债权的债权人组成。

债权人会议主席由人民法院在有表决权的债权人中指定。必要时,人民法院可以指定多名债权人会议主席,成立债权人会议主席委员会。

少数债权人拒绝参加债权人会议,不影响会议的召开。但债权人会议不得作出剥夺其对破产财产受偿的机会或者不利于其受偿的决议。

第45条 债权人可以委托代理人出席债权人会议,并可以授权代理人行使表决权。代理人应当向人民法院或者债权人会议主席提交授权委托书。

第52条 清算组应当列席债权人会议,接受债权人会议的询问。债权人有权查阅有关资料、询问有关事项;清算组的决定违背债权人利益的,债权人可以申请人民法院裁定撤销该决定。

第六十条　债权人会议主席

债权人会议设主席一人，由人民法院从有表决权的债权人中指定。

债权人会议主席主持债权人会议。

● 司法解释及文件

《最高人民法院关于审理企业破产案件若干问题的规定》（2002年7月30日）

第39条　债权人会议由申报债权的债权人组成。

债权人会议主席由人民法院在有表决权的债权人中指定。必要时，人民法院可以指定多名债权人会议主席，成立债权人会议主席委员会。

少数债权人拒绝参加债权人会议，不影响会议的召开。但债权人会议不得作出剥夺其对破产财产受偿的机会或者不利于其受偿的决议。

第六十一条　债权人会议的职权

债权人会议行使下列职权：

（一）核查债权；

（二）申请人民法院更换管理人，审查管理人的费用和报酬；

（三）监督管理人；

（四）选任和更换债权人委员会成员；

（五）决定继续或者停止债务人的营业；

（六）通过重整计划；

（七）通过和解协议；

（八）通过债务人财产的管理方案；

（九）通过破产财产的变价方案；

（十）通过破产财产的分配方案；

（十一）人民法院认为应当由债权人会议行使的其他职权。

债权人会议应当对所议事项的决议作成会议记录。

● 司法解释及文件

《最高人民法院关于适用〈中华人民共和国企业破产法〉若干问题的规定（三）》（2020年12月29日）

第12条 债权人会议的决议具有以下情形之一，损害债权人利益，债权人申请撤销的，人民法院应予支持：

（一）债权人会议的召开违反法定程序；

（二）债权人会议的表决违反法定程序；

（三）债权人会议的决议内容违法；

（四）债权人会议的决议超出债权人会议的职权范围。

人民法院可以裁定撤销全部或者部分事项决议，责令债权人会议依法重新作出决议。

债权人申请撤销债权人会议决议的，应当提出书面申请。债权人会议采取通信、网络投票等非现场方式进行表决的，债权人申请撤销的期限自债权人收到通知之日起算。

第六十二条　债权人会议的召开

第一次债权人会议由人民法院召集，自债权申报期限届满之日起十五日内召开。

以后的债权人会议，在人民法院认为必要时，或者管理人、债权人委员会、占债权总额四分之一以上的债权人向债权人会议主席提议时召开。

● 司法解释及文件

《最高人民法院关于审理企业破产案件若干问题的规定》（2002年7月30日）

第40条 第一次债权人会议应当在人民法院受理破产案件公告3个月期满后召开。除债务人的财产不足以支付破产费用，破产程序提前终结外，不得以一般债权的清偿率为零为理由取消债权人会议。

第41条 第一次债权人会议由人民法院召集并主持。人民法院除完成本规定第十七条确定的工作外，还应当做好以下准备工作：

（一）拟订第一次债权人会议议程；

（二）向债务人的法定代表人或者负责人发出通知，要求其必须到会；

（三）向债务人的上级主管部门、开办人或者股东会议代表发出通知，要求其派员列席会议；

（四）通知破产清算组成员列席会议；

（五）通知审计、评估人员参加会议；

（六）需要提前准备的其他工作。

第42条 债权人会议一般包括以下内容：

（一）宣布债权人会议职权和其他有关事项；

（二）宣布债权人资格审查结果；

（三）指定并宣布债权人会议主席；

（四）安排债务人法定代表人或者负责人接受债权人询问；

（五）由清算组通报债务人的生产经营、财产、债务情况并作清算工作报告和提出财产处理方案及分配方案；

（六）讨论并审查债权的证明材料、债权的财产担保情况及数额、讨论通过和解协议、审阅清算组的清算报告、讨论通过破产财产的处理方案与分配方案等。讨论内容应当记明笔录。债权人对人民法院或者清算组登记的债权提出异议的，人民法院应当及时审查并作出裁定；

（七）根据讨论情况，依照企业破产法第十六条的规定进行表决。

以上第（五）至（七）项议程内的工作在本次债权人会议上无法完成的，交由下次债权人会议继续进行。

第六十三条　通知债权人

> 召开债权人会议，管理人应当提前十五日通知已知的债权人。

● 司法解释及文件

《最高人民法院关于审理企业破产案件若干问题的规定》（2002年7月30日）

第46条　第一次债权人会议后又召开债权人会议的，债权人会议主席应当在发出会议通知前3日报告人民法院，并由会议召集人在开会前15日将会议时间、地点、内容、目的等事项通知债权人。

第六十四条　债权人会议的决议

> 债权人会议的决议，由出席会议的有表决权的债权人过半数通过，并且其所代表的债权额占无财产担保债权总额的二分之一以上。但是，本法另有规定的除外。
>
> 债权人认为债权人会议的决议违反法律规定，损害其利益的，可以自债权人会议作出决议之日起十五日内，请求人民法院裁定撤销该决议，责令债权人会议依法重新作出决议。
>
> 债权人会议的决议，对于全体债权人均有约束力。

● 法　律

1.《企业破产法》(2006 年 8 月 27 日)

第 84 条　人民法院应当自收到重整计划草案之日起三十日内召开债权人会议，对重整计划草案进行表决。

出席会议的同一表决组的债权人过半数同意重整计划草案，并且其所代表的债权额占该组债权总额的三分之二以上的，即为该组通过重整计划草案。

债务人或者管理人应当向债权人会议就重整计划草案作出说明，并回答询问。

第 97 条　债权人会议通过和解协议的决议，由出席会议的有表决权的债权人过半数同意，并且其所代表的债权额占无财产担保债权总额的三分之二以上。

● 司法解释及文件

2.《最高人民法院关于适用〈中华人民共和国企业破产法〉若干问题的规定（三）》(2020 年 12 月 29 日)

第 11 条　债权人会议的决议除现场表决外，可以由管理人事先将相关决议事项告知债权人，采取通信、网络投票等非现场方式进行表决。采取非现场方式进行表决的，管理人应当在债权人会议召开后的三日内，以信函、电子邮件、公告等方式将表决结果告知参与表决的债权人。

根据企业破产法第八十二条规定，对重整计划草案进行分组表决时，权益因重整计划草案受到调整或者影响的债权人或者股东，有权参加表决；权益未受到调整或者影响的债权人或者股东，参照企业破产法第八十三条的规定，不参加重整计划草案的表决。

第 12 条　债权人会议的决议具有以下情形之一，损害债权人利益，债权人申请撤销的，人民法院应予支持：

（一）债权人会议的召开违反法定程序；

（二）债权人会议的表决违反法定程序；

（三）债权人会议的决议内容违法；

（四）债权人会议的决议超出债权人会议的职权范围。

人民法院可以裁定撤销全部或者部分事项决议，责令债权人会议依法重新作出决议。

债权人申请撤销债权人会议决议的，应当提出书面申请。债权人会议采取通信、网络投票等非现场方式进行表决的，债权人申请撤销的期限自债权人收到通知之日起算。

3. 《最高人民法院关于〈中华人民共和国企业破产法〉施行时尚未审结的企业破产案件适用法律若干问题的规定》（2007年4月25日）

第12条 债权人认为债权人会议的决议违反法律规定，损害其利益，向人民法院请求撤销该决议，裁定尚未作出的，人民法院应当依据企业破产法第六十四条的规定作出裁定。

4. 《最高人民法院关于审理企业破产案件若干问题的规定》（2002年7月30日）

第43条 债权人认为债权人会议决议违反法律规定或者侵害其合法权益的，可以在债权人会议作出决议后7日内向人民法院提出，由人民法院依法裁定。

第六十五条　法院裁定事项

本法第六十一条第一款第八项、第九项所列事项，经债权人会议表决未通过的，由人民法院裁定。

本法第六十一条第一款第十项所列事项，经债权人会议二次表决仍未通过的，由人民法院裁定。

对前两款规定的裁定，人民法院可以在债权人会议上宣布或者另行通知债权人。

● 法　律

1. 《企业破产法》（2006年8月27日）

第61条　债权人会议行使下列职权：

（一）核查债权；

（二）申请人民法院更换管理人，审查管理人的费用和报酬；

（三）监督管理人；

（四）选任和更换债权人委员会成员；

（五）决定继续或者停止债务人的营业；

（六）通过重整计划；

（七）通过和解协议；

（八）通过债务人财产的管理方案；

（九）通过破产财产的变价方案；

（十）通过破产财产的分配方案；

（十一）人民法院认为应当由债权人会议行使的其他职权。

债权人会议应当对所议事项的决议作成会议记录。

● 司法解释及文件

2. 《最高人民法院关于审理企业破产案件若干问题的规定》（2002年7月30日）

第44条　清算组财产分配方案经债权人会议两次讨论未获通过的，由人民法院依法裁定。

对前款裁定，占无财产担保债权总额半数以上债权的债权人有异议的，可以在人民法院作出裁定之日起10日内向上一级人民法院申诉。上一级人民法院应当组成合议庭进行审理，并在30日内作出裁定。

第六十六条　债权人申请复议

债权人对人民法院依照本法第六十五条第一款作出的裁定不服的，债权额占无财产担保债权总额二分之一以上的债权人对人民法院依照本法第六十五条第二款作出的裁定不服的，可以自裁定宣布之日或者收到通知之日起十五日内向该人民法院申请复议。复议期间不停止裁定的执行。

● 司法解释及文件

《最高人民法院关于〈中华人民共和国企业破产法〉施行时尚未审结的企业破产案件适用法律若干问题的规定》（2007年4月25日）

第13条　债权人对于财产分配方案的裁定不服，已经申诉的，由上一级人民法院依据申诉程序继续审理；企业破产法施行后提起申诉的，人民法院应当告知其依据企业破产法第六十六条的规定申请复议。

债权人对于人民法院作出的债务人财产管理方案的裁定或者破产财产变价方案的裁定不服，向受理破产申请的人民法院申请复议的，人民法院应当依据企业破产法第六十六条的规定予以受理。

债权人或者债务人对破产宣告裁定有异议，已经申诉的，由上一级人民法院依据申诉程序继续审理；企业破产法施行后提起申诉的，人民法院不予受理。

第二节　债权人委员会

第六十七条　债权人委员会的组成

债权人会议可以决定设立债权人委员会。债权人委员会由债权人会议选任的债权人代表和一名债务人的职工代表或者工会代表组成。债权人委员会成员不得超过九人。

债权人委员会成员应当经人民法院书面决定认可。

第六十八条　债权人委员会的职权

债权人委员会行使下列职权：
（一）监督债务人财产的管理和处分；
（二）监督破产财产分配；
（三）提议召开债权人会议；
（四）债权人会议委托的其他职权。

债权人委员会执行职务时，有权要求管理人、债务人的有关人员对其职权范围内的事务作出说明或者提供有关文件。

管理人、债务人的有关人员违反本法规定拒绝接受监督的，债权人委员会有权就监督事项请求人民法院作出决定；人民法院应当在五日内作出决定。

● 司法解释及文件

《最高人民法院关于适用〈中华人民共和国企业破产法〉若干问题的规定（三）》（2020 年 12 月 29 日）

第 13 条　债权人会议可以依照企业破产法第六十八条第一款第四项的规定，委托债权人委员会行使企业破产法第六十一条第一款第二、三、五项规定的债权人会议职权。债权人会议不得作出概括性授权，委托其行使债权人会议所有职权。

第 14 条　债权人委员会决定所议事项应获得全体成员过半数通过，并作成议事记录。债权人委员会成员对所议事项的决议有不同意见的，应当在记录中载明。

债权人委员会行使职权应当接受债权人会议的监督，以适当的方式向债权人会议及时汇报工作，并接受人民法院的指导。

第六十九条　管理人行为的告知

管理人实施下列行为，应当及时报告债权人委员会：
（一）涉及土地、房屋等不动产权益的转让；

（二）探矿权、采矿权、知识产权等财产权的转让；

（三）全部库存或者营业的转让；

（四）借款；

（五）设定财产担保；

（六）债权和有价证券的转让；

（七）履行债务人和对方当事人均未履行完毕的合同；

（八）放弃权利；

（九）担保物的取回；

（十）对债权人利益有重大影响的其他财产处分行为。

未设立债权人委员会的，管理人实施前款规定的行为应当及时报告人民法院。

● 法　律

1. 《企业破产法》（2006年8月27日）

第68条　债权人委员会行使下列职权：

（一）监督债务人财产的管理和处分；

（二）监督破产财产分配；

（三）提议召开债权人会议；

（四）债权人会议委托的其他职权。

债权人委员会执行职务时，有权要求管理人、债务人的有关人员对其职权范围内的事务作出说明或者提供有关文件。

管理人、债务人的有关人员违反本法规定拒绝接受监督的，债权人委员会有权就监督事项请求人民法院作出决定；人民法院应当在五日内作出决定。

● 司法解释及文件

2.《最高人民法院关于适用〈中华人民共和国企业破产法〉若干问题的规定（三）》(2020 年 12 月 29 日)

第 15 条　管理人处分企业破产法第六十九条规定的债务人重大财产的，应当事先制作财产管理或者变价方案并提交债权人会议进行表决，债权人会议表决未通过的，管理人不得处分。

管理人实施处分前，应当根据企业破产法第六十九条的规定，提前十日书面报告债权人委员会或者人民法院。债权人委员会可以依照企业破产法第六十八条第二款的规定，要求管理人对处分行为作出相应说明或者提供有关文件依据。

债权人委员会认为管理人实施的处分行为不符合债权人会议通过的财产管理或变价方案的，有权要求管理人纠正。管理人拒绝纠正的，债权人委员会可以请求人民法院作出决定。

人民法院认为管理人实施的处分行为不符合债权人会议通过的财产管理或变价方案的，应当责令管理人停止处分行为。管理人应当予以纠正，或者提交债权人会议重新表决通过后实施。

3.《最高人民法院关于适用〈中华人民共和国企业破产法〉若干问题的规定（二）》(2020 年 12 月 29 日)

第 25 条　管理人拟通过清偿债务或者提供担保取回质物、留置物，或者与质权人、留置权人协议以质物、留置物折价清偿债务等方式，进行对债权人利益有重大影响的财产处分行为的，应当及时报告债权人委员会。未设立债权人委员会的，管理人应当及时报告人民法院。

第八章 重 整

第一节 重整申请和重整期间

第七十条　重整申请

债务人或者债权人可以依照本法规定，直接向人民法院申请对债务人进行重整。

债权人申请对债务人进行破产清算的，在人民法院受理破产申请后、宣告债务人破产前，债务人或者出资额占债务人注册资本十分之一以上的出资人，可以向人民法院申请重整。

● **法　律**

1.《企业破产法》(2006年8月27日)

第2条　企业法人不能清偿到期债务，并且资产不足以清偿全部债务或者明显缺乏清偿能力的，依照本法规定清理债务。

企业法人有前款规定情形，或者有明显丧失清偿能力可能的，可以依照本法规定进行重整。

第7条　债务人有本法第二条规定的情形，可以向人民法院提出重整、和解或者破产清算申请。

债务人不能清偿到期债务，债权人可以向人民法院提出对债务人进行重整或者破产清算的申请。

企业法人已解散但未清算或者未清算完毕，资产不足以清偿债务的，依法负有清算责任的人应当向人民法院申请破产清算。

第134条　商业银行、证券公司、保险公司等金融机构有本法第二条规定情形的，国务院金融监督管理机构可以向人民法院提出对该金融机构进行重整或者破产清算的申请。国务院金融监督管理机构依法对出现重大经营风险的金融机构采取接管、托管等措施的，可以向人民法院申请中止以该金融机构为被告或者被执行人的民事诉讼程序或者执行程序。

金融机构实施破产的，国务院可以依据本法和其他有关法律的规定制定实施办法。

● 司法解释及文件

2.《全国法院破产审判工作会议纪要》（2018年3月4日）

24. 破产宣告的程序及转换限制。相关主体向人民法院提出宣告破产申请的，人民法院应当自收到申请之日起七日内作出破产宣告裁定并进行公告。债务人被宣告破产后，不得再转入重整程序或和解程序。

3.《最高人民法院关于审理上市公司破产重整案件工作座谈会纪要》（2012年10月29日）

三、关于上市公司破产重整的申请

会议认为，上市公司不能清偿到期债务，并且资产不足以清偿全部债务或者明显缺乏清偿能力，或者有明显丧失清偿能力可能的，上市公司或者上市公司的债权人、出资额占上市公司注册资本十分之一以上的出资人可以向人民法院申请对上市公司进行破产重整。

申请人申请上市公司破产重整的，除提交《企业破产法》第八条规定的材料外，还应当提交关于上市公司具有重整可行性的报告、上市公司住所地省级人民政府向证券监督管理部门的通报情况材料以及证券监督管理部门的意见、上市公司住所地人民政府出具的维稳预案等。上市公司自行申请破产重整的，还应当提交切实可行的职工安置方案。

第七十一条　　裁定重整与公告

人民法院经审查认为重整申请符合本法规定的，应当裁定债务人重整，并予以公告。

● 司法解释及文件

1. 《全国法院破产审判工作会议纪要》（2018年3月4日）

14. 重整企业的识别审查。破产重整的对象应当是具有挽救价值和可能的困境企业；对于僵尸企业，应通过破产清算，果断实现市场出清。人民法院在审查重整申请时，根据债务人的资产状况、技术工艺、生产销售、行业前景等因素，能够认定债务人明显不具备重整价值以及拯救可能性的，应裁定不予受理。

2. 《最高人民法院关于审理上市公司破产重整案件工作座谈会纪要》（2012年10月29日）

四、关于对上市公司破产重整申请的审查

会议认为，债权人提出重整申请，上市公司在法律规定的时间内提出异议，或者债权人、上市公司、出资人分别向人民法院提出破产清算申请和重整申请的，人民法院应当组织召开听证会。

人民法院召开听证会的，应当于听证会召开前通知申请人、被申请人，并送达相关申请材料。公司债权人、出资人、实际控制人等利害关系人申请参加听证的，人民法院应当予以准许。人民法院应当就申请人是否具备申请资格、上市公司是否已经发生重整事由、上市公司是否具有重整可行性等内容进行听证。

鉴于上市公司破产重整案件较为敏感，不仅涉及企业职工和二级市场众多投资者的利益安排，还涉及与地方政府和证券监管机构的沟通协调。因此，目前人民法院在裁定受理上市公司破产重整申请前，应当将相关材料逐级报送最高人民法院审查。

五、关于对破产重整上市公司的信息保密和披露

会议认为，对于股票仍在正常交易的上市公司，在上市公司破产重整申请相关信息披露前，上市公司及其债权人、出资人等利害关系人应当按照法律、行政法规、证券监管机构的部门规章

及证券交易所上市规则做好信息保密工作。

上市公司的债权人提出破产重整申请的，人民法院应当要求债权人提供其已就此告知上市公司的有关证据。上市公司应当按照相关规则及时履行信息披露义务。

上市公司进入破产重整程序后，由管理人履行相关法律、行政法规、部门规章和公司章程规定的原上市公司董事会、董事和高级管理人员承担的职责和义务，上市公司自行管理财产和营业事务的除外。管理人在上市公司破产重整程序中存在信息披露违法违规行为的，应当依法承担相应的责任。

第七十二条　重整期间

自人民法院裁定债务人重整之日起至重整程序终止，为重整期间。

● 法　律

《企业破产法》（2006年8月27日）

第78条　在重整期间，有下列情形之一的，经管理人或者利害关系人请求，人民法院应当裁定终止重整程序，并宣告债务人破产：

（一）债务人的经营状况和财产状况继续恶化，缺乏挽救的可能性；

（二）债务人有欺诈、恶意减少债务人财产或者其他显著不利于债权人的行为；

（三）由于债务人的行为致使管理人无法执行职务。

第79条　债务人或者管理人应当自人民法院裁定债务人重整之日起六个月内，同时向人民法院和债权人会议提交重整计划草案。

前款规定的期限届满，经债务人或者管理人请求，有正当理由的，人民法院可以裁定延期三个月。

债务人或者管理人未按期提出重整计划草案的，人民法院应当裁定终止重整程序，并宣告债务人破产。

第86条 各表决组均通过重整计划草案时，重整计划即为通过。

自重整计划通过之日起十日内，债务人或者管理人应当向人民法院提出批准重整计划的申请。人民法院经审查认为符合本法规定的，应当自收到申请之日起三十日内裁定批准，终止重整程序，并予以公告。

第88条 重整计划草案未获得通过且未依照本法第八十七条的规定获得批准，或者已通过的重整计划未获得批准的，人民法院应当裁定终止重整程序，并宣告债务人破产。

第七十三条　债务人自行管理与营业

在重整期间，经债务人申请，人民法院批准，债务人可以在管理人的监督下自行管理财产和营业事务。

有前款规定情形的，依照本法规定已接管债务人财产和营业事务的管理人应当向债务人移交财产和营业事务，本法规定的管理人的职权由债务人行使。

● 法　律

1.《企业破产法》（2006年8月27日）

第25条 管理人履行下列职责：

（一）接管债务人的财产、印章和账簿、文书等资料；

（二）调查债务人财产状况，制作财产状况报告；

（三）决定债务人的内部管理事务；

（四）决定债务人的日常开支和其他必要开支；

（五）在第一次债权人会议召开之前，决定继续或者停止债务人的营业；

（六）管理和处分债务人的财产；

（七）代表债务人参加诉讼、仲裁或者其他法律程序；

（八）提议召开债权人会议；

（九）人民法院认为管理人应当履行的其他职责。

本法对管理人的职责另有规定的，适用其规定。

● **司法解释及文件**

2.《全国法院民商事审判工作会议纪要》（2019年11月8日）

111.【债务人自行管理的条件】重整期间，债务人同时符合下列条件的，经申请，人民法院可以批准债务人在管理人的监督下自行管理财产和营业事务：

（1）债务人的内部治理机制仍正常运转；

（2）债务人自行管理有利于债务人继续经营；

（3）债务人不存在隐匿、转移财产的行为；

（4）债务人不存在其他严重损害债权人利益的行为。

债务人提出重整申请时可以一并提出自行管理的申请。经人民法院批准由债务人自行管理财产和营业事务的，企业破产法规定的管理人职权中有关财产管理和营业经营的职权应当由债务人行使。

管理人应当对债务人的自行管理行为进行监督。管理人发现债务人存在严重损害债权人利益的行为或者有其他不适宜自行管理情形的，可以申请人民法院作出终止债务人自行管理的决定。人民法院决定终止的，应当通知管理人接管债务人财产和营业事务。债务人有上述行为而管理人未申请人民法院作出终止决定的，债权人等利害关系人可以向人民法院提出申请。

第七十四条　管理人管理与营业

管理人负责管理财产和营业事务的，可以聘任债务人的经营管理人员负责营业事务。

第七十五条　重整期间担保权的行使与借款

在重整期间，对债务人的特定财产享有的担保权暂停行使。但是，担保物有损坏或者价值明显减少的可能，足以危害担保权人权利的，担保权人可以向人民法院请求恢复行使担保权。

在重整期间，债务人或者管理人为继续营业而借款的，可以为该借款设定担保。

● 司法解释及文件

1.《最高人民法院关于适用〈中华人民共和国企业破产法〉若干问题的规定（三）》（2020年12月29日）

第2条　破产申请受理后，经债权人会议决议通过，或者第一次债权人会议召开前经人民法院许可，管理人或者自行管理的债务人可以为债务人继续营业而借款。提供借款的债权人主张参照企业破产法第四十二条第四项的规定优先于普通破产债权清偿的，人民法院应予支持，但其主张优先于此前已就债务人特定财产享有担保的债权清偿的，人民法院不予支持。

管理人或者自行管理的债务人可以为前述借款设定抵押担保，抵押物在破产申请受理前已为其他债权人设定抵押的，债权人主张按照民法典第四百一十四条规定的顺序清偿，人民法院应予支持。

2.《全国法院民商事审判工作会议纪要》（2019年11月8日）

112.【重整中担保物权的恢复行使】重整程序中，要依法平衡保护担保物权人的合法权益和企业重整价值。重整申请受理后，管理人或者自行管理的债务人应当及时确定设定有担保物权的债务人财产是否为重整所必需。如果认为担保物不是重整所必需，管理人或者自行管理的债务人应当及时对担保物进行拍卖或者变卖，拍卖或者变卖担保物所得价款在支付拍卖、变卖费用后优先清偿担保物权人的债权。

在担保物权暂停行使期间，担保物权人根据《企业破产法》第 75 条的规定向人民法院请求恢复行使担保物权的，人民法院应当自收到恢复行使担保物权申请之日起三十日内作出裁定。经审查，担保物权人的申请不符合第 75 条的规定，或者虽然符合该条规定但管理人或者自行管理的债务人有证据证明担保物是重整所必需，并且提供与减少价值相应担保或者补偿的，人民法院应当裁定不予批准恢复行使担保物权。担保物权人不服该裁定的，可以自收到裁定书之日起十日内，向作出裁定的人民法院申请复议。人民法院裁定批准行使担保物权的，管理人或者自行管理的债务人应当自收到裁定书之日起十五日内启动对担保物的拍卖或者变卖，拍卖或者变卖担保物所得价款在支付拍卖、变卖费用后优先清偿担保物权人的债权。

3. 《全国法院破产审判工作会议纪要》（2018 年 3 月 4 日）

25. 担保权人权利的行使与限制。在破产清算和破产和解程序中，对债务人特定财产享有担保权的债权人可以随时向管理人主张就该特定财产变价处置行使优先受偿权，管理人应及时变价处置，不得以须经债权人会议决议等为由拒绝。但因单独处置担保财产会降低其他破产财产的价值而应整体处置的除外。

第七十六条　重整期间的取回权

债务人合法占有的他人财产，该财产的权利人在重整期间要求取回的，应当符合事先约定的条件。

● **司法解释及文件**

《最高人民法院关于适用〈中华人民共和国企业破产法〉若干问题的规定（二）》（2020年12月29日）

第40条 债务人重整期间，权利人要求取回债务人合法占有的权利人的财产，不符合双方事先约定条件的，人民法院不予支持。但是，因管理人或者自行管理的债务人违反约定，可能导致取回物被转让、毁损、灭失或者价值明显减少的除外。

第七十七条　重整期间对出资人收益分配与董事、监事、高级管理人员持股转让的限制

在重整期间，债务人的出资人不得请求投资收益分配。

在重整期间，债务人的董事、监事、高级管理人员不得向第三人转让其持有的债务人的股权。但是，经人民法院同意的除外。

第七十八条　重整终止与破产宣告

在重整期间，有下列情形之一的，经管理人或者利害关系人请求，人民法院应当裁定终止重整程序，并宣告债务人破产：

（一）债务人的经营状况和财产状况继续恶化，缺乏挽救的可能性；

（二）债务人有欺诈、恶意减少债务人财产或者其他显著不利于债权人的行为；

（三）由于债务人的行为致使管理人无法执行职务。

第二节　重整计划的制定和批准

第七十九条　重整计划草案的提交期限

债务人或者管理人应当自人民法院裁定债务人重整之日起六个月内，同时向人民法院和债权人会议提交重整计划草案。

前款规定的期限届满，经债务人或者管理人请求，有正当理由的，人民法院可以裁定延期三个月。

债务人或者管理人未按期提出重整计划草案的，人民法院应当裁定终止重整程序，并宣告债务人破产。

第八十条　重整计划草案的制作主体

债务人自行管理财产和营业事务的，由债务人制作重整计划草案。

管理人负责管理财产和营业事务的，由管理人制作重整计划草案。

● 司法解释及文件

《全国法院破产审判工作会议纪要》（2018年3月4日）

22. 探索推行庭外重组与庭内重整制度的衔接。在企业进入重整程序之前，可以先由债权人与债务人、出资人等利害关系人通过庭外商业谈判，拟定重组方案。重整程序启动后，可以重组方案为依据拟定重整计划草案提交人民法院依法审查批准。

第八十一条　重整计划草案的内容

重整计划草案应当包括下列内容：

（一）债务人的经营方案；

（二）债权分类；

(三) 债权调整方案;

(四) 债权受偿方案;

(五) 重整计划的执行期限;

(六) 重整计划执行的监督期限;

(七) 有利于债务人重整的其他方案。

● 司法解释及文件

《最高人民法院关于审理上市公司破产重整案件工作座谈会纪要》
(2012年10月29日)

六、关于上市公司破产重整计划草案的制定

会议认为,上市公司或者管理人制定的上市公司重整计划草案应当包括详细的经营方案。有关经营方案涉及并购重组等行政许可审批事项的,上市公司或管理人应当聘请经证券监管机构核准的财务顾问机构、律师事务所以及具有证券期货业务资格的会计师事务所、资产评估机构等证券服务机构按照证券监管机构的有关要求及格式编制相关材料,并作为重整计划草案及其经营方案的必备文件。

控股股东、实际控制人及其关联方在上市公司破产重整程序前因违规占用、担保等行为对上市公司造成损害的,制定重整计划草案时应当根据其过错对控股股东及实际控制人支配的股东的股权作相应调整。

第八十二条　债权分类与重整计划草案分组表决

下列各类债权的债权人参加讨论重整计划草案的债权人会议,依照下列债权分类,分组对重整计划草案进行表决:

(一) 对债务人的特定财产享有担保权的债权;

(二) 债务人所欠职工的工资和医疗、伤残补助、抚恤费用,所欠的应当划入职工个人账户的基本养老保险、基本

医疗保险费用,以及法律、行政法规规定应当支付给职工的补偿金;

(三)债务人所欠税款;

(四)普通债权。

人民法院在必要时可以决定在普通债权组中设小额债权组对重整计划草案进行表决。

● 司法解释及文件

1.《最高人民法院关于适用〈中华人民共和国企业破产法〉若干问题的规定(三)》(2020年12月29日)

第11条 债权人会议的决议除现场表决外,可以由管理人事先将相关决议事项告知债权人,采取通信、网络投票等非现场方式进行表决。采取非现场方式进行表决的,管理人应当在债权人会议召开后的三日内,以信函、电子邮件、公告等方式将表决结果告知参与表决的债权人。

根据企业破产法第八十二条规定,对重整计划草案进行分组表决时,权益因重整计划草案受到调整或者影响的债权人或者股东,有权参加表决;权益未受到调整或者影响的债权人或者股东,参照企业破产法第八十三条的规定,不参加重整计划草案的表决。

2.《最高人民法院关于正确审理企业破产案件为维护市场经济秩序提供司法保障若干问题的意见》(2009年6月12日)

9. 表决重整计划草案时,要充分尊重职工的意愿,并就债务人所欠职工工资等债权设定专门表决组进行表决;职工债权人表决组未通过重整计划草案的,人民法院强制批准必须以应当优先清偿的职工债权全额清偿为前提。企业继续保持原经营范围的,人民法院要引导债务人或管理人在制作企业重整计划草案时,尽可能保证企业原有职工的工作岗位。

第八十三条　不得减免的费用

重整计划不得规定减免债务人欠缴的本法第八十二条第一款第二项规定以外的社会保险费用;该项费用的债权人不参加重整计划草案的表决。

● 司法解释及文件

《最高人民法院关于适用〈中华人民共和国企业破产法〉若干问题的规定(三)》(2020年12月29日)

第11条　债权人会议的决议除现场表决外,可以由管理人事先将相关决议事项告知债权人,采取通信、网络投票等非现场方式进行表决。采取非现场方式进行表决的,管理人应当在债权人会议召开后的三日内,以信函、电子邮件、公告等方式将表决结果告知参与表决的债权人。

根据企业破产法第八十二条规定,对重整计划草案进行分组表决时,权益因重整计划草案受到调整或者影响的债权人或者股东,有权参加表决;权益未受到调整或者影响的债权人或者股东,参照企业破产法第八十三条的规定,不参加重整计划草案的表决。

第八十四条　重整计划草案的表决

人民法院应当自收到重整计划草案之日起三十日内召开债权人会议,对重整计划草案进行表决。

出席会议的同一表决组的债权人过半数同意重整计划草案,并且其所代表的债权额占该组债权总额的三分之二以上的,即为该组通过重整计划草案。

债务人或者管理人应当向债权人会议就重整计划草案作出说明,并回答询问。

● 法　律

1.《企业破产法》（2006 年 8 月 27 日）

第 64 条　债权人会议的决议，由出席会议的有表决权的债权人过半数通过，并且其所代表的债权额占无财产担保债权总额的二分之一以上。但是，本法另有规定的除外。

债权人认为债权人会议的决议违反法律规定，损害其利益的，可以自债权人会议作出决议之日起十五日内，请求人民法院裁定撤销该决议，责令债权人会议依法重新作出决议。

债权人会议的决议，对于全体债权人均有约束力。

第 97 条　债权人会议通过和解协议的决议，由出席会议的有表决权的债权人过半数同意，并且其所代表的债权额占无财产担保债权总额的三分之二以上。

● 司法解释及文件

2.《全国法院民商事审判工作会议纪要》（2019 年 11 月 8 日）

115.【庭外重组协议效力在重整程序中的延伸】继续完善庭外重组与庭内重整的衔接机制，降低制度性成本，提高破产制度效率。人民法院受理重整申请前，债务人和部分债权人已经达成的有关协议与重整程序中制作的重整计划草案内容一致的，有关债权人对该协议的同意视为对该重整计划草案表决的同意。但重整计划草案对协议内容进行了修改并对有关债权人有不利影响，或者与有关债权人重大利益相关的，受到影响的债权人有权按照企业破产法的规定对重整计划草案重新进行表决。

● 案例指引

1. 某省纺织工业（集团）进出口有限公司等六家公司破产重整案（最高人民法院发布的《全国法院审理破产典型案例》[①]）

典型意义：该案是探索关联企业实质合并重整、实现企业集团整体脱困重生的典型案例。对分别进入重整程序的母子公司，首先在程序上进行合并审理，在确认关联企业人格高度混同、资产和负债无法区分或区分成本过高以致严重损害债权人利益，并全面听取各方意见后，将关联企业进行实质合并重整。合并重整中，通过合并清理债权债务、整合关联企业优质资源，同时综合运用"现金清偿+以股抵债"、重整的同时进行资产重组等方式对危困企业进行"综合诊治"，不仅使案件审理效率大为提升，债权人的整体清偿利益得到有效维护，还化解了20余亿元的债务危机，有效防范了金融风险，实现了六家企业整体脱困重生，凸显了破产审判的制度功能与社会价值，为国有企业深化改革提供有益经验。

2. 某集团有限公司等四家公司破产重整案（最高人民法院发布的《全国法院审理破产典型案例》[②]）

典型意义：本案是法院依法审慎适用重整计划草案强制批准权、积极协调保障企业重整后正常经营的典型案例。实践中，一些企业在重整计划通过后，因相关配套制度的缺失又重新陷入困境。因此，重整是否成功，并不仅仅体现在重整计划的通过上，虽然重整司法程序在法院裁定批准后终止，但重整后的企业能否迅速恢复生机，还需要在信用修复、适当的税收优惠等方面予以支持，使其顺利恢复生产经营活动，才是完整发挥重整制度价值的关键。本案中，在庄吉服装系列公司重整计划通过后，温州中院积极协调，为重整后

[①] 载最高人民法院网站，https://www.court.gov.cn/zixun/xiangqing/83792.html 最后访问日期：2024年11月23日。

[②] 载最高人民法院网站，https://www.court.gov.cn/zixun/xiangqing/83792.html 最后访问日期：2024年11月23日。

的庄吉服装系列公司赢得良好经营环境。此外，法院依法审慎适用强制批准权，维护了各方主体利益平衡以及整体利益最大化，庄吉服装系列公司在重整成功后的第一个年度即成为当地第一纳税大户。

第八十五条　出资人代表列席会议与出资人组表决

债务人的出资人代表可以列席讨论重整计划草案的债权人会议。

重整计划草案涉及出资人权益调整事项的，应当设出资人组，对该事项进行表决。

● 法　律

1.《公司法》(2023年12月29日)

第66条　股东会的议事方式和表决程序，除本法有规定的外，由公司章程规定。

股东会作出决议，应当经代表过半数表决权的股东通过。

股东会作出修改公司章程、增加或者减少注册资本的决议，以及公司合并、分立、解散或者变更公司形式的决议，应当经代表三分之二以上表决权的股东通过。

第116条　股东出席股东会会议，所持每一股份有一表决权，类别股股东除外。公司持有的本公司股份没有表决权。

股东会作出决议，应当经出席会议的股东所持表决权过半数通过。

股东会作出修改公司章程、增加或者减少注册资本的决议，以及公司合并、分立、解散或者变更公司形式的决议，应当经出席会议的股东所持表决权的三分之二以上通过。

● 司法解释及文件

2.《最高人民法院关于审理上市公司破产重整案件工作座谈会纪要》(2012年10月29日)

七、关于上市公司破产重整中出资人组的表决

会议认为,出资人组对重整计划草案中涉及出资人权益调整事项的表决,经参与表决的出资人所持表决权三分之二以上通过的,即为该组通过重整计划草案。

考虑到出席表决会议需要耗费一定的人力物力,一些中小投资者可能放弃参加表决会议的权利。为最大限度地保护中小投资者的合法权益,上市公司或者管理人应当提供网络表决的方式,为出资人行使表决权提供便利。关于网络表决权行使的具体方式,可以参照适用中国证券监督管理委员会发布的有关规定。

第八十六条　表决通过重整计划与重整程序终止

各表决组均通过重整计划草案时,重整计划即为通过。

自重整计划通过之日起十日内,债务人或者管理人应当向人民法院提出批准重整计划的申请。人民法院经审查认为符合本法规定的,应当自收到申请之日起三十日内裁定批准,终止重整程序,并予以公告。

● 司法解释及文件

1.《全国法院民商事审判工作会议纪要》(2019年11月8日)

114.【重整程序与破产清算程序的衔接】重整期间或者重整计划执行期间,债务人因法定事由被宣告破产的,人民法院不再另立新的案号,原重整程序的管理人原则上应当继续履行破产清算程序中的职责。原重整程序的管理人不能继续履行职责或者不适宜继续担任管理人的,人民法院应当依法重新指定管理人。

重整程序转破产清算案件中的管理人报酬,应当综合管理人为重整工作和清算工作分别发挥的实际作用等因素合理确定。重整期间因法定事由转入破产清算程序的,应当按照破产清算案件确定管理人报酬。重整计划执行期间因法定事由转入破产清算程序的,后续破产清算阶段的管理人报酬应当根据管理人实际工作量予以确定,不能简单根据债务人最终清偿的财产价值总额计算。

重整程序因人民法院裁定批准重整计划草案而终止的,重整案件可作结案处理。重整计划执行完毕后,人民法院可以根据管理人等利害关系人申请,作出重整程序终结的裁定。

2. 《全国法院破产审判工作会议纪要》(2018年3月4日)

17. 重整计划的审查与批准。重整不限于债务减免和财务调整,重整的重点是维持企业的营运价值。人民法院在审查重整计划时,除合法性审查外,还应审查其中的经营方案是否具有可行性。重整计划中关于企业重新获得盈利能力的经营方案具有可行性、表决程序合法、内容不损害各表决组中反对者的清偿利益的,人民法院应当自收到申请之日起三十日内裁定批准重整计划。

3. 《最高人民法院关于审理上市公司破产重整案件工作座谈会纪要》(2012年10月29日)

八、关于上市公司重整计划草案的会商机制

会议认为,重整计划草案涉及证券监管机构行政许可事项的,受理案件的人民法院应当通过最高人民法院,启动与中国证券监督管理委员会的会商机制。即由最高人民法院将有关材料函送中国证券监督管理委员会,中国证券监督管理委员会安排并购重组专家咨询委员会对会商案件进行研究。并购重组专家咨询委员会应当按照与并购重组审核委员会相同的审核标准,对提起会商的行政许可事项进行研究并出具专家咨询意见。人民法院应当参考专家咨询意见，作出是否批准重整计划草案的裁定。

九、关于上市公司重整计划涉及行政许可部分的执行

会议认为，人民法院裁定批准重整计划后，重整计划内容涉及证券监管机构并购重组行政许可事项的，上市公司应当按照相关规定履行行政许可核准程序。重整计划草案提交出资人组表决且经人民法院裁定批准后，上市公司无须再行召开股东大会，可以直接向证券监管机构提交出资人组表决结果及人民法院裁定书，以申请并购重组许可申请。并购重组审核委员会审核工作应当充分考虑并购重组专家咨询委员会提交的专家咨询意见。并购重组申请事项获得证券监管机构行政许可后，应当在重整计划的执行期限内实施完成。

会议还认为，鉴于上市公司破产重整案件涉及的法律关系复杂、利益主体众多，社会影响较大，人民法院对于审判实践中发现的新情况、新问题，要及时上报。上级人民法院要加强对此类案件的监督指导，加强调查研究，及时总结审判经验，确保依法妥善审理好此类案件。

● 案例指引

1. 江苏某酒业有限公司及关联公司实质合并破产重整案（最高人民法院164号指导案例）

裁判要点： 在破产重整过程中，破产企业面临生产许可证等核心优质资产灭失、机器设备闲置贬损等风险，投资人亦希望通过试生产全面了解企业经营实力的，管理人可以向人民法院申请由投资人先行投入部分资金进行试生产。破产企业核心资产的存续直接影响到破产重整目的的实现，管理人的申请有利于恢复破产企业持续经营能力，有利于保障各方当事人的利益，该试生产申请符合破产保护理念，人民法院经审查，可以准许。同时，投资人试生产在获得准许后，应接受人民法院、管理人及债权人的监督，以公平保护各

方的合法权益。

2. 某钢铁股份有限公司破产重整案（最高人民法院发布的《全国法院审理破产典型案例》①）

典型意义：某钢铁重整案是以市场化、法治化方式化解企业债务危机，从根本上实现企业提质增效的典型案例。该案因系目前全国涉及资产及债务规模最大的国有控股上市公司重整、首例股票同时在上交所和联交所挂牌交易的"A+H"股上市公司重整、首家钢铁行业上市公司重整，而被认为属于"特别重大且无先例"。该案中，人民法院发挥重整程序的拯救作用，找准企业"病因"并"对症下药"，以市场化方式成功剥离企业低效无效资产，引入产业结构调整基金，利用资本市场配合企业重组，实现了企业治理结构、资产结构、产品结构、工艺流程、管理制度等的全面优化。另外，人民法院在准确把握破产法精神实质的基础上积极作为，协同创新，促成了重整程序中上交所首次调整资本公积金转增除权参考价格计算公式、联交所首次对召开类别股东大会进行豁免、第三方担保问题成功并案解决，既维护了社会和谐稳定，又实现了各方利益共赢，为上市公司重整提供了可复制的范例。

3. 福建某集团股份有限公司及其关联企业破产重整案（最高人民法院发布的《全国法院审理破产典型案例》②）

典型意义：本案是通过破产重整制度促进传统农业企业转型升级的典型案例。某茶厂、某集团等企业共同形成了茶叶种植、生产、研发、销售的产、供、销一体化涉农企业。重整成功使"安溪铁观音集团"这一著名商号得以保留，带动茶农、茶配套生产商、茶叶

---

① 最高人民法院发布的《全国法院审理破产典型案例》，载最高人民法院网站，https://www.court.gov.cn/zixun-xiangqing-83792.html，最后访问日期：2022年11月23日。

② 最高人民法院发布的《全国法院审理破产典型案例》，载最高人民法院网站，https://www.court.gov.cn/zixun-xiangqing-83792.html，最后访问日期：2022年11月23日。

营销加盟商相关产业发展；且投资方"互联网+"思维模式、合伙制商业模式、"制茶大师工作室"等创新模式的引入，对传统农业企业从营销模式、产品定位、科研创新等方面进行升级转型，同时化解了金融债权约5.8亿元，有效防控金融风险。此外，本案中，经审计机构和管理人调查，两家企业在主要财产、交易渠道、账册等方面不存在高度混同情形，故未采用实质性合并重整的方式，而是采取分中有合、合中有分的审理模式对于安溪茶厂和铁观音集团两个关联企业进行重整。基于两家企业母子公司的关系，招募同一个投资人作为重整案件的重组方，最大限度整合两家企业的资源，提高重整的价值，实现债务人和债权人利益最大化。

第八十七条　裁定批准重整计划与重整程序终止

部分表决组未通过重整计划草案的，债务人或者管理人可以同未通过重整计划草案的表决组协商。该表决组可以在协商后再表决一次。双方协商的结果不得损害其他表决组的利益。

未通过重整计划草案的表决组拒绝再次表决或者再次表决仍未通过重整计划草案，但重整计划草案符合下列条件的，债务人或者管理人可以申请人民法院批准重整计划草案：

（一）按照重整计划草案，本法第八十二条第一款第一项所列债权就该特定财产将获得全额清偿，其因延期清偿所受的损失将得到公平补偿，并且其担保权未受到实质性损害，或者该表决组已经通过重整计划草案；

（二）按照重整计划草案，本法第八十二条第一款第二项、第三项所列债权将获得全额清偿，或者相应表决组已经通过重整计划草案；

（三）按照重整计划草案，普通债权所获得的清偿比例，

不低于其在重整计划草案被提请批准时依照破产清算程序所能获得的清偿比例,或者该表决组已经通过重整计划草案;

(四)重整计划草案对出资人权益的调整公平、公正,或者出资人组已经通过重整计划草案;

(五)重整计划草案公平对待同一表决组的成员,并且所规定的债权清偿顺序不违反本法第一百一十三条的规定;

(六)债务人的经营方案具有可行性。

人民法院经审查认为重整计划草案符合前款规定的,应当自收到申请之日起三十日内裁定批准,终止重整程序,并予以公告。

● 司法解释及文件

1. 《全国法院破产审判工作会议纪要》(2018年3月4日)

18. 重整计划草案强制批准的条件。人民法院应当审慎适用企业破产法第八十七条第二款,不得滥用强制批准权。确需强制批准重整计划草案的,重整计划草案除应当符合企业破产法第八十七条第二款规定外,如债权人分多组的,还应当至少有一组已经通过重整计划草案,且各表决组中反对者能够获得的清偿利益不低于依照破产清算程序所能获得的利益。

2. 《最高人民法院关于正确审理企业破产案件为维护市场经济秩序提供司法保障若干问题的意见》(2009年6月12日)

7. 人民法院适用强制批准裁量权挽救危困企业时,要保证反对重整计划草案的债权人或者出资人在重整中至少可以获得在破产清算中本可获得的清偿。对于重整计划草案被提请批准时依照破产清算程序所能获得的清偿比例的确定,应充分考虑其计算方法是否科学、客观、准确,是否充分保护了利害关系人的应有利益。人民法院要严格审查重整计划草案,综合考虑社会公共利益，积极审慎适用裁量权。对不符合强制批准条件的，不能借挽救企业之名违法审批。上级人民法院要肩负起监督职责，对利害关系人就重整程序中反映的问题要进行认真审查，问题属实的，要及时予以纠正。

9. 表决重整计划草案时，要充分尊重职工的意愿，并就债务人所欠职工工资等债权设定专门表决组进行表决；职工债权人表决组未通过重整计划草案的，人民法院强制批准必须以应当优先清偿的职工债权全额清偿为前提。企业继续保持原经营范围的，人民法院要引导债务人或管理人在制作企业重整计划草案时，尽可能保证企业原有职工的工作岗位。

第八十八条　重整程序的非正常终止

重整计划草案未获得通过且未依照本法第八十七条的规定获得批准，或者已通过的重整计划未获得批准的，人民法院应当裁定终止重整程序，并宣告债务人破产。

第三节　重整计划的执行

第八十九条　重整计划的执行主体

重整计划由债务人负责执行。

人民法院裁定批准重整计划后，已接管财产和营业事务的管理人应当向债务人移交财产和营业事务。

● **司法解释及文件**

《全国法院破产审判工作会议纪要》（2018年3月4日）

19. 重整计划执行中的变更条件和程序。债务人应严格执行重整计划，但因出现国家政策调整、法律修改变化等特殊情况，导致原重整计划无法执行的，债务人或管理人可以申请变更重整计划一次。债权人会议决议同意变更重整计划的，应自决议通过之日起十日内提请人民法院批准。债权人会议决议不同意或者人民法院不批准变更申请的,人民法院经管理人或者利害关系人请求,应当裁定终止重整计划的执行,并宣告债务人破产。

20. 重整计划变更后的重新表决与裁定批准。人民法院裁定同意变更重整计划的,债务人或者管理人应当在六个月内提出新的重整计划。变更后的重整计划应提交给因重整计划变更而遭受不利影响的债权人组和出资人组进行表决。表决、申请人民法院批准以及人民法院裁定是否批准的程序与原重整计划的相同。

21. 重整后企业正常生产经营的保障。企业重整后,投资主体、股权结构、公司治理模式、经营方式等与原企业相比,往往发生了根本变化,人民法院要通过加强与政府的沟通协调,帮助重整企业修复信用记录,依法获取税收优惠,以利于重整企业恢复正常生产经营。

● **案例指引**

浙江某石化工业有限公司等三家公司破产清算案(最高人民法院发布的《全国法院审理破产典型案例》[①])

典型意义:本案是在清算程序中保留有效生产力,维持职工就业,实现区域产业整合和转型升级的典型案例。审理中,通过运用政府的产业和招商政策,利用闲置土地70余亩,增加数亿投入上马年产50万吨FDY差别化纤维项目,并通过托管和委托加工方式,确保"破产不停产",维持职工就业;资产处置中,通过债权人会议授权管理人将三家企业资产可单独或合并打包,实现资产快速市场化处置和实质性的重整效果。此外,本案也是通过程序集约,以非实

---

① 最高人民法院发布的《全国法院审理破产典型案例》,载最高人民法院网站,https://www.court.gov.cn/zixun-xiangqing-83792.html,最后访问日期:2022年11月23日。

质合并方式审理的关联企业系列破产清算案件。对于尚未达到法人格高度混同的关联企业破产案件，采取联合管理人履职模式，探索对重大程序性事项尤其是债权人会议进行合并，提高审理效率。

第九十条　重整计划执行的监督与报告

自人民法院裁定批准重整计划之日起，在重整计划规定的监督期内，由管理人监督重整计划的执行。

在监督期内，债务人应当向管理人报告重整计划执行情况和债务人财务状况。

第九十一条　监督报告与监督期限的延长

监督期届满时，管理人应当向人民法院提交监督报告。自监督报告提交之日起，管理人的监督职责终止。

管理人向人民法院提交的监督报告，重整计划的利害关系人有权查阅。

经管理人申请，人民法院可以裁定延长重整计划执行的监督期限。

第九十二条　重整计划的约束力

经人民法院裁定批准的重整计划，对债务人和全体债权人均有约束力。

债权人未依照本法规定申报债权的，在重整计划执行期间不得行使权利；在重整计划执行完毕后，可以按照重整计划规定的同类债权的清偿条件行使权利。

债权人对债务人的保证人和其他连带债务人所享有的权利，不受重整计划的影响。

第九十三条　重整计划的终止

债务人不能执行或者不执行重整计划的，人民法院经管理人或者利害关系人请求，应当裁定终止重整计划的执行，并宣告债务人破产。

人民法院裁定终止重整计划执行的，债权人在重整计划中作出的债权调整的承诺失去效力。债权人因执行重整计划所受的清偿仍然有效，债权未受清偿的部分作为破产债权。

前款规定的债权人，只有在其他同顺位债权人同自己所受的清偿达到同一比例时，才能继续接受分配。

有本条第一款规定情形的，为重整计划的执行提供的担保继续有效。

● **司法解释及文件**

《最高人民法院关于审理企业破产案件若干问题的规定》（2002年7月30日）

第32条　人民法院受理债务人破产案件后，有下列情形之一的，应当裁定宣告债务人破产：

（一）债务人不能清偿债务且与债权人不能达成和解协议的；

（二）债务人不履行或者不能履行和解协议的；

（三）债务人在整顿期间有企业破产法第二十一条规定情形的；

（四）债务人在整顿期满后有企业破产法第二十二条第二款规定情形的。

宣告债务人破产应当公开进行。由债权人提出破产申请的，破产宣告时应当通知债务人到庭。

第九十四条　重整计划减免的债务不再清偿

按照重整计划减免的债务，自重整计划执行完毕时起，债务人不再承担清偿责任。

● 法　律

《企业破产法》(2006年8月27日)

第106条　按照和解协议减免的债务,自和解协议执行完毕时起,债务人不再承担清偿责任。

第九章　和　　解

第九十五条　和解申请

债务人可以依照本法规定,直接向人民法院申请和解;也可以在人民法院受理破产申请后、宣告债务人破产前,向人民法院申请和解。

债务人申请和解,应当提出和解协议草案。

● 法　律

1.《企业破产法》(2006年8月27日)

第7条　债务人有本法第二条规定的情形,可以向人民法院提出重整、和解或者破产清算申请。

债务人不能清偿到期债务,债权人可以向人民法院提出对债务人进行重整或者破产清算的申请。

企业法人已解散但未清算或者未清算完毕,资产不足以清偿债务的,依法负有清算责任的人应当向人民法院申请破产清算。

● 司法解释及文件

2.《最高人民法院关于〈中华人民共和国企业破产法〉施行时尚未审结的企业破产案件适用法律若干问题的规定》(2007年4月25日)

第1条　债权人、债务人或者出资人向人民法院提出重整或者和解申请,符合下列条件之一的,人民法院应予受理:

(一)债权人申请破产清算的案件,债务人或者出资人于债务人被宣告破产前提出重整申请，且符合企业破产法第七十条第二款的规定；

（二）债权人申请破产清算的案件，债权人于债务人被宣告破产前提出重整申请，且符合企业破产法关于债权人直接向人民法院申请重整的规定；

（三）债务人申请破产清算的案件，债务人于被宣告破产前提出重整申请，且符合企业破产法关于债务人直接向人民法院申请重整的规定；

（四）债务人依据企业破产法第九十五条的规定申请和解。

3.《最高人民法院关于审理企业破产案件若干问题的规定》（2002年7月30日）

第25条 人民法院受理企业破产案件后，在破产程序终结前，债务人可以向人民法院申请和解。人民法院在破产案件审理过程中，可以根据债权人、债务人具体情况向双方提出和解建议。

人民法院作出破产宣告裁定前，债权人会议与债务人达成和解协议并经人民法院裁定认可的，由人民法院发布公告，中止破产程序。

人民法院作出破产宣告裁定后，债权人会议与债务人达成和解协议并经人民法院裁定认可，由人民法院裁定中止执行破产宣告裁定，并公告中止破产程序。

第九十六条　裁定和解

人民法院经审查认为和解申请符合本法规定的，应当裁定和解，予以公告，并召集债权人会议讨论和解协议草案。

对债务人的特定财产享有担保权的权利人，自人民法院裁定和解之日起可以行使权利。

● 司法解释及文件

《全国法院破产审判工作会议纪要》(2018年3月4日)

25. 担保权人权利的行使与限制。在破产清算和破产和解程序中,对债务人特定财产享有担保权的债权人可以随时向管理人主张就该特定财产变价处置行使优先受偿权,管理人应及时变价处置,不得以须经债权人会议决议等为由拒绝。但因单独处置担保财产会降低其他破产财产的价值而应整体处置的除外。

第九十七条　通过和解协议

债权人会议通过和解协议的决议,由出席会议的有表决权的债权人过半数同意,并且其所代表的债权额占无财产担保债权总额的三分之二以上。

第九十八条　裁定认可和解协议并终止和解程序

债权人会议通过和解协议的,由人民法院裁定认可,终止和解程序,并予以公告。管理人应当向债务人移交财产和营业事务,并向人民法院提交执行职务的报告。

第九十九条　和解协议的否决与宣告破产

和解协议草案经债权人会议表决未获得通过,或者已经债权人会议通过的和解协议未获得人民法院认可的,人民法院应当裁定终止和解程序,并宣告债务人破产。

第一百条　和解协议的约束力

经人民法院裁定认可的和解协议,对债务人和全体和解债权人均有约束力。

和解债权人是指人民法院受理破产申请时对债务人享有

无财产担保债权的人。

和解债权人未依照本法规定申报债权的，在和解协议执行期间不得行使权利；在和解协议执行完毕后，可以按照和解协议规定的清偿条件行使权利。

第一百零一条　和解协议的影响

和解债权人对债务人的保证人和其他连带债务人所享有的权利，不受和解协议的影响。

第一百零二条　债务人履行和解协议的义务

债务人应当按照和解协议规定的条件清偿债务。

第一百零三条　和解协议无效与宣告破产

因债务人的欺诈或者其他违法行为而成立的和解协议，人民法院应当裁定无效，并宣告债务人破产。

有前款规定情形的，和解债权人因执行和解协议所受的清偿，在其他债权人所受清偿同等比例的范围内，不予返还。

第一百零四条　终止执行和解协议与宣告破产

债务人不能执行或者不执行和解协议的，人民法院经和解债权人请求，应当裁定终止和解协议的执行，并宣告债务人破产。

人民法院裁定终止和解协议执行的，和解债权人在和解协议中作出的债权调整的承诺失去效力。和解债权人因执行和解协议所受的清偿仍然有效，和解债权未受清偿的部分作为破产债权。

前款规定的债权人，只有在其他债权人同自己所受的清偿达到同一比例时，才能继续接受分配。

有本条第一款规定情形的，为和解协议的执行提供的担保继续有效。

● 司法解释及文件

《最高人民法院关于审理企业破产案件若干问题的规定》（2002 年 7 月 30 日）

第 27 条 债务人不履行或者不能履行和解协议的，经债权人申请，人民法院应当裁定恢复破产程序。和解协议系在破产宣告前达成的，人民法院应当在裁定恢复破产程序的同时裁定宣告债务人破产。

第 32 条 人民法院受理债务人破产案件后，有下列情形之一的，应当裁定宣告债务人破产：

（一）债务人不能清偿债务且与债权人不能达成和解协议的；

（二）债务人不履行或者不能履行和解协议的；

（三）债务人在整顿期间有企业破产法第二十一条规定情形的；

（四）债务人在整顿期满后有企业破产法第二十二条第二款规定情形的。

宣告债务人破产应当公开进行。由债权人提出破产申请的，破产宣告时应当通知债务人到庭。

第一百零五条　自行和解与破产程序终结

人民法院受理破产申请后，债务人与全体债权人就债权债务的处理自行达成协议的，可以请求人民法院裁定认可，并终结破产程序。

第一百零六条　和解协议减免债务不再清偿

按照和解协议减免的债务，自和解协议执行完毕时起，债务人不再承担清偿责任。

第十章　破产清算

第一节　破产宣告

第一百零七条　破产宣告

人民法院依照本法规定宣告债务人破产的，应当自裁定作出之日起五日内送达债务人和管理人，自裁定作出之日起十日内通知已知债权人，并予以公告。

债务人被宣告破产后，债务人称为破产人，债务人财产称为破产财产，人民法院受理破产申请时对债务人享有的债权称为破产债权。

● 法　律

1.《企业破产法》（2006 年 8 月 27 日）

第 78 条　在重整期间，有下列情形之一的，经管理人或者利害关系人请求，人民法院应当裁定终止重整程序，并宣告债务人破产：

（一）债务人的经营状况和财产状况继续恶化，缺乏挽救的可能性；

（二）债务人有欺诈、恶意减少债务人财产或者其他显著不利于债权人的行为；

（三）由于债务人的行为致使管理人无法执行职务。

第 79 条　债务人或者管理人应当自人民法院裁定债务人重

整之日起六个月内，同时向人民法院和债权人会议提交重整计划草案。

前款规定的期限届满，经债务人或者管理人请求，有正当理由的，人民法院可以裁定延期三个月。

债务人或者管理人未按期提出重整计划草案的，人民法院应当裁定终止重整程序，并宣告债务人破产。

第88条 重整计划草案未获得通过且未依照本法第八十七条的规定获得批准，或者已通过的重整计划未获得批准的，人民法院应当裁定终止重整程序，并宣告债务人破产。

第93条 债务人不能执行或者不执行重整计划的，人民法院经管理人或者利害关系人请求，应当裁定终止重整计划的执行，并宣告债务人破产。

人民法院裁定终止重整计划执行的，债权人在重整计划中作出的债权调整的承诺失去效力。债权人因执行重整计划所受的清偿仍然有效，债权未受清偿的部分作为破产债权。

前款规定的债权人，只有在其他同顺位债权人同自己所受的清偿达到同一比例时，才能继续接受分配。

有本条第一款规定情形的，为重整计划的执行提供的担保继续有效。

第99条 和解协议草案经债权人会议表决未获得通过，或者已经债权人会议通过的和解协议未获得人民法院认可的，人民法院应当裁定终止和解程序，并宣告债务人破产。

第103条 因债务人的欺诈或者其他违法行为而成立的和解协议，人民法院应当裁定无效，并宣告债务人破产。

有前款规定情形的，和解债权人因执行和解协议所受的清偿，在其他债权人所受清偿同等比例的范围内，不予返还。

第104条 债务人不能执行或者不执行和解协议的，人民法院经和解债权人请求，应当裁定终止和解协议的执行，并宣告债务人破产。

人民法院裁定终止和解协议执行的,和解债权人在和解协议中作出的债权调整的承诺失去效力。和解债权人因执行和解协议所受的清偿仍然有效,和解债权未受清偿的部分作为破产债权。

前款规定的债权人,只有在其他债权人同自己所受的清偿达到同一比例时,才能继续接受分配。

有本条第一款规定情形的,为和解协议的执行提供的担保继续有效。

● 司法解释及文件

2.《最高人民法院关于适用〈中华人民共和国公司法〉若干问题的规定(二)》(2020年12月29日)

第17条 人民法院指定的清算组在清理公司财产、编制资产负债表和财产清单时,发现公司财产不足清偿债务的,可以与债权人协商制作有关债务清偿方案。

债务清偿方案经全体债权人确认且不损害其他利害关系人利益的,人民法院可依清算组的申请裁定予以认可。清算组依据该清偿方案清偿债务后,应当向人民法院申请裁定终结清算程序。

债权人对债务清偿方案不予确认或者人民法院不予认可的,清算组应当依法向人民法院申请宣告破产。

3.《全国法院破产审判工作会议纪要》(2018年3月4日)

19. 重整计划执行中的变更条件和程序。债务人应严格执行重整计划,但因出现国家政策调整、法律修改变化等特殊情况,导致原重整计划无法执行的,债务人或管理人可以申请变更重整计划一次。债权人会议决议同意变更重整计划的,应自决议通过之日起十日内提请人民法院批准。债权人会议决议不同意或者人民法院不批准变更申请的,人民法院经管理人或者利害关系人请求,应当裁定终止重整计划的执行,并宣告债务人破产。

4. 《最高人民法院关于审理企业破产案件若干问题的规定》（2002年7月30日）

第35条 人民法院裁定宣告债务人破产后应当发布公告，公告内容包括债务人亏损情况、资产负债状况、破产宣告时间、破产宣告理由和法律依据以及对债务人的财产、账册、文书、资料和印章的保护等内容。

第38条 破产宣告后，债权人或者债务人对破产宣告有异议的，可以在人民法院宣告企业破产之日起10日内，向上一级人民法院申诉。上一级人民法院应当组成合议庭进行审理，并在30日内作出裁定。

● 案例指引

某实业（深圳）有限公司执行转破产清算案（最高人民法院发布的《全国法院审理破产典型案例》[①]）

典型意义：本案是通过执行不能案件移送破产审查，从而有效化解执行积案、公平保护相关利益方的合法权益、精准解决"执行难"问题的典型案例。由于某公司财产不足以清偿全部债权，债权人之间的利益冲突激烈，尤其是涉及的459名员工权益，在执行程序中很难平衡。通过充分发挥执行转破产工作机制，一是及时移送、快速审查、依法审结，直接消化执行积案1384宗，及时让459名员工的劳动力资源重新回归市场，让闲置的一批机器设备重新投入使用，有效地利用破产程序打通解决了执行难问题的"最后一公里"，实现对所有债权的公平清偿，其中职工债权依法得到优先受偿；二是通过积极疏导和化解劳资矛盾，避免了职工集体闹访、上访情况的发生，切实有效的保障了职工的权益，维护了社会秩序，充分彰

[①] 最高人民法院发布的《全国法院审理破产典型案例》，载最高人民法院网站，https://www.court.gov.cn/zixun-xiangqing-83792.html，最后访问日期：2022年11月23日。

显了破产制度价值和破产审判的社会责任；三是通过执行与破产的有序衔接，对生病企业进行分类甄别、精准救治、及时清理，梳理出了盘错结节的社会资源，尽快释放经济活力，使执行和破产两种制度的价值得到最充分、最有效地发挥。

第一百零八条　破产宣告前的破产程序终结

破产宣告前，有下列情形之一的，人民法院应当裁定终结破产程序，并予以公告：

（一）第三人为债务人提供足额担保或者为债务人清偿全部到期债务的；

（二）债务人已清偿全部到期债务的。

● **司法解释及文件**

《最高人民法院关于适用〈中华人民共和国企业破产法〉若干问题的规定（二）》（2020年12月29日）

第8条　人民法院受理破产申请后至破产宣告前裁定驳回破产申请，或者依据企业破产法第一百零八条的规定裁定终结破产程序的，应当及时通知原已采取保全措施并已依法解除保全措施的单位按照原保全顺位恢复相关保全措施。

在已依法解除保全的单位恢复保全措施或者表示不再恢复之前，受理破产申请的人民法院不得解除对债务人财产的保全措施。

第21条　破产申请受理前，债权人就债务人财产提起下列诉讼，破产申请受理时案件尚未审结的，人民法院应当中止审理：

（一）主张次债务人代替债务人直接向其偿还债务的；

（二）主张债务人的出资人、发起人和负有监督股东履行出资义务的董事、高级管理人员，或者协助抽逃出资的其他股东、董事、高级管理人员、实际控制人等直接向其承担出资不实或者抽逃出资责任的；

（三）以债务人的股东与债务人法人人格严重混同为由，主张债务人的股东直接向其偿还债务人对其所负债务的；

（四）其他就债务人财产提起的个别清偿诉讼。

债务人破产宣告后，人民法院应当依照企业破产法第四十四条的规定判决驳回债权人的诉讼请求。但是，债权人一审中变更其诉讼请求为追收的相关财产归入债务人财产的除外。

债务人破产宣告前，人民法院依据企业破产法第十二条或者第一百零八条的规定裁定驳回破产申请或者终结破产程序的，上述中止审理的案件应当依法恢复审理。

第一百零九条　别除权

对破产人的特定财产享有担保权的权利人，对该特定财产享有优先受偿的权利。

● 法　律

1.《民法典》（2020 年 5 月 28 日）

第 394 条　为担保债务的履行，债务人或者第三人不转移财产的占有，将该财产抵押给债权人的，债务人不履行到期债务或者发生当事人约定的实现抵押权的情形，债权人有权就该财产优先受偿。

前款规定的债务人或者第三人为抵押人，债权人为抵押权人，提供担保的财产为抵押财产。

第 396 条　企业、个体工商户、农业生产经营者可以将现有的以及将有的生产设备、原材料、半成品、产品抵押，债务人不履行到期债务或者发生当事人约定的实现抵押权的情形，债权人有权就抵押财产确定时的动产优先受偿。

第411条　依据本法第三百九十六条规定设定抵押的，抵押财产自下列情形之一发生时确定：

（一）债务履行期限届满，债权未实现；

（二）抵押人被宣告破产或者解散；

（三）当事人约定的实现抵押权的情形；

（四）严重影响债权实现的其他情形。

第423条　有下列情形之一的，抵押权人的债权确定：

（一）约定的债权确定期间届满；

（二）没有约定债权确定期间或者约定不明确，抵押权人或者抵押人自最高额抵押权设立之日起满二年后请求确定债权；

（三）新的债权不可能发生；

（四）抵押权人知道或者应当知道抵押财产被查封、扣押；

（五）债务人、抵押人被宣告破产或者解散；

（六）法律规定债权确定的其他情形。

第425条　为担保债务的履行，债务人或者第三人将其动产出质给债权人占有的，债务人不履行到期债务或者发生当事人约定的实现质权的情形，债权人有权就该动产优先受偿。

前款规定的债务人或者第三人为出质人，债权人为质权人，交付的动产为质押财产。

第447条　债务人不履行到期债务，债权人可以留置已经合法占有的债务人的动产，并有权就该动产优先受偿。

前款规定的债权人为留置权人，占有的动产为留置财产。

2.《企业破产法》（2006年8月27日）

第75条　在重整期间，对债务人的特定财产享有的担保权暂停行使。但是，担保物有损坏或者价值明显减少的可能，足以危害担保权人权利的，担保权人可以向人民法院请求恢复行使担保权。

在重整期间，债务人或者管理人为继续营业而借款的，可以为该借款设定担保。

第 96 条　人民法院经审查认为和解申请符合本法规定的，应当裁定和解，予以公告，并召集债权人会议讨论和解协议草案。

对债务人的特定财产享有担保权的权利人，自人民法院裁定和解之日起可以行使权利。

第 132 条　本法施行后，破产人在本法公布之日前所欠职工的工资和医疗、伤残补助、抚恤费用，所欠的应当划入职工个人账户的基本养老保险、基本医疗保险费用，以及法律、行政法规规定应当支付给职工的补偿金，依照本法第一百一十三条的规定清偿后不足以清偿的部分，以本法第一百零九条规定的特定财产优先于对该特定财产享有担保权的权利人受偿。

● 司法解释及文件

3.《最高人民法院关于适用〈中华人民共和国企业破产法〉若干问题的规定（三）》（2020 年 12 月 29 日）

第 2 条　破产申请受理后，经债权人会议决议通过，或者第一次债权人会议召开前经人民法院许可，管理人或者自行管理的债务人可以为债务人继续营业而借款。提供借款的债权人主张参照企业破产法第四十二条第四项的规定优先于普通破产债权清偿的，人民法院应予支持，但其主张优先于此前已就债务人特定财产享有担保的债权清偿的，人民法院不予支持。

管理人或者自行管理的债务人可以为前述借款设定抵押担保，抵押物在破产申请受理前已为其他债权人设定抵押的，债权人主张按照民法典第四百一十四条规定的顺序清偿，人民法院应予支持。

4.《最高人民法院关于适用〈中华人民共和国企业破产法〉若干问题的规定（二）》（2020 年 12 月 29 日）

第 3 条　债务人已依法设定担保物权的特定财产，人民法院应当认定为债务人财产。

对债务人的特定财产在担保物权消灭或者实现担保物权后的剩余部分,在破产程序中可用以清偿破产费用、共益债务和其他破产债权。

5.《全国法院破产审判工作会议纪要》(2018 年 3 月 4 日)

25. 担保权人权利的行使与限制。在破产清算和破产和解程序中,对债务人特定财产享有担保权的债权人可以随时向管理人主张就该特定财产变价处置行使优先受偿权,管理人应及时变价处置,不得以须经债权人会议决议等为由拒绝。但因单独处置担保财产会降低其他破产财产的价值而应整体处置的除外。

6.《最高人民法院关于人民法院在审理企业破产和改制案件中切实防止债务人逃废债务的紧急通知》(2001 年 8 月 10 日)

六、应当严格依据法律及司法解释的规定认真审查并确认破产企业担保的效力。不能仅以担保系政府指令违背了担保人意志,或者以担保人无财产承担担保责任等为由,而确认担保合同无效,更不能在确认担保合同无效后,完全免除担保人的赔偿责任。债务人有多个普通债权人的,债务人与其中一个债权人恶意串通,将其全部或者部分财产抵押给该债权人,因此丧失了履行其他债务的能力,损害了其他债权人的合法权益,受损害的其他债权人请求人民法院撤销该抵押行为的,人民法院应依法予以支持。对于合法有效的抵押,要确保抵押权人优先受偿。

第一百一十条 别除权的不完全实现与放弃

享有本法第一百零九条规定权利的债权人行使优先受偿权利未能完全受偿的,其未受偿的债权作为普通债权;放弃优先受偿权利的,其债权作为普通债权。

● **法　律**

《民法典》（2020 年 5 月 28 日）

　　第 392 条　被担保的债权既有物的担保又有人的担保的，债务人不履行到期债务或者发生当事人约定的实现担保物权的情形，债权人应当按照约定实现债权；没有约定或者约定不明确，债务人自己提供物的担保的，债权人应当先就该物的担保实现债权；第三人提供物的担保的，债权人可以就物的担保实现债权，也可以请求保证人承担保证责任。提供担保的第三人承担担保责任后，有权向债务人追偿。

　　第 393 条　有下列情形之一的，担保物权消灭：

　　（一）主债权消灭；

　　（二）担保物权实现；

　　（三）债权人放弃担保物权；

　　（四）法律规定担保物权消灭的其他情形。

　　第 409 条　抵押权人可以放弃抵押权或者抵押权的顺位。抵押权人与抵押人可以协议变更抵押权顺位以及被担保的债权数额等内容。但是，抵押权的变更未经其他抵押权人书面同意的，不得对其他抵押权人产生不利影响。

　　债务人以自己的财产设定抵押，抵押权人放弃该抵押权、抵押权顺位或者变更抵押权的，其他担保人在抵押权人丧失优先受偿权益的范围内免除担保责任，但是其他担保人承诺仍然提供担保的除外。

第二节　变价和分配

第一百一十一条　破产财产变价方案

　　管理人应当及时拟订破产财产变价方案，提交债权人会议讨论。

管理人应当按照债权人会议通过的或者人民法院依照本法第六十五条第一款规定裁定的破产财产变价方案，适时变价出售破产财产。

● 司法解释及文件

《最高人民法院关于适用〈中华人民共和国企业破产法〉若干问题的规定（三）》（2020年12月29日）

第15条 管理人处分企业破产法第六十九条规定的债务人重大财产的，应当事先制作财产管理或者变价方案并提交债权人会议进行表决，债权人会议表决未通过的，管理人不得处分。

管理人实施处分前，应当根据企业破产法第六十九条的规定，提前十日书面报告债权人委员会或者人民法院。债权人委员会可以依照企业破产法第六十八条第二款的规定，要求管理人对处分行为作出相应说明或者提供有关文件依据。

债权人委员会认为管理人实施的处分行为不符合债权人会议通过的财产管理或变价方案的，有权要求管理人纠正。管理人拒绝纠正的，债权人委员会可以请求人民法院作出决定。

人民法院认为管理人实施的处分行为不符合债权人会议通过的财产管理或变价方案的，应当责令管理人停止处分行为。管理人应当予以纠正，或者提交债权人会议重新表决通过后实施。

第一百一十二条 变价出售方式

变价出售破产财产应当通过拍卖进行。但是，债权人会议另有决议的除外。

破产企业可以全部或者部分变价出售。企业变价出售时，可以将其中的无形资产和其他财产单独变价出售。

> 按照国家规定不能拍卖或者限制转让的财产，应当按照国家规定的方式处理。

● **司法解释及文件**

1. 《全国法院破产审判工作会议纪要》（2018年3月4日）

　　26. 破产财产的处置。破产财产处置应当以价值最大化为原则，兼顾处置效率。人民法院要积极探索更为有效的破产财产处置方式和渠道，最大限度提升破产财产变价率。采用拍卖方式进行处置的，拍卖所得预计不足以支付评估拍卖费用，或者拍卖不成，经债权人会议决议，可以采取作价变卖或实物分配方式。变卖或实物分配的方案经债权人会议两次表决仍未通过的，由人民法院裁定处理。

2. 《最高人民法院关于人民法院网络司法拍卖若干问题的规定》（2016年8月2日）

　　为了规范网络司法拍卖行为，保障网络司法拍卖公开、公平、公正、安全、高效，维护当事人的合法权益，根据《中华人民共和国民事诉讼法》等法律的规定，结合人民法院执行工作的实际，制定本规定。

　　第1条　本规定所称的网络司法拍卖，是指人民法院依法通过互联网拍卖平台，以网络电子竞价方式公开处置财产的行为。

　　第2条　人民法院以拍卖方式处置财产的，应当采取网络司法拍卖方式，但法律、行政法规和司法解释规定必须通过其他途径处置，或者不宜采用网络拍卖方式处置的除外。

　　第3条　网络司法拍卖应当在互联网拍卖平台上向社会全程公开，接受社会监督。

　　第4条　最高人民法院建立全国性网络服务提供者名单库。网络服务提供者申请纳入名单库的，其提供的网络司法拍卖平台应当符合下列条件：

（一）具备全面展示司法拍卖信息的界面；

（二）具备本规定要求的信息公示、网上报名、竞价、结算等功能；

（三）具有信息共享、功能齐全、技术拓展等功能的独立系统；

（四）程序运作规范、系统安全高效、服务优质价廉；

（五）在全国具有较高的知名度和广泛的社会参与度。

最高人民法院组成专门的评审委员会，负责网络服务提供者的选定、评审和除名。最高人民法院每年引入第三方评估机构对已纳入和新申请纳入名单库的网络服务提供者予以评审并公布结果。

第5条　网络服务提供者由申请执行人从名单库中选择；未选择或者多个申请执行人的选择不一致的，由人民法院指定。

第6条　实施网络司法拍卖的，人民法院应当履行下列职责：

（一）制作、发布拍卖公告；

（二）查明拍卖财产现状、权利负担等内容，并予以说明；

（三）确定拍卖保留价、保证金的数额、税费负担等；

（四）确定保证金、拍卖款项等支付方式；

（五）通知当事人和优先购买权人；

（六）制作拍卖成交裁定；

（七）办理财产交付和出具财产权证照转移协助执行通知书；

（八）开设网络司法拍卖专用账户；

（九）其他依法由人民法院履行的职责。

第7条　实施网络司法拍卖的，人民法院可以将下列拍卖辅助工作委托社会机构或者组织承担：

（一）制作拍卖财产的文字说明及视频或者照片等资料；

（二）展示拍卖财产，接受咨询，引领查看，封存样品等；

（三）拍卖财产的鉴定、检验、评估、审计、仓储、保管、运输等；

（四）其他可以委托的拍卖辅助工作。

社会机构或者组织承担网络司法拍卖辅助工作所支出的必要费用由被执行人承担。

第8条　实施网络司法拍卖的，下列事项应当由网络服务提供者承担：

（一）提供符合法律、行政法规和司法解释规定的网络司法拍卖平台，并保障安全正常运行；

（二）提供安全便捷配套的电子支付对接系统；

（三）全面、及时展示人民法院及其委托的社会机构或者组织提供的拍卖信息；

（四）保证拍卖全程的信息数据真实、准确、完整和安全；

（五）其他应当由网络服务提供者承担的工作。

网络服务提供者不得在拍卖程序中设置阻碍适格竞买人报名、参拍、竞价以及监视竞买人信息等后台操控功能。

网络服务提供者提供的服务无正当理由不得中断。

第9条　网络司法拍卖服务提供者从事与网络司法拍卖相关的行为，应当接受人民法院的管理、监督和指导。

第10条　网络司法拍卖应当确定保留价，拍卖保留价即为起拍价。

起拍价由人民法院参照评估价确定；未作评估的，参照市价确定，并征询当事人意见。起拍价不得低于评估价或者市价的百分之七十。

第11条　网络司法拍卖不限制竞买人数量。一人参与竞拍，出价不低于起拍价的，拍卖成交。

第12条　网络司法拍卖应当先期公告，拍卖公告除通过法定途径发布外，还应同时在网络司法拍卖平台发布。拍卖动产的，应当在拍卖十五日前公告；拍卖不动产或者其他财产权的，应当在拍卖三十日前公告。

拍卖公告应当包括拍卖财产、价格、保证金、竞买人条件、拍卖财产已知瑕疵、相关权利义务、法律责任、拍卖时间、网络平台和拍卖法院等信息。

第13条 实施网络司法拍卖的，人民法院应当在拍卖公告发布当日通过网络司法拍卖平台公示下列信息：

（一）拍卖公告；

（二）执行所依据的法律文书，但法律规定不得公开的除外；

（三）评估报告副本，或者未经评估的定价依据；

（四）拍卖时间、起拍价以及竞价规则；

（五）拍卖财产权属、占有使用、附随义务等现状的文字说明、视频或者照片等；

（六）优先购买权主体以及权利性质；

（七）通知或者无法通知当事人、已知优先购买权人的情况；

（八）拍卖保证金、拍卖款项支付方式和账户；

（九）拍卖财产产权转移可能产生的税费及承担方式；

（十）执行法院名称、联系、监督方式等；

（十一）其他应当公示的信息。

第14条 实施网络司法拍卖的，人民法院应当在拍卖公告发布当日通过网络司法拍卖平台对下列事项予以特别提示：

（一）竞买人应当具备完全民事行为能力，法律、行政法规和司法解释对买受人资格或者条件有特殊规定的，竞买人应当具备规定的资格或者条件；

（二）委托他人代为竞买的，应当在竞价程序开始前经人民法院确认，并通知网络服务提供者；

（三）拍卖财产已知瑕疵和权利负担；

（四）拍卖财产以实物现状为准，竞买人可以申请实地看样；

（五）竞买人决定参与竞买的，视为对拍卖财产完全了解，并接受拍卖财产一切已知和未知瑕疵；

（六）载明买受人真实身份的拍卖成交确认书在网络司法拍卖平台上公示；

（七）买受人悔拍后保证金不予退还。

第15条 被执行人应当提供拍卖财产品质的有关资料和说明。

人民法院已按本规定第十三条、第十四条的要求予以公示和特别提示，且在拍卖公告中声明不能保证拍卖财产真伪或者品质的，不承担瑕疵担保责任。

第16条 网络司法拍卖的事项应当在拍卖公告发布三日前以书面或者其他能够确认收悉的合理方式，通知当事人、已知优先购买权人。权利人书面明确放弃权利的，可以不通知。无法通知的，应当在网络司法拍卖平台公示并说明无法通知的理由，公示满五日视为已经通知。

优先购买权人经通知未参与竞买的，视为放弃优先购买权。

第17条 保证金数额由人民法院在起拍价的百分之五至百分之二十范围内确定。

竞买人应当在参加拍卖前以实名交纳保证金，未交纳的，不得参加竞买。申请执行人参加竞买的，可以不交保证金；但债权数额小于保证金数额的按差额部分交纳。

交纳保证金，竞买人可以向人民法院指定的账户交纳，也可以由网络服务提供者在其提供的支付系统中对竞买人的相应款项予以冻结。

第18条 竞买人在拍卖竞价程序结束前交纳保证金经人民法院或者网络服务提供者确认后，取得竞买资格。网络服务提供者应当向取得资格的竞买人赋予竞买代码、参拍密码；竞买人以该代码参与竞买。

网络司法拍卖竞价程序结束前，人民法院及网络服务提供者对竞买人以及其他能够确认竞买人真实身份的信息、密码等，应当予以保密。

第19条　优先购买权人经人民法院确认后，取得优先竞买资格以及优先竞买代码、参拍密码，并以优先竞买代码参与竞买；未经确认的，不得以优先购买权人身份参与竞买。

顺序不同的优先购买权人申请参与竞买的，人民法院应当确认其顺序，赋予不同顺序的优先竞买代码。

第20条　网络司法拍卖从起拍价开始以递增出价方式竞价，增价幅度由人民法院确定。竞买人以低于起拍价出价的无效。

网络司法拍卖的竞价时间应当不少于二十四小时。竞价程序结束前五分钟内无人出价的，最后出价即为成交价；有出价的，竞价时间自该出价时点顺延五分钟。竞买人的出价时间以进入网络司法拍卖平台服务系统的时间为准。

竞买代码及其出价信息应当在网络竞买页面实时显示，并储存、显示竞价全程。

第21条　优先购买权人参与竞买的，可以与其他竞买人以相同的价格出价，没有更高出价的，拍卖财产由优先购买权人竞得。

顺序不同的优先购买权人以相同价格出价的，拍卖财产由顺序在先的优先购买权人竞得。

顺序相同的优先购买权人以相同价格出价的，拍卖财产由出价在先的优先购买权人竞得。

第22条　网络司法拍卖成交的，由网络司法拍卖平台以买受人的真实身份自动生成确认书并公示。

拍卖财产所有权自拍卖成交裁定送达买受人时转移。

第23条　拍卖成交后，买受人交纳的保证金可以充抵价款；其他竞买人交纳的保证金应当在竞价程序结束后二十四小时内退还或者解冻。拍卖未成交的，竞买人交纳的保证金应当在竞价程序结束后二十四小时内退还或者解冻。

第24条　拍卖成交后买受人悔拍的，交纳的保证金不予退还，依次用于支付拍卖产生的费用损失、弥补重新拍卖价款低于原拍卖价款的差价、冲抵本案被执行人的债务以及与拍卖财产相关的被执行人的债务。

悔拍后重新拍卖的，原买受人不得参加竞买。

第25条　拍卖成交后，买受人应当在拍卖公告确定的期限内将剩余价款交付人民法院指定账户。拍卖成交后二十四小时内，网络服务提供者应当将冻结的买受人交纳的保证金划入人民法院指定账户。

第26条　网络司法拍卖竞价期间无人出价的，本次拍卖流拍。流拍后应当在三十日内在同一网络司法拍卖平台再次拍卖，拍卖动产的应当在拍卖七日前公告；拍卖不动产或者其他财产权的应当在拍卖十五日前公告。再次拍卖的起拍价降价幅度不得超过前次起拍价的百分之二十。

再次拍卖流拍的，可以依法在同一网络司法拍卖平台变卖。

第27条　起拍价及其降价幅度、竞价增价幅度、保证金数额和优先购买权人竞买资格及其顺序等事项，应当由人民法院依法组成合议庭评议确定。

第28条　网络司法拍卖竞价程序中，有依法应当暂缓、中止执行等情形的，人民法院应当决定暂缓或者裁定中止拍卖；人民法院可以自行或者通知网络服务提供者停止拍卖。

网络服务提供者发现系统故障、安全隐患等紧急情况的，可以先行暂缓拍卖，并立即报告人民法院。

暂缓或者中止拍卖的，应当及时在网络司法拍卖平台公告原因或者理由。

暂缓拍卖期限届满或者中止拍卖的事由消失后，需要继续拍卖的，应当在五日内恢复拍卖。

第29条 网络服务提供者对拍卖形成的电子数据，应当完整保存不少于十年，但法律、行政法规另有规定的除外。

第30条 因网络司法拍卖本身形成的税费，应当依照相关法律、行政法规的规定，由相应主体承担；没有规定或者规定不明的，人民法院可以根据法律原则和案件实际情况确定税费承担的相关主体、数额。

第31条 当事人、利害关系人提出异议请求撤销网络司法拍卖，符合下列情形之一的，人民法院应当支持：

（一）由于拍卖财产的文字说明、视频或者照片展示以及瑕疵说明严重失实，致使买受人产生重大误解，购买目的无法实现的，但拍卖时的技术水平不能发现或者已经就相关瑕疵以及责任承担予以公示说明的除外；

（二）由于系统故障、病毒入侵、黑客攻击、数据错误等原因致使拍卖结果错误，严重损害当事人或者其他竞买人利益的；

（三）竞买人之间，竞买人与网络司法拍卖服务提供者之间恶意串通，损害当事人或者其他竞买人利益的；

（四）买受人不具备法律、行政法规和司法解释规定的竞买资格的；

（五）违法限制竞买人参加竞买或者对享有同等权利的竞买人规定不同竞买条件的；

（六）其他严重违反网络司法拍卖程序且损害当事人或者竞买人利益的情形。

第32条 网络司法拍卖被人民法院撤销，当事人、利害关系人、案外人认为人民法院的拍卖行为违法致使其合法权益遭受损害的，可以依法申请国家赔偿；认为其他主体的行为违法致使其合法权益遭受损害的，可以另行提起诉讼。

第33条 当事人、利害关系人、案外人认为网络司法拍卖服务提供者的行为违法致使其合法权益遭受损害的，可以另行提起诉讼；理由成立的，人民法院应当支持，但具有法定免责事由的除外。

第34条　实施网络司法拍卖的，下列机构和人员不得竞买并不得委托他人代为竞买与其行为相关的拍卖财产：

（一）负责执行的人民法院；

（二）网络服务提供者；

（三）承担拍卖辅助工作的社会机构或者组织；

（四）第（一）至（三）项规定主体的工作人员及其近亲属。

第35条　网络服务提供者有下列情形之一的，应当将其从名单库中除名：

（一）存在违反本规定第八条第二款规定操控拍卖程序、修改拍卖信息等行为的；

（二）存在恶意串通、弄虚作假、泄漏保密信息等行为的；

（三）因违反法律、行政法规和司法解释等规定受到处罚，不适于继续从事网络司法拍卖的；

（四）存在违反本规定第三十四条规定行为的；

（五）其他应当除名的情形。

网络服务提供者有前款规定情形之一，人民法院可以依照《中华人民共和国民事诉讼法》的相关规定予以处理。

第36条　当事人、利害关系人认为网络司法拍卖行为违法侵害其合法权益的，可以提出执行异议。异议、复议期间，人民法院可以决定暂缓或者裁定中止拍卖。

案外人对网络司法拍卖的标的提出异议的，人民法院应当依据《中华人民共和国民事诉讼法》第二百二十七条及相关司法解释的规定处理，并决定暂缓或者裁定中止拍卖。

第37条　人民法院通过互联网平台以变卖方式处置财产的，参照本规定执行。

执行程序中委托拍卖机构通过互联网平台实施网络拍卖的，参照本规定执行。

本规定对网络司法拍卖行为没有规定的，适用其他有关司法拍卖的规定。

第38条　本规定自2017年1月1日起施行。施行前最高人民法院公布的司法解释和规范性文件与本规定不一致的，以本规定为准。

3.《最高人民法院关于审理企业破产案件若干问题的规定》（2002年7月30日）

第85条　破产财产的变现应当以拍卖方式进行。由清算组负责委托有拍卖资格的拍卖机构进行拍卖。

依法不得拍卖或者拍卖所得不足以支付拍卖所需费用的，不进行拍卖。

前款不进行拍卖或者拍卖不成的破产财产，可以在破产分配时进行实物分配或者作价变卖。债权人对清算组在实物分配或者作价变卖中对破产财产的估价有异议的，可以请求人民法院进行审查。

第86条　破产财产中的成套设备，一般应当整体出售。

第87条　依法属于限制流通的破产财产，应当由国家指定的部门收购或者按照有关法律规定处理。

4.《最高人民法院关于人民法院在审理企业破产和改制案件中切实防止债务人逃废债务的紧急通知》（2001年8月10日）

五、处置破产财产，一般应当采取拍卖的方式，并加强对拍卖程序的监督，要确保拍卖的透明度、公平性，防止拍卖流于形式。要依法确定竞买人的资格，除法律、法规及有关政策有明确规定外，不得任意限定竞买人。所拍卖的破产财产价格，应当以评估确定的价格为依据，按照国家有关规定确定底价，一次拍卖不成的，应当降低底价继续拍卖，仍无法成交的，可经债权人会议讨论通过或者人民法院裁定，以实物作价抵还债务。以实物作价抵还债务的，应当以最后一次拍卖底价作为基本依据，做到公平、公正。防止因不适当地采取实物分配的方式抵还破产债权，而损害债权人的利益。

第一百一十三条　破产财产的清偿顺序

破产财产在优先清偿破产费用和共益债务后，依照下列顺序清偿：

（一）破产人所欠职工的工资和医疗、伤残补助、抚恤费用，所欠的应当划入职工个人账户的基本养老保险、基本医疗保险费用，以及法律、行政法规规定应当支付给职工的补偿金；

（二）破产人欠缴的除前项规定以外的社会保险费用和破产人所欠税款；

（三）普通破产债权。

破产财产不足以清偿同一顺序的清偿要求的，按照比例分配。

破产企业的董事、监事和高级管理人员的工资按照该企业职工的平均工资计算。

● **司法解释及文件**

1.《最高人民法院关于适用〈中华人民共和国企业破产法〉若干问题的规定（三）》（2020年12月29日）

第2条　破产申请受理后，经债权人会议决议通过，或者第一次债权人会议召开前经人民法院许可，管理人或者自行管理的债务人可以为债务人继续营业而借款。提供借款的债权人主张参照企业破产法第四十二条第四项的规定优先于普通破产债权清偿的，人民法院应予支持，但其主张优先于此前已就债务人特定财产享有担保的债权清偿的，人民法院不予支持。

管理人或者自行管理的债务人可以为前述借款设定抵押担保，抵押物在破产申请受理前已为其他债权人设定抵押的，债权人主张按照民法典第四百一十四条规定的顺序清偿，人民法院应予支持。

2.《最高人民法院关于适用〈中华人民共和国企业破产法〉若干问题的规定（二）》（2020年12月29日）

第24条 债务人有企业破产法第二条第一款规定的情形时，债务人的董事、监事和高级管理人员利用职权获取的以下收入，人民法院应当认定为企业破产法第三十六条规定的非正常收入：

（一）绩效奖金；

（二）普遍拖欠职工工资情况下获取的工资性收入；

（三）其他非正常收入。

债务人的董事、监事和高级管理人员拒不向管理人返还上述债务人财产，管理人主张上述人员予以返还的，人民法院应予支持。

债务人的董事、监事和高级管理人员因返还第一款第（一）项、第（三）项非正常收入形成的债权，可以作为普通破产债权清偿。因返还第一款第（二）项非正常收入形成的债权，依据企业破产法第一百一十三条第三款的规定，按照该企业职工平均工资计算的部分作为拖欠职工工资清偿；高出该企业职工平均工资计算的部分，可以作为普通破产债权清偿。

3.《全国法院破产审判工作会议纪要》（2018年3月4日）

26. 破产财产的处置。破产财产处置应当以价值最大化为原则，兼顾处置效率。人民法院要积极探索更为有效的破产财产处置方式和渠道，最大限度提升破产财产变价率。采用拍卖方式进行处置的，拍卖所得预计不足以支付评估拍卖费用，或者拍卖不成的，经债权人会议决议，可以采取作价变卖或实物分配方式。变卖或实物分配的方案经债权人会议两次表决仍未通过的，由人民法院裁定处理。

4.《最高人民法院关于审理企业破产案件若干问题的规定》(2002年7月30日)

第56条 因企业破产解除劳动合同,劳动者依法或者依据劳动合同对企业享有的补偿金请求权,参照企业破产法第三十七条第二款第(一)项规定的顺序清偿。

第57条 债务人所欠非正式职工(含短期劳动工)的劳动报酬,参照企业破产法第三十七条第二款第(一)项规定的顺序清偿。

第58条 债务人所欠企业职工集资款,参照企业破产法第三十七条第二款第(一)项规定的顺序清偿。但对违反法律规定的高额利息部分不予保护。

职工向企业的投资,不属于破产债权。

第一百一十四条　破产财产的分配方式

破产财产的分配应当以货币分配方式进行。但是,债权人会议另有决议的除外。

● 司法解释及文件

1.《全国法院破产审判工作会议纪要》(2018年3月4日)

26. 破产财产的处置。破产财产处置应当以价值最大化为原则,兼顾处置效率。人民法院要积极探索更为有效的破产财产处置方式和渠道,最大限度提升破产财产变价率。采用拍卖方式进行处置的,拍卖所得预计不足以支付评估拍卖费用,或者拍卖不成的,经债权人会议决议,可以采取作价变卖或实物分配方式。变卖或实物分配的方案经债权人会议两次表决仍未通过的,由人民法院裁定处理。

2. 《最高人民法院关于审理企业破产案件若干问题的规定》（2002年7月30日）

第 85 条 破产财产的变现应当以拍卖方式进行。由清算组负责委托有拍卖资格的拍卖机构进行拍卖。

依法不得拍卖或者拍卖所得不足以支付拍卖所需费用的，不进行拍卖。

前款不进行拍卖或者拍卖不成的破产财产，可以在破产分配时进行实物分配或者作价变卖。债权人对清算组在实物分配或者作价变卖中对破产财产的估价有异议的，可以请求人民法院进行审查。

第一百一十五条　破产财产的分配方案

管理人应当及时拟订破产财产分配方案，提交债权人会议讨论。

破产财产分配方案应当载明下列事项：

（一）参加破产财产分配的债权人名称或者姓名、住所；

（二）参加破产财产分配的债权额；

（三）可供分配的破产财产数额；

（四）破产财产分配的顺序、比例及数额；

（五）实施破产财产分配的方法。

债权人会议通过破产财产分配方案后，由管理人将该方案提请人民法院裁定认可。

● 司法解释及文件

《最高人民法院关于审理企业破产案件若干问题的规定》（2002 年 7 月 30 日）

第 93 条 破产财产分配方案应当包括以下内容：

（一）可供破产分配的财产种类、总值，已经变现的财产和未变现的财产；

（二）债权清偿顺序、各顺序的种类与数额，包括破产企业所欠职工工资、劳动保险费用和破产企业所欠税款的数额和计算依据，纳入国家计划调整的企业破产，还应当说明职工安置费的数额和计算依据；

（三）破产债权总额和清偿比例；

（四）破产分配的方式、时间；

（五）对将来能够追回的财产拟进行追加分配的说明。

第一百一十六条　破产财产分配方案的执行

破产财产分配方案经人民法院裁定认可后，由管理人执行。

管理人按照破产财产分配方案实施多次分配的，应当公告本次分配的财产额和债权额。管理人实施最后分配的，应当在公告中指明，并载明本法第一百一十七条第二款规定的事项。

● 司法解释及文件

《最高人民法院关于审理企业破产案件若干问题的规定》（2002年7月30日）

第92条　破产财产分配方案经债权人会议通过后，由清算组负责执行。财产分配可以一次分配，也可以多次分配。

第一百一十七条　附条件债权的分配

对于附生效条件或者解除条件的债权，管理人应当将其分配额提存。

管理人依照前款规定提存的分配额，在最后分配公告日，生效条件未成就或者解除条件成就的，应当分配给其他债权人；在最后分配公告日，生效条件成就或者解除条件未成就的，应当交付给债权人。

第一百一十八条　未受领的破产财产的分配

债权人未受领的破产财产分配额，管理人应当提存。债权人自最后分配公告之日起满二个月仍不领取的，视为放弃受领分配的权利，管理人或者人民法院应当将提存的分配额分配给其他债权人。

● 司法解释及文件

《最高人民法院关于审理企业破产案件若干问题的规定》（2002年7月30日）

第95条　债权人未在指定期限内领取分配的财产的，对该财产可以进行提存或者变卖后提存价款，并由清算组向债权人发出催领通知书。债权人在收到催领通知书一个月后或者在清算组发出催领通知书两个月后，债权人仍未领取的，清算组应当对该部分财产进行追加分配。

第一百一十九条　诉讼或仲裁未决债权的分配

破产财产分配时，对于诉讼或者仲裁未决的债权，管理人应当将其分配额提存。自破产程序终结之日起满二年仍不能受领分配的，人民法院应当将提存的分配额分配给其他债权人。

第三节　破产程序的终结

第一百二十条　破产程序的终结及公告

破产人无财产可供分配的，管理人应当请求人民法院裁定终结破产程序。

> 管理人在最后分配完结后,应当及时向人民法院提交破产财产分配报告,并提请人民法院裁定终结破产程序。
>
> 人民法院应当自收到管理人终结破产程序的请求之日起十五日内作出是否终结破产程序的裁定。裁定终结的,应当予以公告。

● 法　律

1. 《企业破产法》(2006年8月27日)

第43条　破产费用和共益债务由债务人财产随时清偿。

债务人财产不足以清偿所有破产费用和共益债务的,先行清偿破产费用。

债务人财产不足以清偿所有破产费用或者共益债务的,按照比例清偿。

债务人财产不足以清偿破产费用的,管理人应当提请人民法院终结破产程序。人民法院应当自收到请求之日起十五日内裁定终结破产程序,并予以公告。

第105条　人民法院受理破产申请后,债务人与全体债权人就债权债务的处理自行达成协议的,可以请求人民法院裁定认可,并终结破产程序。

第108条　破产宣告前,有下列情形之一的,人民法院应当裁定终结破产程序,并予以公告:

(一)第三人为债务人提供足额担保或者为债务人清偿全部到期债务的;

(二)债务人已清偿全部到期债务的。

● 司法解释及文件

2. 《全国法院破产审判工作会议纪要》(2018年3月4日)

30. 破产清算程序的终结。人民法院终结破产清算程序应当以查明债务人财产状况、明确债务人财产的分配方案、确保破产债权获得依法清偿为基础。破产申请受理后，经管理人调查，债务人财产不足以清偿破产费用且无人代为清偿或垫付的，人民法院应当依管理人申请宣告破产并裁定终结破产清算程序。

3.《最高人民法院关于审理企业破产案件若干问题的规定》（2002年7月30日）

第91条 破产费用可随时支付，破产财产不足以支付破产费用的，人民法院根据清算组的申请裁定终结破产程序。

第96条 破产财产分配完毕，由清算组向人民法院报告分配情况，并申请人民法院终结破产程序。

人民法院在收到清算组的报告和终结破产程序申请后，认为符合破产程序终结规定的，应当在7日内裁定终结破产程序。

第一百二十一条　破产人的注销登记

管理人应当自破产程序终结之日起十日内，持人民法院终结破产程序的裁定，向破产人的原登记机关办理注销登记。

● 司法解释及文件

1.《全国法院破产审判工作会议纪要》（2018年3月4日）

37. 实质合并审理后的企业成员存续。适用实质合并规则进行破产清算的，破产程序终结后各关联企业成员均应予以注销。适用实质合并规则进行和解或重整的，各关联企业原则上应当合并为一个企业。根据和解协议或重整计划，确有需要保持个别企业独立的，应当依照企业分立的有关规则单独处理。

2.《最高人民法院关于审理企业破产案件若干问题的规定》（2002年7月30日）

第97条 破产程序终结后，由清算组向破产企业原登记机关办理企业注销登记。

破产程序终结后仍有可以追收的破产财产、追加分配等善后事宜需要处理的，经人民法院同意，可以保留清算组或者保留部分清算组成员。

第99条　破产程序终结后，破产企业的账册、文书等卷宗材料由清算组移交破产企业上级主管机关保存；无上级主管机关的，由破产企业的开办人或者股东保存。

第一百二十二条　管理人执行职务的终止

管理人于办理注销登记完毕的次日终止执行职务。但是，存在诉讼或者仲裁未决情况的除外。

● 司法解释及文件

《最高人民法院关于审理企业破产案件指定管理人的规定》（2007年4月12日）

第29条　管理人凭指定管理人决定书按照国家有关规定刻制管理人印章，并交人民法院封样备案后启用。

管理人印章只能用于所涉破产事务。管理人根据企业破产法第一百二十二条规定终止执行职务后，应当将管理人印章交公安机关销毁，并将销毁的证明送交人民法院。

第一百二十三条　破产程序终结后的追加分配

自破产程序依照本法第四十三条第四款或者第一百二十条的规定终结之日起二年内，有下列情形之一的，债权人可以请求人民法院按照破产财产分配方案进行追加分配：

（一）发现有依照本法第三十一条、第三十二条、第三十三条、第三十六条规定应当追回的财产的；

（二）发现破产人有应当供分配的其他财产的。

有前款规定情形,但财产数量不足以支付分配费用的,不再进行追加分配,由人民法院将其上交国库。

● 司法解释及文件

《最高人民法院关于审理企业破产案件若干问题的规定》(2002 年 7 月 30 日)

第 98 条 破产程序终结后出现可供分配的财产的,应当追加分配。追加分配的财产,除企业破产法第四十条规定的由人民法院追回的财产外,还包括破产程序中因纠正错误支出收回的款项,因权利被承认追回的财产,债权人放弃的财产和破产程序终结后实现的财产权利等。

第一百二十四条　对未受偿债权的清偿责任

破产人的保证人和其他连带债务人,在破产程序终结后,对债权人依照破产清算程序未受清偿的债权,依法继续承担清偿责任。

● 法　律

1. 《民法典》(2020 年 5 月 28 日)

第 687 条 当事人在保证合同中约定,债务人不能履行债务时,由保证人承担保证责任的,为一般保证。

一般保证的保证人在主合同纠纷未经审判或者仲裁,并就债务人财产依法强制执行仍不能履行债务前,有权拒绝向债权人承担保证责任,但是有下列情形之一的除外:

(一) 债务人下落不明,且无财产可供执行;

(二) 人民法院已经受理债务人破产案件;

(三) 债权人有证据证明债务人的财产不足以履行全部债务或者丧失履行债务能力;

（四）保证人书面表示放弃本款规定的权利。

● 司法解释及文件

2.《最高人民法院关于适用〈中华人民共和国企业破产法〉若干问题的规定（三）》（2020年12月29日）

第5条 债务人、保证人均被裁定进入破产程序的，债权人有权向债务人、保证人分别申报债权。

债权人向债务人、保证人均申报全部债权的，从一方破产程序中获得清偿后，其对另一方的债权额不作调整，但债权人的受偿额不得超出其债权总额。保证人履行保证责任后不再享有求偿权。

3.《全国法院破产审判工作会议纪要》（2018年3月4日）

31.保证人的清偿责任和求偿权的限制。破产程序终结前，已向债权人承担了保证责任的保证人，可以要求债务人向其转付已申报债权的债权人在破产程序中应得清偿部分。破产程序终结后，债权人就破产程序中未受清偿部分要求保证人承担保证责任的，应在破产程序终结后六个月内提出。保证人承担保证责任后，不得再向和解或重整后的债务人行使求偿权。

第十一章　法律责任

第一百二十五条　破产企业董事、监事和高级管理人员的法律责任

企业董事、监事或者高级管理人员违反忠实义务、勤勉义务，致使所在企业破产的，依法承担民事责任。

有前款规定情形的人员，自破产程序终结之日起三年内不得担任任何企业的董事、监事、高级管理人员。

● 法　律

1.《公司法》(2023年12月29日)

第146条　有下列情形之一的,不得担任公司的董事、监事、高级管理人员:

(一) 无民事行为能力或者限制民事行为能力;

(二) 因贪污、贿赂、侵占财产、挪用财产或者破坏社会主义市场经济秩序,被判处刑罚,执行期满未逾五年,或者因犯罪被剥夺政治权利,执行期满未逾五年;

(三) 担任破产清算的公司、企业的董事或者厂长、经理,对该公司、企业的破产负有个人责任的,自该公司、企业破产清算完结之日起未逾三年;

(四) 担任因违法被吊销营业执照、责令关闭的公司、企业的法定代表人,并负有个人责任的,自该公司、企业被吊销营业执照之日起未逾三年;

(五) 个人所负数额较大的债务到期未清偿。

公司违反前款规定选举、委派董事、监事或者聘任高级管理人员的,该选举、委派或者聘任无效。

董事、监事、高级管理人员在任职期间出现本条第一款所列情形的,公司应当解除其职务。

第216条　本法下列用语的含义:

(一) 高级管理人员,是指公司的经理、副经理、财务负责人,上市公司董事会秘书和公司章程规定的其他人员。

(二) 控股股东,是指其出资额占有限责任公司资本总额百分之五十以上或者其持有的股份占股份有限公司股本总额百分之五十以上的股东;出资额或者持有股份的比例虽然不足百分之五十,但依其出资额或者持有的股份所享有的表决权已足以对股东会、股东大会的决议产生重大影响的股东。

(三) 实际控制人,是指虽不是公司的股东,但通过投资关系、协议或者其他安排,能够实际支配公司行为的人。

（四）关联关系,是指公司控股股东、实际控制人、董事、监事、高级管理人员与其直接或者间接控制的企业之间的关系,以及可能导致公司利益转移的其他关系。但是,国家控股的企业之间不仅因为同受国家控股而具有关联关系。

2.《商业银行法》（2015年8月29日）

第27条 有下列情形之一的,不得担任商业银行的董事、高级管理人员：

（一）因犯有贪污、贿赂、侵占财产、挪用财产罪或者破坏社会经济秩序罪,被判处刑罚,或者因犯罪被剥夺政治权利的；

（二）担任因经营不善破产清算的公司、企业的董事或者厂长、经理,并对该公司、企业的破产负有个人责任的；

（三）担任因违法被吊销营业执照的公司、企业的法定代表人,并负有个人责任的；

（四）个人所负数额较大的债务到期未清偿的。

3.《证券投资基金法》（2015年4月24日）

第15条 有下列情形之一的,不得担任公开募集基金的基金管理人的董事、监事、高级管理人员和其他从业人员：

（一）因犯有贪污贿赂、渎职、侵犯财产罪或者破坏社会主义市场经济秩序罪,被判处刑罚的；

（二）对所任职的公司、企业因经营不善破产清算或者因违法被吊销营业执照负有个人责任的董事、监事、厂长、高级管理人员,自该公司、企业破产清算终结或者被吊销营业执照之日起未逾五年的；

（三）个人所负债务数额较大,到期未清偿的；

（四）因违法行为被开除的基金管理人、基金托管人、证券交易所、证券公司、证券登记结算机构、期货交易所、期货公司及其他机构的从业人员和国家机关工作人员；

（五）因违法行为被吊销执业证书或者被取消资格的律师、注册会计师和资产评估机构、验证机构的从业人员、投资咨询从业人员；

（六）法律、行政法规规定不得从事基金业务的其他人员。

● 司法解释及文件

4.《最高人民法院关于审理企业破产案件若干问题的规定》（2002年7月30日）

第103条 人民法院可以建议有关部门对破产企业的主要责任人员限制其再行开办企业，在法定期限内禁止其担任公司的董事、监事、经理。

5.《最高人民法院关于正确审理企业破产案件为维护市场经济秩序提供司法保障若干问题的意见》（2009年6月12日）

16. 人民法院在审理债务人人员下落不明或财产状况不清的破产案件时，要从充分保障债权人合法利益的角度出发，在对债务人的法定代表人、财务管理人员、其他经营管理人员，以及出资人等进行释明，或者采取相应罚款、训诫、拘留等强制措施后，债务人仍不向人民法院提交有关材料或者不提交全部材料，影响清算顺利进行的，人民法院就现有财产对已知债权进行公平清偿并裁定终结清算程序后，应当告知债权人可以另行提起诉讼要求有责任的有限责任公司股东、股份有限公司董事、控股股东，以及实际控制人等清算义务人对债务人的债务承担清偿责任。

第一百二十六条　有义务列席债权人会议的债务人的有关人员的法律责任

有义务列席债权人会议的债务人的有关人员，经人民法院传唤，无正当理由拒不列席债权人会议的，人民法院可以拘传，并依法处以罚款。债务人的有关人员违反本法规定，拒不陈述、回答，或者作虚假陈述、回答的，人民法院可以依法处以罚款。

● 司法解释及文件

《全国法院民商事审判工作会议纪要》（2019年11月8日）

118.【无法清算案件的审理与责任承担】人民法院在审理债务人相关人员下落不明或者财产状况不清的破产案件时，应当充分贯彻债权人利益保护原则，避免债务人通过破产程序不当损害债权人利益，同时也要避免不当突破股东有限责任原则。

人民法院在适用《最高人民法院关于债权人对人员下落不明或者财产状况不清的债务人申请破产清算案件如何处理的批复》第3款的规定，判定债务人相关人员承担责任时，应当依照企业破产法的相关规定来确定相关主体的义务内容和责任范围，不得根据公司法司法解释（二）第18条第2款的规定来判定相关主体的责任。

上述批复第3款规定的"债务人的有关人员不履行法定义务，人民法院可依据有关法律规定追究其相应法律责任"，系指债务人的法定代表人、财务管理人员和其他经营管理人员不履行《企业破产法》第15条规定的配合清算义务，人民法院可以根据《企业破产法》第126条、第127条追究其相应法律责任，或者参照《民事诉讼法》第111条的规定，依法拘留，构成犯罪的，依法追究刑事责任；债务人的法定代表人或者实际控制人不配合清算的，人民法院可以依据《出境入境管理法》第12条的规定，对其作出不准出境的决定，以确保破产程序顺利进行。

上述批复第3款规定的"其行为导致无法清算或者造成损失"，系指债务人的有关人员不配合清算的行为导致债务人财产状况不明，或者依法负有清算责任的人未依照《企业破产法》第7条第3款的规定及时履行破产申请义务，导致债务人主要财产、账册、重要文件等灭失，致使管理人无法执行清算职务，给债权人利益造成损害。"有关权利人起诉请求其承担相应民事责任"，系指管理人请求上述主体承担相应损害赔偿责任并将因此获得的赔偿归入债务人财产。管理人未主张上述赔偿，个别债权人可以代表全体债权人提起上述诉讼。

上述破产清算案件被裁定终结后，相关主体以债务人主要财产、账册、重要文件等重新出现为由，申请对破产清算程序启动审判监督的，人民法院不予受理，但符合《企业破产法》第123条规定的，债权人可以请求人民法院追加分配。

第一百二十七条　不履行法定义务的直接责任人员的法律责任

债务人违反本法规定，拒不向人民法院提交或者提交不真实的财产状况说明、债务清册、债权清册、有关财务会计报告以及职工工资的支付情况和社会保险费用的缴纳情况的，人民法院可以对直接责任人员依法处以罚款。

债务人违反本法规定，拒不向管理人移交财产、印章和账簿、文书等资料的，或者伪造、销毁有关财产证据材料而使财产状况不明的，人民法院可以对直接责任人员依法处以罚款。

第一百二十八条　债务人的法定代表人和其他直接责任人员的法律责任

债务人有本法第三十一条、第三十二条、第三十三条规定的行为，损害债权人利益的，债务人的法定代表人和其他直接责任人员依法承担赔偿责任。

● 司法解释及文件

1.《最高人民法院关于适用〈中华人民共和国企业破产法〉若干问题的规定（二）》（2020年12月29日）

第18条　管理人代表债务人依据企业破产法第一百二十八

条的规定,以债务人的法定代表人和其他直接责任人员对所涉债务人财产的相关行为存在故意或者重大过失,造成债务人财产损失为由提起诉讼,主张上述责任人员承担相应赔偿责任的,人民法院应予支持。

2.《最高人民法院关于审理企业破产案件若干问题的规定》(2002年7月30日)

第100条 人民法院在审理企业破产案件中,发现破产企业的原法定代表人或者直接责任人员有企业破产法第三十五条所列行为的,应当向有关部门建议,对该法定代表人或者直接责任人员给予行政处分;涉嫌犯罪的,应当将有关材料移送相关国家机关处理。

第101条 破产企业有企业破产法第三十五条所列行为,致使企业财产无法收回,造成实际损失的,清算组可以对破产企业的原法定代表人、直接责任人员提起民事诉讼,要求其承担民事赔偿责任。

第一百二十九条　债务人的有关人员擅自离开住所地的法律责任

债务人的有关人员违反本法规定,擅自离开住所地的,人民法院可以予以训诫、拘留,可以依法并处罚款。

第一百三十条　管理人的法律责任

管理人未依照本法规定勤勉尽责,忠实执行职务的,人民法院可以依法处以罚款;给债权人、债务人或者第三人造成损失的,依法承担赔偿责任。

● 司法解释及文件

1. 《最高人民法院关于适用〈中华人民共和国企业破产法〉若干问题的规定（二）》（2020 年 12 月 29 日）

　　第 9 条　管理人依据企业破产法第三十一条和第三十二条的规定提起诉讼，请求撤销涉及债务人财产的相关行为并由相对人返还债务人财产的，人民法院应予支持。

　　管理人因过错未依法行使撤销权导致债务人财产不当减损，债权人提起诉讼主张管理人对其损失承担相应赔偿责任的，人民法院应予支持。

　　第 33 条　管理人或者相关人员在执行职务过程中，因故意或者重大过失不当转让他人财产或者造成他人财产毁损、灭失，导致他人损害产生的债务作为共益债务，由债务人财产随时清偿不足弥补损失，权利人向管理人或者相关人员主张承担补充赔偿责任的，人民法院应予支持。

　　上述债务作为共益债务由债务人财产随时清偿后，债权人以管理人或者相关人员执行职务不当导致债务人财产减少给其造成损失为由提起诉讼，主张管理人或者相关人员承担相应赔偿责任的，人民法院应予支持。

2. 《全国法院民商事审判工作会议纪要》（2019 年 11 月 8 日）

　　116.【审计、评估等中介机构的确定及责任】要合理区分人民法院和管理人在委托审计、评估等财产管理工作中的职责。破产程序中确实需要聘请中介机构对债务人财产进行审计、评估的，根据《企业破产法》第 28 条的规定，经人民法院许可后，管理人可以自行公开聘请，但是应当对其聘请的中介机构的相关行为进行监督。上述中介机构因不当履行职责给债务人、债权人或者第三人造成损害的，应当承担赔偿责任。管理人在聘用过程中存在过错的，应当在其过错范围内承担相应的补充赔偿责任。

3. 《最高人民法院关于审理企业破产案件指定管理人的规定》(2007年4月12日)

第39条　管理人申请辞去职务未获人民法院许可，但仍坚持辞职并不再履行管理人职责，或者人民法院决定更换管理人后，原管理人拒不向新任管理人移交相关事务，人民法院可以根据企业破产法第一百三十条的规定和具体情况，决定对管理人罚款。对社会中介机构为管理人的罚款5万元至20万元人民币，对个人为管理人的罚款1万元至5万元人民币。

管理人有前款规定行为或者无正当理由拒绝人民法院指定的，编制管理人名册的人民法院可以决定停止其担任管理人一年至三年，或者将其从管理人名册中除名。

第一百三十一条　刑事责任

违反本法规定，构成犯罪的，依法追究刑事责任。

● 法　律

1. 《刑法》（2023年12月29日）

第161条　依法负有信息披露义务的公司、企业向股东和社会公众提供虚假的或者隐瞒重要事实的财务会计报告，或者对依法应当披露的其他重要信息不按照规定披露，严重损害股东或者其他人利益，或者有其他严重情节的，对其直接负责的主管人员和其他直接责任人员，处五年以下有期徒刑或者拘役，并处或者单处罚金；情节特别严重的，处五年以上十年以下有期徒刑，并处罚金。

前款规定的公司、企业的控股股东、实际控制人实施或者组织、指使实施前款行为的，或者隐瞒相关事项导致前款规定的情形发生的，依照前款的规定处罚。

犯前款罪的控股股东、实际控制人是单位的，对单位判处罚金，并对其直接负责的主管人员和其他直接责任人员，依照第一款的规定处罚。

第162条 公司、企业进行清算时，隐匿财产，对资产负债表或者财产清单作虚伪记载或者在未清偿债务前分配公司、企业财产，严重损害债权人或者其他人利益的，对其直接负责的主管人员和其他直接责任人员，处五年以下有期徒刑或者拘役，并处或者单处二万元以上二十万元以下罚金。

第162条之二 公司、企业通过隐匿财产、承担虚构的债务或者以其他方法转移、处分财产，实施虚假破产，严重损害债权人或者其他人利益的，对其直接负责的主管人员和其他直接责任人员，处五年以下有期徒刑或者拘役，并处或者单处二万元以上二十万元以下罚金。

第168条 国有公司、企业的工作人员，由于严重不负责任或者滥用职权，造成国有公司、企业破产或者严重损失，致使国家利益遭受重大损失的，处三年以下有期徒刑或者拘役；致使国家利益遭受特别重大损失的，处三年以上七年以下有期徒刑。

国有事业单位的工作人员有前款行为，致使国家利益遭受重大损失的，依照前款的规定处罚。

国有公司、企业、事业单位的工作人员，徇私舞弊，犯前两款罪的，依照第一款的规定从重处罚。

第169条 国有公司、企业或者其上级主管部门直接负责的主管人员，徇私舞弊，将国有资产低价折股或者低价出售，致使国家利益遭受重大损失的，处三年以下有期徒刑或者拘役；致使国家利益遭受特别重大损失的，处三年以上七年以下有期徒刑。

其他公司、企业直接负责的主管人员，徇私舞弊，将公司、企业资产低价折股或者低价出售，致使公司、企业利益遭受重大损失的，依照前款的规定处罚。

第271条 公司、企业或者其他单位的工作人员，利用职务上的便利，将本单位财物非法占为己有，数额较大的，处三年以下有期徒刑或者拘役，并处罚金；数额巨大的，处三年以上十年以下有期徒刑，并处罚金；数额特别巨大的，处十年以上有期徒刑或者无期徒刑，并处罚金。

国有公司、企业或者其他国有单位中从事公务的人员和国有公司、企业或者其他国有单位委派到非国有公司、企业以及其他单位从事公务的人员有前款行为的，依照本法第三百八十二条、第三百八十三条的规定定罪处罚。

● 司法解释及文件

2.《最高人民法院关于审理企业破产案件若干问题的规定》（2002年7月30日）

第100条 人民法院在审理企业破产案件中，发现破产企业的原法定代表人或者直接责任人员有企业破产法第三十五条所列行为的，应当向有关部门建议，对该法定代表人或者直接责任人员给予行政处分；涉嫌犯罪的，应当将有关材料移送相关国家机关处理。

第102条 人民法院受理企业破产案件后，发现企业有巨额财产下落不明的，应当将有关涉嫌犯罪的情况和材料，移送相关国家机关处理。

第十二章 附 则

第一百三十二条 别除权适用的例外

本法施行后，破产人在本法公布之日前所欠职工的工资和医疗、伤残补助、抚恤费用，所欠的应当划入职工个人账户的基本养老保险、基本医疗保险费用，以及法律、行政法规规定应当支付给职工的补偿金，依照本法第一百一十三条的规定清偿后不足以清偿的部分，以本法第一百零九条规定的特定财产优先于对该特定财产享有担保权的权利人受偿。

● 法　律

《企业破产法》（2006 年 8 月 27 日）

第 109 条　对破产人的特定财产享有担保权的权利人，对该特定财产享有优先受偿的权利。

第 113 条　破产财产在优先清偿破产费用和共益债务后，依照下列顺序清偿：

（一）破产人所欠职工的工资和医疗、伤残补助、抚恤费用，所欠的应当划入职工个人账户的基本养老保险、基本医疗保险费用，以及法律、行政法规规定应当支付给职工的补偿金；

（二）破产人欠缴的除前项规定以外的社会保险费用和破产人所欠税款；

（三）普通破产债权。

破产财产不足以清偿同一顺序的清偿要求的，按照比例分配。

破产企业的董事、监事和高级管理人员的工资按照该企业职工的平均工资计算。

第一百三十三条　本法施行前国务院规定范围内企业破产的特别规定

在本法施行前国务院规定的期限和范围内的国有企业实施破产的特殊事宜，按照国务院有关规定办理。

● 司法解释及文件

《最高人民法院关于审理企业破产案件若干问题的规定》（2002 年 7 月 30 日）

第 28 条　企业由债权人申请破产的，如被申请破产的企业系国有企业，依照企业破产法第四章的规定，其上级主管部门可以申请对该企业进行整顿。整顿申请应当在债务人被宣告破产前提出。

企业无上级主管部门的，企业股东会议可以通过决议并以股东会议名义申请对企业进行整顿。整顿工作由股东会议指定人员负责。

第29条　企业整顿期间，企业的上级主管部门或者负责实施整顿方案的人员应当定期向债权人会议和人民法院报告整顿情况、和解协议执行情况。

第30条　企业整顿期间，对于债务人财产的执行仍适用企业破产法第十一条的规定。

第105条　纳入国家计划调整的企业破产案件，除适用本规定外，还应当适用国家有关企业破产的相关规定。

第一百三十四条	金融机构破产的特别规定

商业银行、证券公司、保险公司等金融机构有本法第二条规定情形的，国务院金融监督管理机构可以向人民法院提出对该金融机构进行重整或者破产清算的申请。国务院金融监督管理机构依法对出现重大经营风险的金融机构采取接管、托管等措施的，可以向人民法院申请中止以该金融机构为被告或者被执行人的民事诉讼程序或者执行程序。

金融机构实施破产的，国务院可以依据本法和其他有关法律的规定制定实施办法。

● 法　律

1.《证券法》（2019年12月28日）

第112条　证券交易所对证券交易实行实时监控，并按照国务院证券监督管理机构的要求，对异常的交易情况提出报告。

证券交易所根据需要，可以按照业务规则对出现重大异常交易情况的证券账户的投资者限制交易，并及时报告国务院证券监督管理机构。

2. 《**商业银行法**》（2015 年 8 月 29 日）

第 68 条　有下列情形之一的，接管终止：

（一）接管决定规定的期限届满或者国务院银行业监督管理机构决定的接管延期届满；

（二）接管期限届满前，该商业银行已恢复正常经营能力；

（三）接管期限届满前，该商业银行被合并或者被依法宣告破产。

3. 《**保险法**》（2015 年 4 月 24 日）

第 90 条　保险公司有《中华人民共和国企业破产法》第二条规定情形的，经国务院保险监督管理机构同意，保险公司或者其债权人可以依法向人民法院申请重整、和解或者破产清算；国务院保险监督管理机构也可以依法向人民法院申请对该保险公司进行重整或者破产清算。

第一百三十五条　企业法人以外组织破产的准用规定

其他法律规定企业法人以外的组织的清算，属于破产清算的，参照适用本法规定的程序。

第一百三十六条　施行日期

本法自 2007 年 6 月 1 日起施行，《中华人民共和国企业破产法（试行）》同时废止。

● 司法解释及文件

1. 《最高人民法院关于适用〈中华人民共和国企业破产法〉若干问题的规定（三）》（2020 年 12 月 29 日）

第 16 条　本规定自 2019 年 3 月 28 日起实施。

实施前本院发布的有关企业破产的司法解释，与本规定相抵触的，自本规定实施之日起不再适用。

2.《最高人民法院关于适用〈中华人民共和国企业破产法〉若干问题的规定（二）》（2020年12月29日）

第48条 本规定施行前本院发布的有关企业破产的司法解释，与本规定相抵触的，自本规定施行之日起不再适用。

附录一

关联规定

中华人民共和国民法典（节录）

（2020年5月28日第十三届全国人民代表大会第三次会议通过 2020年5月28日中华人民共和国主席令第45号公布 自2021年1月1日起施行）

……

第六十八条 有下列原因之一并依法完成清算、注销登记的，法人终止：

（一）法人解散；

（二）法人被宣告破产；

（三）法律规定的其他原因。

法人终止，法律、行政法规规定须经有关机关批准的，依照其规定。

第六十九条 有下列情形之一的，法人解散：

（一）法人章程规定的存续期间届满或者法人章程规定的其他解散事由出现；

（二）法人的权力机构决议解散；

（三）因法人合并或者分立需要解散；

（四）法人依法被吊销营业执照、登记证书，被责令关闭或者被撤销；

（五）法律规定的其他情形。

第七十条 法人解散的，除合并或者分立的情形外，清算义务人应当及时组成清算组进行清算。

法人的董事、理事等执行机构或者决策机构的成员为清算义务人。法律、行政法规另有规定的，依照其规定。

清算义务人未及时履行清算义务，造成损害的，应当承担民事责任；主管机关或者利害关系人可以申请人民法院指定有关人员组成清算组进行清算。

第七十一条 法人的清算程序和清算组职权,依照有关法律的规定;没有规定的,参照适用公司法律的有关规定。

第七十二条 清算期间法人存续,但是不得从事与清算无关的活动。

法人清算后的剩余财产,按照法人章程的规定或者法人权力机构的决议处理。法律另有规定的,依照其规定。

清算结束并完成法人注销登记时,法人终止;依法不需要办理法人登记的,清算结束时,法人终止。

第七十三条 法人被宣告破产的,依法进行破产清算并完成法人注销登记时,法人终止。

……

最高人民法院关于适用《中华人民共和国企业破产法》若干问题的规定(一)

(2011年8月29日最高人民法院审判委员会第1527次会议通过 2011年9月9日最高人民法院公告公布 自2011年9月26日起施行 法释〔2011〕22号)

为正确适用《中华人民共和国企业破产法》,结合审判实践,就人民法院依法受理企业破产案件适用法律问题作出如下规定。

第一条 债务人不能清偿到期债务并且具有下列情形之一的,人民法院应当认定其具备破产原因:

(一)资产不足以清偿全部债务;

(二)明显缺乏清偿能力。

相关当事人以对债务人的债务负有连带责任的人未丧失清偿能力为由,主张债务人不具备破产原因的,人民法院应不予支持。

第二条 下列情形同时存在的,人民法院应当认定债务人不能清偿到期债务:

(一)债权债务关系依法成立;

(二)债务履行期限已经届满;

(三)债务人未完全清偿债务。

第三条 债务人的资产负债表,或者审计报告、资产评估报告等显示其全部资产不足以偿付全部负债的,人民法院应当认定债务人资产不足以清偿全部债务,但有相反证据足以证明债务人资产能够偿付全部负债的除外。

第四条 债务人账面资产虽大于负债,但存在下列情形之一的,人民法院应当认定其明显缺乏清偿能力:

(一)因资金严重不足或者财产不能变现等原因,无法清偿债务;

(二)法定代表人下落不明且无其他人员负责管理财产,无法清偿债务;

(三)经人民法院强制执行,无法清偿债务;

(四)长期亏损且经营扭亏困难,无法清偿债务;

(五)导致债务人丧失清偿能力的其他情形。

第五条 企业法人已解散但未清算或者未在合理期限内清算完毕,债权人申请债务人破产清算的,除债务人在法定异议期限内举证证明其未出现破产原因外,人民法院应当受理。

第六条 债权人申请债务人破产的,应当提交债务人不能清偿到期债务的有关证据。债务人对债权人的申请未在法定期限内向人民法院提出异议,或者异议不成立的,人民法院应当依法裁定受理破产申请。

受理破产申请后,人民法院应当责令债务人依法提交其财产状况说明、债务清册、债权清册、财务会计报告等有关材料,债务人拒不提交的,人民法院可以对债务人的直接责任人员采取罚款等强制措施。

第七条 人民法院收到破产申请时,应当向申请人出具收到申请及所附证据的书面凭证。

人民法院收到破产申请后应当及时对申请人的主体资格、债务人的主体资格和破产原因,以及有关材料和证据等进行审查,并依据企业破产法第十条的规定作出是否受理的裁定。

人民法院认为申请人应当补充、补正相关材料的,应当自收到破产申请之日起五日内告知申请人。当事人补充、补正相关材料的期间不计入企业破产法第十条规定的期限。

第八条 破产案件的诉讼费用,应根据企业破产法第四十三条的规定,从债务人财产中拨付。相关当事人以申请人未预先交纳诉讼费用为由,对破产申请提出异议的,人民法院不予支持。

第九条 申请人向人民法院提出破产申请,人民法院未接收其申请,或者未按本规定第七条执行的，申请人可以向上一级人民法院提出破产申请。

上一级人民法院接到破产申请后，应当责令下级法院依法审查并及时作出是否受理的裁定；下级法院仍不作出是否受理裁定的，上一级人民法院可以径行作出裁定。

上一级人民法院裁定受理破产申请的，可以同时指令下级人民法院审理该案件。

最高人民法院关于适用《中华人民共和国企业破产法》若干问题的规定（二）

（2013年7月29日最高人民法院审判委员会第1586次会议通过 根据2020年12月23日最高人民法院审判委员会第1823次会议通过的《最高人民法院关于修改〈最高人民法院关于破产企业国有划拨土地使用权应否列入破产财产等问题的批复〉等二十九件商事类司法解释的决定》修正 2020年12月29日最高人民法院公告公布 自2021年1月1日起施行 法释〔2020〕18号）

根据《中华人民共和国民法典》《中华人民共和国企业破产法》等相关法律，结合审判实践，就人民法院审理企业破产案件中认定债务人财产相关的法律适用问题，制定本规定。

第一条 除债务人所有的货币、实物外，债务人依法享有的可以用货币估价并可以依法转让的债权、股权、知识产权、用益物权等财产和财产权益，人民法院均应认定为债务人财产。

第二条 下列财产不应认定为债务人财产：

（一）债务人基于仓储、保管、承揽、代销、借用、寄存、租赁等合同或者其他法律关系占有、使用的他人财产；

（二）债务人在所有权保留买卖中尚未取得所有权的财产；

（三）所有权专属于国家且不得转让的财产；

（四）其他依照法律、行政法规不属于债务人的财产。

第三条 债务人已依法设定担保物权的特定财产，人民法院应当认定为债务人财产。

对债务人的特定财产在担保物权消灭或者实现担保物权后的剩余部分，在破产程序中可用以清偿破产费用、共益债务和其他破产债权。

第四条 债务人对按份享有所有权的共有财产的相关份额，或者共同享有所有权的共有财产的相应财产权利，以及依法分割共有财产所得部分，人民法院均应认定为债务人财产。

人民法院宣告债务人破产清算，属于共有财产分割的法定事由。人民法院裁定债务人重整或者和解的，共有财产的分割应当依据民法典第三百零三条的规定进行；基于重整或者和解的需要必须分割共有财产，管理人请求分割的，人民法院应予准许。

因分割共有财产导致其他共有人损害产生的债务，其他共有人请求作为共益债务清偿的，人民法院应予支持。

第五条 破产申请受理后，有关债务人财产的执行程序未依照企业破产法第十九条的规定中止的，采取执行措施的相关单位应当依法予以纠正。依法执行回转的财产，人民法院应当认定为债务人财产。

第六条 破产申请受理后，对于可能因有关利益相关人的行为或者其他原因，影响破产程序依法进行的，受理破产申请的人民法院可以根据管理人的申请或者依职权，对债务人的全部或者部分财产采取保全措施。

第七条 对债务人财产已采取保全措施的相关单位，在知悉人民法院已裁定受理有关债务人的破产申请后，应当依照企业破产法第十九条的规定及时解除对债务人财产的保全措施。

第八条 人民法院受理破产申请后至破产宣告前裁定驳回破产申请，或者依据企业破产法第一百零八条的规定裁定终结破产程序的，应当及时通知原已采取保全措施并已依法解除保全措施的单位按照原保全顺位恢复相关保全措施。

在已依法解除保全的单位恢复保全措施或者表示不再恢复之前，受理破产申请的人民法院不得解除对债务人财产的保全措施。

第九条 管理人依据企业破产法第三十一条和第三十二条的规定提起诉讼，请求撤销涉及债务人财产的相关行为并由相对人返还债务人财产的，人民法院应予支持。

管理人因过错未依法行使撤销权导致债务人财产不当减损，债权人提起诉讼主张管理人对其损失承担相应赔偿责任的,人民法院应予支持。

第十条 债务人经过行政清理程序转入破产程序的,企业破产法第三十一条和第三十二条规定的可撤销行为的起算点,为行政监管机构作出撤销决定之日。

债务人经过强制清算程序转入破产程序的,企业破产法第三十一条和第三十二条规定的可撤销行为的起算点,为人民法院裁定受理强制清算申请之日。

第十一条 人民法院根据管理人的请求撤销涉及债务人财产的以明显不合理价格进行的交易的,买卖双方应当依法返还从对方获取的财产或者价款。

因撤销该交易,对于债务人应返还受让人已支付价款所产生的债务,受让人请求作为共益债务清偿的,人民法院应予支持。

第十二条 破产申请受理前一年内债务人提前清偿的未到期债务,在破产申请受理前已经到期,管理人请求撤销该清偿行为的,人民法院不予支持。但是,该清偿行为发生在破产申请受理前六个月内且债务人有企业破产法第二条第一款规定情形的除外。

第十三条 破产申请受理后,管理人未依据企业破产法第三十一条的规定请求撤销债务人无偿转让财产、以明显不合理价格交易、放弃债权行为的,债权人依据民法典第五百三十八条、第五百三十九条等规定提起诉讼,请求撤销债务人上述行为并将因此追回的财产归入债务人财产的,人民法院应予受理。

相对人以债权人行使撤销权的范围超出债权人的债权抗辩的,人民法院不予支持。

第十四条 债务人对以自有财产设定担保物权的债权进行的个别清偿,管理人依据企业破产法第三十二条的规定请求撤销的,人民法院不予支持。但是,债务清偿时担保财产的价值低于债权额的除外。

第十五条 债务人经诉讼、仲裁、执行程序对债权人进行的个别清偿,管理人依据企业破产法第三十二条的规定请求撤销的,人民法院不予支持。但是,债务人与债权人恶意串通损害其他债权人利益的除外。

第十六条 债务人对债权人进行的以下个别清偿,管理人依据企业破产法第三十二条的规定请求撤销的,人民法院不予支持:

(一)债务人为维系基本生产需要而支付水费、电费等的;

（二）债务人支付劳动报酬、人身损害赔偿金的；

（三）使债务人财产受益的其他个别清偿。

第十七条 管理人依据企业破产法第三十三条的规定提起诉讼，主张被隐匿、转移财产的实际占有人返还债务人财产，或者主张债务人虚构债务或者承认不真实债务的行为无效并返还债务人财产的，人民法院应予支持。

第十八条 管理人代表债务人依据企业破产法第一百二十八条的规定，以债务人的法定代表人和其他直接责任人员对所涉债务人财产的相关行为存在故意或者重大过失，造成债务人财产损失为由提起诉讼，主张上述责任人员承担相应赔偿责任的，人民法院应予支持。

第十九条 债务人对外享有债权的诉讼时效，自人民法院受理破产申请之日起中断。

债务人无正当理由未对其到期债权及时行使权利，导致其对外债权在破产申请受理前一年内超过诉讼时效期间的，人民法院受理破产申请之日起重新计算上述债权的诉讼时效期间。

第二十条 管理人代表债务人提起诉讼，主张出资人向债务人依法缴付未履行的出资或者返还抽逃的出资本息，出资人以认缴出资尚未届至公司章程规定的缴纳期限或者违反出资义务已经超过诉讼时效为由抗辩的，人民法院不予支持。

管理人依据公司法的相关规定代表债务人提起诉讼，主张公司的发起人和负有监督股东履行出资义务的董事、高级管理人员，或者协助抽逃出资的其他股东、董事、高级管理人员、实际控制人等，对股东违反出资义务或者抽逃出资承担相应责任，并将财产归入债务人财产的，人民法院应予支持。

第二十一条 破产申请受理前，债权人就债务人财产提起下列诉讼，破产申请受理时案件尚未审结的，人民法院应当中止审理：

（一）主张次债务人代替债务人直接向其偿还债务的；

（二）主张债务人的出资人、发起人和负有监督股东履行出资义务的董事、高级管理人员，或者协助抽逃出资的其他股东、董事、高级管理人员、实际控制人等直接向其承担出资不实或者抽逃出资责任的；

（三）以债务人的股东与债务人法人人格严重混同为由，主张债务人的股东直接向其偿还债务人对其所负债务的；

（四）其他就债务人财产提起的个别清偿诉讼。

债务人破产宣告后，人民法院应当依照企业破产法第四十四条的规定判决驳回债权人的诉讼请求。但是，债权人一审中变更其诉讼请求为追收的相关财产归入债务人财产的除外。

债务人破产宣告前，人民法院依据企业破产法第十二条或者第一百零八条的规定裁定驳回破产申请或者终结破产程序的，上述中止审理的案件应当依法恢复审理。

第二十二条 破产申请受理前，债权人就债务人财产向人民法院提起本规定第二十一条第一款所列诉讼，人民法院已经作出生效民事判决书或者调解书但尚未执行完毕的，破产申请受理后，相关执行行为应当依据企业破产法第十九条的规定中止，债权人应当依法向管理人申报相关债权。

第二十三条 破产申请受理后，债权人就债务人财产向人民法院提起本规定第二十一条第一款所列诉讼的，人民法院不予受理。

债权人通过债权人会议或者债权人委员会，要求管理人依法向次债务人、债务人的出资人等追收债务人财产，管理人无正当理由拒绝追收，债权人会议依据企业破产法第二十二条的规定，申请人民法院更换管理人的，人民法院应予支持。

管理人不予追收，个别债权人代表全体债权人提起相关诉讼，主张次债务人或者债务人的出资人等向债务人清偿或者返还债务人财产，或者依法申请合并破产的，人民法院应予受理。

第二十四条 债务人有企业破产法第二条第一款规定的情形时，债务人的董事、监事和高级管理人员利用职权获取的以下收入，人民法院应当认定为企业破产法第三十六条规定的非正常收入：

（一）绩效奖金；

（二）普遍拖欠职工工资情况下获取的工资性收入；

（三）其他非正常收入。

债务人的董事、监事和高级管理人员拒不向管理人返还上述债务人财产，管理人主张上述人员予以返还的，人民法院应予支持。

债务人的董事、监事和高级管理人员因返还第一款第（一）项、第（三）项非正常收入形成的债权，可以作为普通破产债权清偿。因返还第一款第（二）项非正常收入形成的债权，依据企业破产法第一百一十三条第三款的规定，按照该企业职工平均工资计算的部分作为拖欠职工工资清偿；高出该企业职工平均工资计算的部分，可以作为普通破产债权清偿。

第二十五条 管理人拟通过清偿债务或者提供担保取回质物、留置物，或者与质权人、留置权人协议以质物、留置物折价清偿债务等方式，进行对债权人利益有重大影响的财产处分行为的，应当及时报告债权人委员会。未设立债权人委员会的，管理人应当及时报告人民法院。

第二十六条 权利人依据企业破产法第三十八条的规定行使取回权，应当在破产财产变价方案或者和解协议、重整计划草案提交债权人会议表决前向管理人提出。权利人在上述期限后主张取回相关财产的，应当承担延迟行使取回权增加的相关费用。

第二十七条 权利人依据企业破产法第三十八条的规定向管理人主张取回相关财产，管理人不予认可，权利人以债务人为被告向人民法院提起诉讼请求行使取回权的，人民法院应予受理。

权利人依据人民法院或者仲裁机关的相关生效法律文书向管理人主张取回所涉争议财产，管理人以生效法律文书错误为由拒绝其行使取回权的，人民法院不予支持。

第二十八条 权利人行使取回权时未依法向管理人支付相关的加工费、保管费、托运费、委托费、代销费等费用，管理人拒绝其取回相关财产的，人民法院应予支持。

第二十九条 对债务人占有的权属不清的鲜活易腐等不易保管的财产或者不及时变现价值将严重贬损的财产，管理人及时变价并提存变价款后，有关权利人就该变价款行使取回权的，人民法院应予支持。

第三十条 债务人占有的他人财产被违法转让给第三人，依据民法典第三百一十一条的规定第三人已善意取得财产所有权，原权利人无法取回该财产的，人民法院应当按照以下规定处理：

（一）转让行为发生在破产申请受理前的，原权利人因财产损失形成的债权，作为普通破产债权清偿；

（二）转让行为发生在破产申请受理后的，因管理人或者相关人员执行职务导致原权利人损害产生的债务，作为共益债务清偿。

第三十一条 债务人占有的他人财产被违法转让给第三人，第三人已向债务人支付了转让价款，但依据民法典第三百一十一条的规定未取

得财产所有权,原权利人依法追回转让财产的,对因第三人已支付对价而产生的债务,人民法院应当按照以下规定处理:

(一)转让行为发生在破产申请受理前的,作为普通破产债权清偿;

(二)转让行为发生在破产申请受理后的,作为共益债务清偿。

第三十二条 债务人占有的他人财产毁损、灭失,因此获得的保险金、赔偿金、代偿物尚未交付给债务人,或者代偿物虽已交付给债务人但能与债务人财产予以区分的,权利人主张取回就此获得的保险金、赔偿金、代偿物的,人民法院应予支持。

保险金、赔偿金已经交付给债务人,或者代偿物已经交付给债务人且不能与债务人财产予以区分的,人民法院应当按照以下规定处理:

(一)财产毁损、灭失发生在破产申请受理前的,权利人因财产损失形成的债权,作为普通破产债权清偿;

(二)财产毁损、灭失发生在破产申请受理后的,因管理人或者相关人员执行职务导致权利人损害产生的债务,作为共益债务清偿。

债务人占有的他人财产毁损、灭失,没有获得相应的保险金、赔偿金、代偿物,或者保险金、赔偿物、代偿物不足以弥补其损失的部分,人民法院应当按照本条第二款的规定处理。

第三十三条 管理人或者相关人员在执行职务过程中,因故意或者重大过失不当转让他人财产或者造成他人财产毁损、灭失,导致他人损害产生的债务作为共益债务,由债务人财产随时清偿不足弥补损失,权利人向管理人或者相关人员主张承担补充赔偿责任的,人民法院应予支持。

上述债务作为共益债务由债务人财产随时清偿后,债权人以管理人或者相关人员执行职务不当导致债务人财产减少给其造成损失为由提起诉讼,主张管理人或者相关人员承担相应赔偿责任的,人民法院应予支持。

第三十四条 买卖合同双方当事人在合同中约定标的物所有权保留,在标的物所有权未依法转移给买受人前,一方当事人破产的,该买卖合同属于双方均未履行完毕的合同,管理人有权依据企业破产法第十八条的规定决定解除或者继续履行合同。

第三十五条 出卖人破产,其管理人决定继续履行所有权保留买卖合同的,买受人应当按照原买卖合同的约定支付价款或者履行其他义务。

买受人未依约支付价款或者履行完毕其他义务，或者将标的物出卖、出质或者作出其他不当处分，给出卖人造成损害，出卖人管理人依法主张取回标的物的，人民法院应予支持。但是，买受人已经支付标的物总价款百分之七十五以上或者第三人善意取得标的物所有权或者其他物权的除外。

因本条第二款规定未能取回标的物，出卖人管理人依法主张买受人继续支付价款、履行完毕其他义务，以及承担相应赔偿责任的，人民法院应予支持。

第三十六条 出卖人破产，其管理人决定解除所有权保留买卖合同，并依据企业破产法第十七条的规定要求买受人向其交付买卖标的物的，人民法院应予支持。

买受人以其不存在未依约支付价款或者履行完毕其他义务，或者将标的物出卖、出质或者作出其他不当处分情形抗辩的，人民法院不予支持。

买受人依法履行合同义务并依据本条第一款将买卖标的物交付出卖人管理人后，买受人已支付价款损失形成的债权作为共益债务清偿。但是，买受人违反合同约定，出卖人管理人主张上述债权作为普通破产债权清偿的，人民法院应予支持。

第三十七条 买受人破产，其管理人决定继续履行所有权保留买卖合同的，原买卖合同中约定的买受人支付价款或者履行其他义务的期限在破产申请受理时视为到期，买受人管理人应当及时向出卖人支付价款或者履行其他义务。

买受人管理人无正当理由未及时支付价款或者履行完毕其他义务，或者将标的物出卖、出质或者作出其他不当处分，给出卖人造成损害，出卖人依据民法典第六百四十一条等规定主张取回标的物的，人民法院应予支持。但是，买受人已支付标的物总价款百分之七十五以上或者第三人善意取得标的物所有权或者其他物权的除外。

因本条第二款规定未能取回标的物，出卖人依法主张买受人继续支付价款、履行完毕其他义务，以及承担相应赔偿责任的，人民法院应予支持。对因买受人未支付价款或者未履行完毕其他义务，以及买受人管理人将标的物出卖、出质或者作出其他不当处分导致出卖人损害产生的债务，出卖人主张作为共益债务清偿的，人民法院应予支持。

第三十八条　买受人破产，其管理人决定解除所有权保留买卖合同，出卖人依据企业破产法第三十八条的规定主张取回买卖标的物的，人民法院应予支持。

出卖人取回买卖标的物，买受人管理人主张出卖人返还已支付价款的，人民法院应予支持。取回的标的物价值明显减少给出卖人造成损失的，出卖人可从买受人已支付价款中优先予以抵扣后，将剩余部分返还给买受人；对买受人已支付价款不足以弥补出卖人标的物价值减损损失形成的债权，出卖人主张作为共益债务清偿的，人民法院应予支持。

第三十九条　出卖人依据企业破产法第三十九条的规定，通过通知承运人或者实际占有人中止运输、返还货物、变更到达地，或者将货物交给其他收货人等方式，对在运途中标的物主张了取回权但未能实现，或者在货物未达管理人前已向管理人主张取回在运途中标的物，在买卖标的物到达管理人后，出卖人向管理人主张取回的，管理人应予准许。

出卖人对在运途中标的物未及时行使取回权，在买卖标的物到达管理人后向管理人行使在运途中标的物取回权的，管理人不应准许。

第四十条　债务人重整期间，权利人要求取回债务人合法占有的权利人的财产，不符合双方事先约定条件的，人民法院不予支持。但是，因管理人或者自行管理的债务人违反约定，可能导致取回物被转让、毁损、灭失或者价值明显减少的除外。

第四十一条　债权人依据企业破产法第四十条的规定行使抵销权，应当向管理人提出抵销主张。

管理人不得主动抵销债务人与债权人的互负债务，但抵销使债务人财产受益的除外。

第四十二条　管理人收到债权人提出的主张债务抵销的通知后，经审查无异议的，抵销自管理人收到通知之日起生效。

管理人对抵销主张有异议的，应当在约定的异议期限内或者自收到主张债务抵销的通知之日起三个月内向人民法院提起诉讼。无正当理由逾期提起的，人民法院不予支持。

人民法院判决驳回管理人提起的抵销无效诉讼请求的，该抵销自管理人收到主张债务抵销的通知之日起生效。

第四十三条　债权人主张抵销，管理人以下列理由提出异议的，人民法院不予支持：

（一）破产申请受理时，债务人对债权人负有的债务尚未到期；

（二）破产申请受理时，债权人对债务人负有的债务尚未到期；

（三）双方互负债务标的物种类、品质不同。

第四十四条 破产申请受理前六个月内，债务人有企业破产法第二条第一款规定的情形，债务人与个别债权人以抵销方式对个别债权人清偿，其抵销的债权债务属于企业破产法第四十条第（二）、（三）项规定的情形之一，管理人在破产申请受理之日起三个月内向人民法院提起诉讼，主张该抵销无效的，人民法院应予支持。

第四十五条 企业破产法第四十条所列不得抵销情形的债权人，主张以其对债务人特定财产享有优先受偿权的债权，与债务人对其不享有优先受偿权的债权抵销，债务人管理人以抵销存在企业破产法第四十条规定的情形提出异议的，人民法院不予支持。但是，用以抵销的债权大于债权人享有优先受偿权财产价值的除外。

第四十六条 债务人的股东主张以下列债务与债务人对其负有的债务抵销，债务人管理人提出异议的，人民法院应予支持：

（一）债务人股东因欠缴债务人的出资或者抽逃出资对债务人所负的债务；

（二）债务人股东滥用股东权利或者关联关系损害公司利益对债务人所负的债务。

第四十七条 人民法院受理破产申请后，当事人提起的有关债务人的民事诉讼案件，应当依据企业破产法第二十一条的规定，由受理破产申请的人民法院管辖。

受理破产申请的人民法院管辖的有关债务人的第一审民事案件，可以依据民事诉讼法第三十八条的规定，由上级人民法院提审，或者报请上级人民法院批准后交下级人民法院审理。

受理破产申请的人民法院，如对有关债务人的海事纠纷、专利纠纷、证券市场因虚假陈述引发的民事赔偿纠纷等案件不能行使管辖权的，可以依据民事诉讼法第三十七条的规定，由上级人民法院指定管辖。

第四十八条 本规定施行前本院发布的有关企业破产的司法解释，与本规定相抵触的，自本规定施行之日起不再适用。

最高人民法院关于适用《中华人民共和国企业破产法》若干问题的规定（三）

（2019年2月25日最高人民法院审判委员会第1762次会议通过 根据2020年12月23日最高人民法院审判委员会第1823次会议通过的《最高人民法院关于修改〈最高人民法院关于破产企业国有划拨土地使用权应否列入破产财产等问题的批复〉等二十九件商事类司法解释的决定》修正 2020年12月29日最高人民法院公告公布 自2021年1月1日起施行 法释〔2020〕18号）

为正确适用《中华人民共和国企业破产法》，结合审判实践，就人民法院审理企业破产案件中有关债权人权利行使等相关法律适用问题，制定本规定。

第一条 人民法院裁定受理破产申请的，此前债务人尚未支付的公司强制清算费用、未终结的执行程序中产生的评估费、公告费、保管费等执行费用，可以参照企业破产法关于破产费用的规定，由债务人财产随时清偿。

此前债务人尚未支付的案件受理费、执行申请费，可以作为破产债权清偿。

第二条 破产申请受理后，经债权人会议决议通过，或者第一次债权人会议召开前经人民法院许可，管理人或者自行管理的债务人可以为债务人继续营业而借款。提供借款的债权人主张参照企业破产法第四十二条第四项的规定优先于普通破产债权清偿的，人民法院应予支持，但其主张优先于此前已就债务人特定财产享有担保的债权清偿的，人民法院不予支持。

管理人或者自行管理的债务人可以为前述借款设定抵押担保，抵押物在破产申请受理前已为其他债权人设定抵押的，债权人主张按照民法典第四百一十四条规定的顺序清偿，人民法院应予支持。

第三条 破产申请受理后，债务人欠缴款项产生的滞纳金，包括债务人未履行生效法律文书应当加倍支付的迟延利息和劳动保险金的滞纳金，债权人作为破产债权申报的，人民法院不予确认。

第四条 保证人被裁定进入破产程序的，债权人有权申报其对保证人的保证债权。

主债务未到期的，保证债权在保证人破产申请受理时视为到期。一般保证的保证人主张行使先诉抗辩权的，人民法院不予支持，但债权人在一般保证人破产程序中的分配额应予提存，待一般保证人应承担的保证责任确定后再按照破产清偿比例予以分配。

保证人被确定应当承担保证责任的，保证人的管理人可以就保证人实际承担的清偿额向主债务人或其他债务人行使求偿权。

第五条 债务人、保证人均被裁定进入破产程序的，债权人有权向债务人、保证人分别申报债权。

债权人向债务人、保证人均申报全部债权的，从一方破产程序中获得清偿后，其对另一方的债权额不作调整，但债权人的受偿额不得超出其债权总额。保证人履行保证责任后不再享有求偿权。

第六条 管理人应当依照企业破产法第五十七条的规定对所申报的债权进行登记造册，详尽记载申报人的姓名、单位、代理人、申报债权额、担保情况、证据、联系方式等事项，形成债权申报登记册。

管理人应当依照企业破产法第五十七条的规定对债权的性质、数额、担保财产、是否超过诉讼时效期间、是否超过强制执行期间等情况进行审查、编制债权表并提交债权人会议核查。

债权表、债权申报登记册及债权申报材料在破产期间由管理人保管，债权人、债务人、债务人职工及其他利害关系人有权查阅。

第七条 已经生效法律文书确定的债权，管理人应当予以确认。

管理人认为债权人据以申报债权的生效法律文书确定的债权错误，或者有证据证明债权人与债务人恶意通过诉讼、仲裁或者公证机关赋予强制执行力公证文书的形式虚构债权债务的，应当依法通过审判监督程序向作出该判决、裁定、调解书的人民法院或者上一级人民法院申请撤销生效法律文书，或者向受理破产申请的人民法院申请撤销或者不予执行仲裁裁决、不予执行公证债权文书后，重新确定债权。

第八条 债务人、债权人对债权表记载的债权有异议的，应当说明理由和法律依据。经管理人解释或调整后，异议人仍然不服，或者管理人不予解释或调整的，异议人应当在债权人会议核查结束后十五日内向人民法院提起债权确认的诉讼。当事人之间在破产申请受理前订立有仲裁条款或仲裁协议的，应当向选定的仲裁机构申请确认债权债务关系。

第九条 债务人对债权表记载的债权有异议向人民法院提起诉讼的，应将被异议债权人列为被告。债权人对债权表记载的他人债权有异议的，应将被异议债权人列为被告；债权人对债权表记载的本人债权有异议的，应将债务人列为被告。

对同一笔债权存在多个异议人，其他异议人申请参加诉讼的，应当列为共同原告。

第十条 单个债权人有权查阅债务人财产状况报告、债权人会议决议、债权人委员会决议、管理人监督报告等参与破产程序所必需的债务人财务和经营信息资料。管理人无正当理由不予提供的，债权人可以请求人民法院作出决定；人民法院应当在五日内作出决定。

上述信息资料涉及商业秘密的，债权人应当依法承担保密义务或者签署保密协议；涉及国家秘密的应当依照相关法律规定处理。

第十一条 债权人会议的决议除现场表决外，可以由管理人事先将相关决议事项告知债权人，采取通信、网络投票等非现场方式进行表决。采取非现场方式进行表决的，管理人应当在债权人会议召开后的三日内，以信函、电子邮件、公告等方式将表决结果告知参与表决的债权人。

根据企业破产法第八十二条规定，对重整计划草案进行分组表决时，权益因重整计划草案受到调整或者影响的债权人或者股东，有权参加表决；权益未受到调整或者影响的债权人或者股东，参照企业破产法第八十三条的规定，不参加重整计划草案的表决。

第十二条 债权人会议的决议具有以下情形之一，损害债权人利益，债权人申请撤销的，人民法院应予支持：

（一）债权人会议的召开违反法定程序；

（二）债权人会议的表决违反法定程序；

（三）债权人会议的决议内容违法；

（四）债权人会议的决议超出债权人会议的职权范围。

人民法院可以裁定撤销全部或者部分事项决议，责令债权人会议依法重新作出决议。

债权人申请撤销债权人会议决议的，应当提出书面申请。债权人会议采取通信、网络投票等非现场方式进行表决的，债权人申请撤销的期限自债权人收到通知之日起算。

第十三条 债权人会议可以依照企业破产法第六十八条第一款第四项的规定，委托债权人委员会行使企业破产法第六十一条第一款第二、三、五项规定的债权人会议职权。债权人会议不得作出概括性授权，委托其行使债权人会议所有职权。

第十四条 债权人委员会决定所议事项应获得全体成员过半数通过，并作成议事记录。债权人委员会成员对所议事项的决议有不同意见的，应当在记录中载明。

债权人委员会行使职权应当接受债权人会议的监督，以适当的方式向债权人会议及时汇报工作，并接受人民法院的指导。

第十五条 管理人处分企业破产法第六十九条规定的债务人重大财产的，应当事先制作财产管理或者变价方案并提交债权人会议进行表决，债权人会议表决未通过的，管理人不得处分。

管理人实施处分前，应当根据企业破产法第六十九条的规定，提前十日书面报告债权人委员会或者人民法院。债权人委员会可以依照企业破产法第六十八条第二款的规定，要求管理人对处分行为作出相应说明或者提供有关文件依据。

债权人委员会认为管理人实施的处分行为不符合债权人会议通过的财产管理或变价方案的，有权要求管理人纠正。管理人拒绝纠正的，债权人委员会可以请求人民法院作出决定。

人民法院认为管理人实施的处分行为不符合债权人会议通过的财产管理或变价方案的，应当责令管理人停止处分行为。管理人应当予以纠正，或者提交债权人会议重新表决通过后实施。

第十六条 本规定自2019年3月28日起实施。

实施前本院发布的有关企业破产的司法解释，与本规定相抵触的，自本规定实施之日起不再适用。

最高人民法院关于审理
企业破产案件若干问题的规定

(2002年7月18日最高人民法院审判委员会第1232次会议通过 2002年7月30日最高人民法院公告公布 自2002年9月1日起施行 法释〔2002〕23号)

为正确适用《中华人民共和国企业破产法(试行)》(以下简称企业破产法)、《中华人民共和国民事诉讼法》(以下简称民事诉讼法),规范对企业破产案件的审理,结合人民法院审理企业破产案件的实际情况,特制定以下规定。

一、关于企业破产案件管辖

第一条 企业破产案件由债务人住所地人民法院管辖。债务人住所地指债务人的主要办事机构所在地。债务人无办事机构的,由其注册地人民法院管辖。

第二条 基层人民法院一般管辖县、县级市或者区的工商行政管理机关核准登记企业的破产案件;

中级人民法院一般管辖地区、地级市(含本级)以上的工商行政管理机关核准登记企业的破产案件;

纳入国家计划调整的企业破产案件,由中级人民法院管辖。

第三条 上级人民法院审理下级人民法院管辖的企业破产案件,或者将本院管辖的企业破产案件移交下级人民法院审理,以及下级人民法院需要将自己管辖的企业破产案件交由上级人民法院审理的,依照民事诉讼法第三十九条的规定办理;省、自治区、直辖市范围内因特殊情况需对个别企业破产案件的地域管辖作调整的,须经共同上级人民法院批准。

二、关于破产申请与受理

第四条 申请(被申请)破产的债务人应当具备法人资格,不具备法人资格的企业、个体工商户、合伙组织、农村承包经营户不具备破产主体资格。

第五条 国有企业向人民法院申请破产时，应当提交其上级主管部门同意其破产的文件；其他企业应当提供其开办人或者股东会议决定企业破产的文件。

第六条 债务人申请破产，应当向人民法院提交下列材料：

（一）书面破产申请；

（二）企业主体资格证明；

（三）企业法定代表人与主要负责人名单；

（四）企业职工情况和安置预案；

（五）企业亏损情况的书面说明，并附审计报告；

（六）企业至破产申请日的资产状况明细表，包括有形资产、无形资产和企业投资情况等；

（七）企业在金融机构开设账户的详细情况，包括开户审批材料、账号、资金等；

（八）企业债权情况表，列明企业的债务人名称、住所、债务数额、发生时间和催讨偿还情况；

（九）企业债务情况表，列明企业的债权人名称、住所、债权数额、发生时间；

（十）企业涉及的担保情况；

（十一）企业已发生的诉讼情况；

（十二）人民法院认为应当提交的其他材料。

第七条 债权人申请债务人破产，应当向人民法院提交下列材料：

（一）债权发生的事实与证据；

（二）债权性质、数额、有无担保，并附证据；

（三）债务人不能清偿到期债务的证据。

第八条 债权人申请债务人破产，人民法院可以通知债务人核对以下情况：

（一）债权的真实性；

（二）债权在债务人不能偿还的到期债务中所占的比例；

（三）债务人是否存在不能清偿到期债务的情况。

第九条 债权人申请债务人破产，债务人对债权人的债权提出异议，人民法院认为异议成立的，应当告知债权人先行提起民事诉讼。破产申请不予受理。

第十条 人民法院收到破产申请后,应当在7日内决定是否立案;破产申请人提交的材料需要更正、补充的,人民法院可以责令申请人限期更正、补充。按期更正、补充材料的,人民法院自收到更正补充材料之日起7日内决定是否立案;未按期更正、补充的,视为撤回申请。

人民法院决定受理企业破产案件的,应当制作案件受理通知书,并送达申请人和债务人。通知书作出时间为破产案件受理时间。

第十一条 在人民法院决定受理企业破产案件前,破产申请人可以请求撤回破产申请。

人民法院准许申请人撤回破产申请的,在撤回破产申请之前已经支出的费用由破产申请人承担。

第十二条 人民法院经审查发现有下列情况的,破产申请不予受理:

(一)债务人有隐匿、转移财产等行为,为了逃避债务而申请破产的;

(二)债权人借破产申请毁损债务人商业信誉,意图损害公平竞争的。

第十三条 人民法院对破产申请不予受理的,应当作出裁定。

破产申请人对不予受理破产申请的裁定不服的,可以在裁定送达之日起10日内向上一级人民法院提起上诉。

第十四条 人民法院受理企业破产案件后,发现不符合法律规定的受理条件或者有本规定第十二条所列情形的,应当裁定驳回破产申请。

人民法院受理债务人的破产申请后,发现债务人巨额财产下落不明且不能合理解释财产去向的,应当裁定驳回破产申请。

破产申请人对驳回破产申请的裁定不服的,可以在裁定送达之日起10日内向上一级人民法院提起上诉。

第十五条 人民法院决定受理企业破产案件后,应当组成合议庭,并在10日内完成下列工作:

(一)将合议庭组成人员情况书面通知破产申请人和被申请人,并在法院公告栏张贴企业破产受理公告。公告内容应当写明:破产申请受理时间、债务人名称、申报债权的期限、地点和逾期未申报债权的法律后果、第一次债权人会议召开的日期、地点;

(二)在债务人企业发布公告,要求保护好企业财产,不得擅自处理企业的账册、文书、资料、印章,不得隐匿、私分、转让、出售企业财产；

（三）通知债务人立即停止清偿债务，非经人民法院许可不得支付任何费用；

（四）通知债务人的开户银行停止债务人的结算活动，并不得扣划债务人款项抵扣债务。但经人民法院依法许可的除外。

第十六条　人民法院受理债权人提出的企业破产案件后，应当通知债务人在15日内向人民法院提交有关会计报表、债权债务清册、企业资产清册以及人民法院认为应当提交的资料。

第十七条　人民法院受理企业破产案件后，除应当按照企业破产法第九条的规定通知已知的债权人外，还应当于30日内在国家、地方有影响的报纸上刊登公告，公告内容同第十五条第（一）项的规定。

第十八条　人民法院受理企业破产案件后，除可以随即进行破产宣告成立清算组的外，在企业原管理组织不能正常履行管理职责的情况下，可以成立企业监管组。企业监管组成员从企业上级主管部门或者股东会议代表、企业原管理人员、主要债权人中产生，也可以聘请会计师、律师等中介机构参加。企业监管组主要负责处理以下事务：

（一）清点、保管企业财产；

（二）核查企业债权；

（三）为企业利益而进行的必要的经营活动；

（四）支付人民法院许可的必要支出；

（五）人民法院许可的其他工作。

企业监管组向人民法院负责，接受人民法院的指导、监督。

第十九条　人民法院受理企业破产案件后，以债务人为原告的其他民事纠纷案件尚在一审程序的，受诉人民法院应当将案件移送受理破产案件的人民法院；案件已进行到二审程序的，受诉人民法院应当继续审理。

第二十条　人民法院受理企业破产案件后，对债务人财产的其他民事执行程序应当中止。

以债务人为被告的其他债务纠纷案件，根据下列不同情况分别处理：

（一）已经审结但未执行完毕的，应当中止执行，由债权人凭生效的法律文书向受理破产案件的人民法院申报债权。

（二）尚未审结且无其他被告和无独立请求权的第三人的，应当中止诉讼，由债权人向受理破产案件的人民法院申报债权。在企业被宣告破产后，终结诉讼。

（三）尚未审结并有其他被告或者无独立请求权的第三人的，应当中止诉讼，由债权人向受理破产案件的人民法院申报债权。待破产程序终结后，恢复审理。

（四）债务人系从债务人的债务纠纷案件继续审理。

三、关于债权申报

第二十一条　债权人申报债权应当提交债权证明和合法有效的身份证明；代理申报人应当提交委托人的有效身份证明、授权委托书和债权证明。

申报的债权有财产担保的，应当提交证明财产担保的证据。

第二十二条　人民法院在登记申报的债权时，应当记明债权人名称、住所、开户银行、申报债权数额、申报债权的证据、财产担保情况、申报时间、联系方式以及其他必要的情况。

已经成立清算组的，由清算组进行上述债权登记工作。

第二十三条　连带债务人之一或者数人破产的，债权人可就全部债权向该债务人或者各债务人行使权利，申报债权。债权人未申报债权的，其他连带债务人可就将来可能承担的债务申报债权。

第二十四条　债权人虽未在法定期间申报债权，但有民事诉讼法第七十六条规定情形的，在破产财产分配前可向清算组申报债权。清算组负责审查其申报的债权，并由人民法院审查确定。债权人会议对人民法院同意该债权人参加破产财产分配有异议的，可以向人民法院申请复议。

四、关于破产和解与破产企业整顿

第二十五条　人民法院受理企业破产案件后，在破产程序终结前，债务人可以向人民法院申请和解。人民法院在破产案件审理过程中，可以根据债权人、债务人具体情况向双方提出和解建议。

人民法院作出破产宣告裁定前，债权人会议与债务人达成和解协议并经人民法院裁定认可的，由人民法院发布公告，中止破产程序。

人民法院作出破产宣告裁定后，债权人会议与债务人达成和解协议并经人民法院裁定认可，由人民法院裁定中止执行破产宣告裁定，并公告中止破产程序。

第二十六条 债务人不按和解协议规定的内容清偿全部债务的,相关债权人可以申请人民法院强制执行。

第二十七条 债务人不履行或者不能履行和解协议的,经债权人申请,人民法院应当裁定恢复破产程序。和解协议系在破产宣告前达成的,人民法院应当在裁定恢复破产程序的同时裁定宣告债务人破产。

第二十八条 企业由债权人申请破产的,如被申请破产的企业系国有企业,依照企业破产法第四章的规定,其上级主管部门可以申请对该企业进行整顿。整顿申请应当在债务人被宣告破产前提出。

企业无上级主管部门的,企业股东会议可以通过决议并以股东会议名义申请对企业进行整顿。整顿工作由股东会议指定人员负责。

第二十九条 企业整顿期间,企业的上级主管部门或者负责实施整顿方案的人员应当定期向债权人会议和人民法院报告整顿情况、和解协议执行情况。

第三十条 企业整顿期间,对于债务人财产的执行仍适用企业破产法第十一条的规定。

五、关于破产宣告

第三十一条 企业破产法第三条第一款规定的"不能清偿到期债务"是指:

(一)债务的履行期限已届满;

(二)债务人明显缺乏清偿债务的能力。

债务人停止清偿到期债务并呈连续状态,如无相反证据,可推定为"不能清偿到期债务"。

第三十二条 人民法院受理债务人破产案件后,有下列情形之一的,应当裁定宣告债务人破产:

(一)债务人不能清偿债务且与债权人不能达成和解协议的;

(二)债务人不履行或者不能履行和解协议的;

(三)债务人在整顿期间有企业破产法第二十一条规定情形的;

(四)债务人在整顿期满后有企业破产法第二十二条第二款规定情形的。

宣告债务人破产应当公开进行。由债权人提出破产申请的,破产宣告时应当通知债务人到庭。

第三十三条 债务人自破产宣告之日起停止生产经营活动。为债权人利益确有必要继续生产经营的，须经人民法院许可。

第三十四条 人民法院宣告债务人破产后，应当通知债务人的开户银行，限定其银行账户只能由清算组使用。人民法院通知开户银行时应当附破产宣告裁定书。

第三十五条 人民法院裁定宣告债务人破产后应当发布公告，公告内容包括债务人亏损情况、资产负债状况、破产宣告时间、破产宣告理由和法律依据以及对债务人的财产、账册、文书、资料和印章的保护等内容。

第三十六条 破产宣告后，破产企业的财产在其他民事诉讼程序中被查封、扣押、冻结的，受理破产案件的人民法院应当立即通知采取查封、扣押、冻结措施的人民法院予以解除，并向受理破产案件的人民法院办理移交手续。

第三十七条 企业被宣告破产后，人民法院应当指定必要的留守人员。破产企业的法定代表人、财会、财产保管人员必须留守。

第三十八条 破产宣告后，债权人或者债务人对破产宣告有异议的，可以在人民法院宣告企业破产之日起 10 日内，向上一级人民法院申诉。上一级人民法院应当组成合议庭进行审理，并在 30 日内作出裁定。

六、关于债权人会议

第三十九条 债权人会议由申报债权的债权人组成。

债权人会议主席由人民法院在有表决权的债权人中指定。必要时，人民法院可以指定多名债权人会议主席，成立债权人会议主席委员会。

少数债权人拒绝参加债权人会议，不影响会议的召开。但债权人会议不得作出剥夺其对破产财产受偿的机会或者不利于其受偿的决议。

第四十条 第一次债权人会议应当在人民法院受理破产案件公告 3 个月期满后召开。除债务人的财产不足以支付破产费用，破产程序提前终结外，不得以一般债权的清偿率为零为理由取消债权人会议。

第四十一条 第一次债权人会议由人民法院召集并主持。人民法院除完成本规定第十七条确定的工作外，还应当做好以下准备工作：

（一）拟订第一次债权人会议议程；

（二）向债务人的法定代表人或者负责人发出通知，要求其必须到会；

（三）向债务人的上级主管部门、开办人或者股东会议代表发出通知，要求其派员列席会议；

（四）通知破产清算组成员列席会议；

（五）通知审计、评估人员参加会议；

（六）需要提前准备的其他工作。

第四十二条 债权人会议一般包括以下内容：

（一）宣布债权人会议职权和其他有关事项；

（二）宣布债权人资格审查结果；

（三）指定并宣布债权人会议主席；

（四）安排债务人法定代表人或者负责人接受债权人询问；

（五）由清算组通报债务人的生产经营、财产、债务情况并作清算工作报告和提出财产处理方案及分配方案；

（六）讨论并审查债权的证明材料、债权的财产担保情况及数额、讨论通过和解协议、审阅清算组的清算报告、讨论通过破产财产的处理方案与分配方案等。讨论内容应当记明笔录。债权人对人民法院或者清算组登记的债权提出异议的，人民法院应当及时审查并作出裁定；

（七）根据讨论情况，依照企业破产法第十六条的规定进行表决。

以上第（五）至（七）项议程内的工作在本次债权人会议上无法完成的，交由下次债权人会议继续进行。

第四十三条 债权人认为债权人会议决议违反法律规定或者侵害其合法权益的，可以在债权人会议作出决议后7日内向人民法院提出，由人民法院依法裁定。

第四十四条 清算组财产分配方案经债权人会议两次讨论未获通过的，由人民法院依法裁定。

对前款裁定，占无财产担保债权总额半数以上债权的债权人有异议的，可以在人民法院作出裁定之日起10日内向上一级人民法院申诉。上一级人民法院应当组成合议庭进行审理，并在30日内作出裁定。

第四十五条 债权人可以委托代理人出席债权人会议，并可以授权代理人行使表决权。代理人应当向人民法院或者债权人会议主席提交授权委托书。

第四十六条　第一次债权人会议后又召开债权人会议的,债权人会议主席应当在发出会议通知前3日报告人民法院,并由会议召集人在开会前15日将会议时间、地点、内容、目的等事项通知债权人。

七、关于清算组

第四十七条　人民法院应当自裁定宣告企业破产之日起15日内成立清算组。

第四十八条　清算组成员可以从破产企业上级主管部门、清算中介机构以及会计、律师中产生,也可以从政府财政、工商管理、计委、经委、审计、税务、物价、劳动、社会保险、土地管理、国有资产管理、人事等部门中指定。人民银行分(支)行可以按照有关规定派人参加清算组。

第四十九条　清算组经人民法院同意可以聘请破产清算机构、律师事务所、会计事务所等中介机构承担一定的破产清算工作。中介机构就清算工作向清算组负责。

第五十条　清算组的主要职责是:

(一)接管破产企业。向破产企业原法定代表人及留守人员接收原登记造册的资产明细表、有形资产清册,接管所有财产、账册、文书档案、印章、证照和有关资料。破产宣告前成立企业监管组的,由企业监管组和企业原法定代表人向清算组进行移交;

(二)清理破产企业财产,编制财产明细表和资产负债表,编制债权债务清册,组织破产财产的评估、拍卖、变现;

(三)回收破产企业的财产,向破产企业的债务人、财产持有人依法行使财产权利;

(四)管理、处分破产财产,决定是否履行合同和在清算范围内进行经营活动。确认别除权、抵销权、取回权;

(五)进行破产财产的委托评估、拍卖及其他变现工作;

(六)依法提出并执行破产财产处理和分配方案;

(七)提交清算报告;

(八)代表破产企业参加诉讼和仲裁活动;

(九)办理企业注销登记等破产终结事宜;

(十)完成人民法院依法指定的其他事项。

第五十一条 清算组对人民法院负责并且报告工作，接受人民法院的监督。人民法院应当及时指导清算组的工作，明确清算组的职权与责任，帮助清算组拟订工作计划，听取清算组汇报工作。

清算组有损害债权人利益的行为或者其他违法行为的，人民法院可以根据债权人的申请或者依职权予以纠正。

人民法院可以根据债权人的申请或者依职权更换不称职的清算组成员。

第五十二条 清算组应当列席债权人会议，接受债权人会议的询问。债权人有权查阅有关资料、询问有关事项；清算组的决定违背债权人利益的，债权人可以申请人民法院裁定撤销该决定。

第五十三条 清算组对破产财产应当及时登记、清理、审计、评估、变价。必要时，可以请求人民法院对破产企业财产进行保全。

第五十四条 清算组应当采取有效措施保护破产企业的财产。债务人的财产权利如不依法登记或者及时行使将丧失权利的，应当及时予以登记或者行使；对易损、易腐、跌价或者保管费用较高的财产应当及时变卖。

八、关于破产债权

第五十五条 下列债权属于破产债权：

（一）破产宣告前发生的无财产担保的债权；

（二）破产宣告前发生的虽有财产担保但是债权人放弃优先受偿的债权；

（三）破产宣告前发生的虽有财产担保但是债权数额超过担保物价值部分的债权；

（四）票据出票人被宣告破产，付款人或者承兑人不知其事实而向持票人付款或者承兑所产生的债权；

（五）清算组解除合同，对方当事人依法或者依照合同约定产生的对债务人可以用货币计算的债权；

（六）债务人的受托人在债务人破产后，为债务人的利益处理委托事务所发生的债权；

（七）债务人发行债券形成的债权；

（八）债务人的保证人代替债务人清偿债务后依法可以向债务人追

偿的债权；

（九）债务人的保证人按照《中华人民共和国担保法》第三十二条的规定预先行使追偿权而申报的债权；

（十）债务人为保证人的，在破产宣告前已经被生效的法律文书确定承担的保证责任；

（十一）债务人在破产宣告前因侵权、违约给他人造成财产损失而产生的赔偿责任；

（十二）人民法院认可的其他债权。以上第（五）项债权以实际损失为计算原则。违约金不作为破产债权，定金不再适用定金罚则。

第五十六条　因企业破产解除劳动合同，劳动者依法或者依据劳动合同对企业享有的补偿金请求权，参照企业破产法第三十七条第二款第（一）项规定的顺序清偿。

第五十七条　债务人所欠非正式职工（含短期劳动工）的劳动报酬，参照企业破产法第三十七条第二款第（一）项规定的顺序清偿。

第五十八条　债务人所欠企业职工集资款，参照企业破产法第三十七条第二款第（一）项规定的顺序清偿。但对违反法律规定的高额利息部分不予保护。

职工向企业的投资，不属于破产债权。

第五十九条　债务人退出联营应当对该联营企业的债务承担责任的，联营企业的债权人对该债务人享有的债权属于破产债权。

第六十条　与债务人互负债权债务的债权人可以向清算组请求行使抵销权，抵销权的行使应当具备以下条件：

（一）债权人的债权已经得到确认；

（二）主张抵销的债权债务均发生在破产宣告之前。

经确认的破产债权可以转让。受让人以受让的债权抵销其所欠债务人债务的，人民法院不予支持。

第六十一条　下列债权不属于破产债权：

（一）行政、司法机关对破产企业的罚款、罚金以及其他有关费用；

（二）人民法院受理破产案件后债务人未支付应付款项的滞纳金，包括债务人未执行生效法律文书应当加倍支付的迟延利息和劳动保险金的滞纳金；

（三）破产宣告后的债务利息；

（四）债权人参加破产程序所支出的费用；
（五）破产企业的股权、股票持有人在股权、股票上的权利；
（六）破产财产分配开始后向清算组申报的债权；
（七）超过诉讼时效的债权；
（八）债务人开办单位对债务人未收取的管理费、承包费。

上述不属于破产债权的权利，人民法院或者清算组也应当对当事人的申报进行登记。

第六十二条 政府无偿拨付给债务人的资金不属于破产债权。但财政、扶贫、科技管理等行政部门通过签订合同，按有偿使用、定期归还原则发放的款项，可以作为破产债权。

第六十三条 债权人对清算组确认或者否认的债权有异议的，可以向清算组提出。债权人对清算组的处理仍有异议的，可以向人民法院提出。人民法院应当在查明事实的基础上依法作出裁决。

九、关于破产财产

第六十四条 破产财产由下列财产构成：
（一）债务人在破产宣告时所有的或者经营管理的全部财产；
（二）债务人在破产宣告后至破产程序终结前取得的财产；
（三）应当由债务人行使的其他财产权利。

第六十五条 债务人与他人共有的物、债权、知识产权等财产或者财产权，应当在破产清算中予以分割，债务人分割所得属于破产财产；不能分割的，应当就其应得部分转让，转让所得属于破产财产。

第六十六条 债务人的开办人注册资金投入不足的，应当由该开办人予以补足，补足部分属于破产财产。

第六十七条 企业破产前受让他人财产并依法取得所有权或者土地使用权的，即便未支付或者未完全支付对价，该财产仍属于破产财产。

第六十八条 债务人的财产被采取民事诉讼执行措施的，在受理破产案件后尚未执行的或者未执行完毕的剩余部分，在该企业被宣告破产后列入破产财产。因错误执行应当执行回转的财产，在执行回转后列入破产财产。

第六十九条 债务人依照法律规定取得代位求偿权的，依该代位求偿权享有的债权属于破产财产。

第七十条　债务人在被宣告破产时未到期的债权视为已到期,属于破产财产,但应当减去未到期的利息。

第七十一条　下列财产不属于破产财产:

(一)债务人基于仓储、保管、加工承揽、委托交易、代销、借用、寄存、租赁等法律关系占有、使用的他人财产;

(二)抵押物、留置物、出质物,但权利人放弃优先受偿权的或者优先偿付被担保债权剩余的部分除外;

(三)担保物灭失后产生的保险金、补偿金、赔偿金等代位物;

(四)依照法律规定存在优先权的财产,但权利人放弃优先受偿权或者优先偿付特定债权剩余的部分除外;

(五)特定物买卖中,尚未转移占有但相对人已完全支付对价的特定物;

(六)尚未办理产权证或者产权过户手续但已向买方交付的财产;

(七)债务人在所有权保留买卖中尚未取得所有权的财产;

(八)所有权专属于国家且不得转让的财产;

(九)破产企业工会所有的财产。

第七十二条　本规定第七十一条第(一)项所列的财产,财产权利人有权取回。

前款财产在破产宣告前已经毁损灭失的,财产权利人仅能以直接损失额为限申报债权;在破产宣告后因清算组的责任毁损灭失的,财产权利人有权获得等值赔偿。

债务人转让上述财产获利的,财产权利人有权要求债务人等值赔偿。

十、关于破产财产的收回、处理和变现

第七十三条　清算组应当向破产企业的债务人和财产持有人发出书面通知,要求债务人和财产持有人于限定的时间向清算组清偿债务或者交付财产。

破产企业的债务人和财产持有人有异议的,应当在收到通知后的7日内提出,由人民法院作出裁定。

破产企业的债务人和财产持有人在收到通知后既不向清算组清偿债务或者交付财产,又没有正当理由不在规定的异议期内提出异议的,由清算组向人民法院提出申请,经人民法院裁定后强制执行。

破产企业在境外的财产,由清算组予以收回。

第七十四条 债务人享有的债权,其诉讼时效自人民法院受理债务人的破产申请之日起,适用《中华人民共和国民法通则》第一百四十条关于诉讼时效中断的规定。债务人与债权人达成和解协议,中止破产程序的,诉讼时效自人民法院中止破产程序裁定之日起重新计算。

第七十五条 经人民法院同意,清算组可以聘用律师或者其他中介机构的人员追收债权。

第七十六条 债务人设立的分支机构和没有法人资格的全资机构的财产,应当一并纳入破产程序进行清理。

第七十七条 债务人在其开办的全资企业中的投资权益应当予以追收。

全资企业资不抵债的,清算组停止追收。

第七十八条 债务人对外投资形成的股权及其收益应当予以追收。对该股权可以出售或者转让,出售、转让所得列入破产财产进行分配。

股权价值为负值的,清算组停止追收。

第七十九条 债务人开办的全资企业,以及由其参股、控股的企业不能清偿到期债务,需要进行破产还债的,应当另行提出破产申请。

第八十条 清算组处理集体所有土地使用权时,应当遵守相关法律规定。未办理土地征用手续的集体所有土地使用权,应当在该集体范围内转让。

第八十一条 破产企业的职工住房,已经签订合同、交付房款,进行房改给个人的,不属于破产财产。未进行房改的,可由清算组向有关部门申请办理房改事项,向职工出售。按照国家规定不具备房改条件,或者职工在房改中不购买住房的,由清算组根据实际情况处理。

第八十二条 债务人的幼儿园、学校、医院等公益福利性设施,按国家有关规定处理,不作为破产财产分配。

第八十三条 处理破产财产前,可以确定有相应评估资质的评估机构对破产财产进行评估,债权人会议、清算组对破产财产的评估结论、评估费用有异议的,参照最高人民法院《关于民事诉讼证据的若干规定》第二十七条的规定处理。

第八十四条 债权人会议对破产财产的市场价格无异议的,经人民法院同意后,可以不进行评估。但是国有资产除外。

第八十五条　破产财产的变现应当以拍卖方式进行。由清算组负责委托有拍卖资格的拍卖机构进行拍卖。

依法不得拍卖或者拍卖所得不足以支付拍卖所需费用的，不进行拍卖。

前款不进行拍卖或者拍卖不成的破产财产，可以在破产分配时进行实物分配或者作价变卖。债权人对清算组在实物分配或者作价变卖中对破产财产的估价有异议的，可以请求人民法院进行审查。

第八十六条　破产财产中的成套设备，一般应当整体出售。

第八十七条　依法属于限制流通的破产财产，应当由国家指定的部门收购或者按照有关法律规定处理。

十一、关于破产费用

第八十八条　破产费用包括：

（一）破产财产的管理、变卖、分配所需要的费用；

（二）破产案件的受理费；

（三）债权人会议费用；

（四）催收债务所需费用；

（五）为债权人的共同利益而在破产程序中支付的其他费用。

第八十九条　人民法院受理企业破产案件可以按照《人民法院诉讼收费办法补充规定》预收案件受理费。

破产宣告前发生的经人民法院认可的必要支出，从债务人财产中拨付。债务人财产不足以支付的，如系债权人申请破产的，由债权人支付。

第九十条　清算期间职工生活费、医疗费可以从破产财产中优先拨付。

第九十一条　破产费用可随时支付，破产财产不足以支付破产费用的，人民法院根据清算组的申请裁定终结破产程序。

十二、关于破产财产的分配

第九十二条　破产财产分配方案经债权人会议通过后，由清算组负责执行。财产分配可以一次分配，也可以多次分配。

第九十三条　破产财产分配方案应当包括以下内容：

（一）可供破产分配的财产种类、总值，已经变现的财产和未变现的财产；

（二）债权清偿顺序、各顺序的种类与数额，包括破产企业所欠职工工资、劳动保险费用和破产企业所欠税款的数额和计算依据，纳入国家计划调整的企业破产，还应当说明职工安置费的数额和计算依据；

（三）破产债权总额和清偿比例；

（四）破产分配的方式、时间；

（五）对将来能够追回的财产拟进行追加分配的说明。

第九十四条 列入破产财产的债权，可以进行债权分配。债权分配以便于债权人实现债权为原则。

将人民法院已经确认的债权分配给债权人的，由清算组向债权人出具债权分配书，债权人可以凭债权分配书向债务人要求履行。债务人拒不履行的，债权人可以申请人民法院强制执行。

第九十五条 债权人未在指定期限内领取分配的财产的，对该财产可以进行提存或者变卖后提存价款，并由清算组向债权人发出催领通知书。债权人在收到催领通知书一个月后或者在清算组发出催领通知书两个月后，债权人仍未领取的，清算组应当对该部分财产进行追加分配。

十三、关于破产终结

第九十六条 破产财产分配完毕，由清算组向人民法院报告分配情况，并申请人民法院终结破产程序。

人民法院在收到清算组的报告和终结破产程序申请后，认为符合破产程序终结规定的，应当在7日内裁定终结破产程序。

第九十七条 破产程序终结后，由清算组向破产企业原登记机关办理企业注销登记。

破产程序终结后仍有可以追收的破产财产、追加分配等善后事宜需要处理的，经人民法院同意，可以保留清算组或者保留部分清算组成员。

第九十八条 破产程序终结后出现可供分配的财产的，应当追加分配。追加分配的财产，除企业破产法第四十条规定的由人民法院追回的财产外，还包括破产程序中因纠正错误支出收回的款项，因权利被承认追回的财产，债权人放弃的财产和破产程序终结后实现的财产权利等。

第九十九条 破产程序终结后，破产企业的账册、文书等卷宗材料由清算组移交破产企业上级主管机关保存；无上级主管机关的，由破产企业的开办人或者股东保存。

十四、其　他

第一百条　人民法院在审理企业破产案件中，发现破产企业的原法定代表人或者直接责任人员有企业破产法第三十五条所列行为的，应当向有关部门建议，对该法定代表人或者直接责任人员给予行政处分；涉嫌犯罪的，应当将有关材料移送相关国家机关处理。

第一百零一条　破产企业有企业破产法第三十五条所列行为，致使企业财产无法收回，造成实际损失的，清算组可以对破产企业的原法定代表人、直接责任人员提起民事诉讼，要求其承担民事赔偿责任。

第一百零二条　人民法院受理企业破产案件后，发现企业有巨额财产下落不明的，应当将有关涉嫌犯罪的情况和材料，移送相关国家机关处理。

第一百零三条　人民法院可以建议有关部门对破产企业的主要责任人员限制其再行开办企业，在法定期限内禁止其担任公司的董事、监事、经理。

第一百零四条　最高人民法院发现各级人民法院，或者上级人民法院发现下级人民法院在破产程序中作出的裁定确有错误的，应当通知其纠正；不予纠正的，可以裁定指令下级人民法院重新作出裁定。

第一百零五条　纳入国家计划调整的企业破产案件，除适用本规定外，还应当适用国家有关企业破产的相关规定。

第一百零六条　本规定自2002年9月1日起施行。在本规定发布前制定的有关审理企业破产案件的司法解释，与本规定相抵触的，不再适用。

附录二

相关文书[1]

最高人民法院办公厅关于印发
《管理人破产程序工作文书样式（试行）》的通知

（2011年10月13日　法办发〔2011〕13号）

各省、自治区、直辖市高级人民法院，解放军军事法院，新疆维吾尔自治区高级人民法院生产建设兵团分院：

为了进一步明确破产程序中管理人的工作职责，统一管理人工作的文书格式，促进管理人正确履行职务，提高管理人的工作效率和质量，最高人民法院制订了《管理人破产程序工作文书样式（试行）》，现予以印发，并就本文书样式的有关问题通知如下：

一、关于文书样式的体例

针对破产程序各阶段管理人的工作内容，按照简洁、实用、便利的原则，文书样式分为"通用类文书"、"破产清算程序用文书"、"重整程序用文书"、"和解程序用文书"四大类共计59个文书样式。各文书样式均包括文书主文和制作说明两部分。文书主文是文书的核心部分，包括文书名称、文号、名头、主文、落款、附件等部分。制作说明是文书样式的辅助部分，主要列明制作文书样式的法律依据以及文书制作中需要注意的问题，以有利于管理人正确制作、使用文书样式。

二、关于本文书样式的文号

管理人破产程序工作文书文号统一为（××××）××破管字第×号。"（××××）××破管字第×号"中的"（××××）"，应列明人民法院指定管理人的年份；"（××××）××破管字第×号"中的"××"，应列明破产企业的简称，简称一般为2~4个字；"（××××）××破管字第×号"中的序号

---

[1] 杜万华主编：《最高人民法院企业破产与公司清算案件审判指导》，中国法制出版社2017年版，第483页。

"×",应列明按文书制作时间先后编排的序号。

三、关于文书样式的适用

管理人在执行职务过程中需要制作大量的工作文书,涉及到的文书样式十分复杂,且在实践中会不断遇到新情况新问题,此次下发的仅是其中常用的、具有代表性的样式,且有的文书样式尚待相关司法解释颁布后再作补充完善。因此,实践中如遇未列出的文书,可参考这些常用样式,根据案件具体情况变通适用。

请各高级人民法院注意收集辖区内管理人在适用本文书样式中发现的问题并提出改进建议,及时报告最高人民法院民事审判第二庭。

特此通知。

目 录

一、通用类文书

1. 通知书(要求债务人的债务人清偿债务用)
2. 通知书(要求债务人财产的持有人交付财产用)
3. 通知书(解除双方均未履行完毕的合同用)
4. 通知书(继续履行双方均未履行完毕的合同用)
5. 通知书(继续履行合同提供担保用)
6. 通知书(回复相对人催告继续履行合同用)
7. 告知函(解除财产保全措施用)
8. 告知函(中止执行程序用)
9. 告知函(告知相关法院/仲裁机构中止法律程序用)
10. 告知函(告知相关法院/仲裁机构可以恢复法律程序用)
11. 关于提请人民法院许可聘用工作人员的报告
12. 关于提请人民法院许可继续/停止债务人营业的报告
13. 关于拟实施处分债务人财产行为的报告
14. 关于提请人民法院确定管理人报酬方案的报告
15. 关于提请债权人会议审查管理人报酬方案的报告
16. 关于提请人民法院调整管理人报酬方案的报告
17. 关于提请债权人会议调整管理人报酬方案的报告
18. 关于提请人民法院准予管理人收取报酬的报告
19. 通知书(要求追回债务人财产用)

20. 通知书（要求相对人撤销担保用）
21. 通知书（要求债务人的出资人补缴出资用）
22. 通知书（要求债务人的高管返还财产用）
23. 通知书（要求取回担保物用）
24. 通知书（决定是否同意权利人取回财产用）
25. 通知书（要求出卖人交付在途标的物用）
26. 通知书（是否同意抵销用）
27. 关于破产费用、共益债务清偿情况的报告
28. 关于债务人财产不足以清偿破产费用提请人民法院终结破产程序的报告
29. 关于×××（债务人名称）职工债权的公示
30. 通知书（回复职工对债权清单的异议用）
31. 关于提请债权人会议核查债权的报告
32. 关于提请人民法院确认无异议债权的报告
33. 管理人执行职务的工作报告
34. 关于×××（债务人名称）财产状况的报告
35. 关于×××（债务人名称）财产管理方案的报告
36. 通知书（通知召开债权人会议用）
37. 关于提议召开债权人会议的报告
38. 关于提请人民法院裁定××方案的报告（提请人民法院裁定债权人会议表决未通过方案用）

二、破产清算程序用文书

39. 关于提请债权人会议审议破产财产变价方案的报告
40. 《×××（破产人名称）破产财产变价方案》
41. 关于提请债权人会议审议破产财产分配方案的报告
42. 《×××（破产人名称）破产财产分配方案》
43. 关于提请人民法院裁定认可破产财产分配方案的报告
44. 公告（破产财产中间分配用）
45. 公告（破产财产最后分配用）
46. 关于破产财产分配执行情况的报告
47. 关于提请人民法院裁定终结破产程序的报告（无财产可供分配用）
48. 关于提请人民法院裁定终结破产程序的报告（最后分配完结用）

49. 关于管理人终止执行职务的报告

三、重整程序用文书

50. 通知书（重整期间决定是否同意取回财产用）
51. 关于提请人民法院终止重整程序的报告
52. 关于提请审议重整计划草案的报告
53. 关于申请延期提交重整计划草案的报告
54. 关于提请人民法院裁定批准重整计划的报告（请求批准经债权人会议表决通过的重整计划用）
55. 关于提请人民法院裁定批准重整计划草案的报告（请求批准经债权人会议表决未通过的重整计划草案用）
56. 关于重整计划执行情况的监督报告
57. 关于申请延长重整计划执行监督期限的报告
58. 关于提请人民法院裁定终止重整计划执行的报告

四、和解程序用文书

59. 管理人执行职务的工作报告（和解程序用）

一、通用类文书

文书样式1

通知书
（要求债务人的债务人清偿债务用）

（××××）××破管字第×号

×××（债务人的债务人名称/姓名）：

×××（债务人名称）因＿＿＿＿＿＿＿（写明破产原因），×××（申请人名称/姓名）于××××年××月××日向××××人民法院提出对×××（债务人名称）进行重整/和解/破产清算的申请［债务人自行申请破产的，写×××（债务人名称）因＿＿＿＿＿＿＿（写明破产原因），于××××年××月××日向××××人民法院提出重整/和解/破产清算申请］。

××××人民法院于××××年××月××日作出（××××）×破（预）字第×—×号民事裁定书，裁定受理×××（债务人名称）重整/和解/破产清算，并于××××年××月××日作出（××××）×破字第×—×号决定书，指定×××担任管理人。

根据管理人掌握的材料，你公司/你因＿＿＿＿＿＿事项（列明债务事由），尚欠×××（债务人名称）人民币××元（大写：＿＿＿＿元）。根据《中华人民共和国企业破产法》第十七条之规定，请你公司/你于接到本通知之日起×日内，向管理人清偿所欠债务。债务清偿款应汇入：××银行（列明开户单位和银行账号）。

若你公司/你对本通知书列明的债务持有异议，可在接到本通知书之日起×日内向管理人书面提出，并附相关证据，以便管理人核对查实。

若你公司/你在破产申请受理后仍向×××（债务人名称）清偿债务，使×××（债务人名称）的债权人受到损失的，不免除你公司/你继续清偿债务的义务。

特此通知。

（管理人印鉴）

××××年××月××日

附：1. 受理破产申请裁定书复印件一份；
2. 指定管理人的决定书复印件一份；
3. 管理人联系方式：＿＿＿＿＿＿＿＿＿＿。

说明：

一、本文书依据的法律是《中华人民共和国企业破产法》第十七条之规定："人民法院受理破产申请后，债务人的债务人或者财产持有人应当向管理人清偿债务或者交付财产。债务人的债务人或者财产持有人故意违反前款规定向债务人清偿债务或者交付财产，使债权人受到损失的，不免除其清偿债务或交付财产的义务。"通知书由管理人向债务人的债务人发送。

二、通知书应当载明债务人的债务人恶意清偿的法律后果。

文书样式 2

通知书
(要求债务人财产的持有人交付财产用)

(××××)××破管字第×号

×××(债务人财产的持有人名称/姓名):

　　×××(债务人名称)因＿＿＿＿＿＿(写明破产原因),×××(申请人名称/姓名)于××××年××月××日向××××人民法院提出对×××(债务人名称)进行重整/和解/破产清算的申请[债务人自行申请破产的,写×××(债务人名称)因＿＿＿＿＿＿(写明破产原因),于××××年××月××日向××××人民法院提出重整/和解/破产清算申请]。

　　××××人民法院于××××年××月××日作出(××××)×破(预)字第×—×号民事裁定书,裁定受理×××(债务人名称)重整/和解/破产清算,并于××××年××月××日作出(××××)×破字第×—×号决定书,指定×××担任管理人。

　　根据管理人掌握的材料,你公司/你因＿＿＿＿＿＿(列明事由)占有×××(债务人名称)的下列财产(列明财产种类、数量等):

　　1.＿＿＿＿＿＿＿＿;
　　2.＿＿＿＿＿＿＿＿;
　　……

　　根据《中华人民共和国企业破产法》第十七条之规定,请你公司/你于接到本通知书之日起七日内,向管理人交付上述财产。财产应交至:＿＿＿＿＿＿＿。

　　若你公司/你对本通知书项下要求交付财产的有无或者交付财产种类、数量等持有异议,可在收到本通知书之日起七日内向管理人书面提出,并附相关合法、有效的证据,以便管理人核对查实。

　　若你公司/你在破产申请受理后仍向×××(债务人名称)交付财产,使×××(债务人名称)的债权人受到损失的,不免除你公司/你继续交付财产的义务。

　　特此通知。

（管理人印鉴）

××××年××月××日

附：1. 受理破产申请裁定书复印件一份；
2. 指定管理人的决定书复印件一份；
3. 管理人联系方式：_____。

说明：

一、本文书依据的法律是《中华人民共和国企业破产法》第十七条之规定："人民法院受理破产申请后，债务人的债务人或者财产持有人应当向管理人清偿债务或者交付财产。债务人的债务人或者财产持有人故意违反前款规定向债务人清偿债务或者交付财产，使债权人受到损失的，不免除其清偿债务或交付财产的义务。"通知书由管理人向持有债务人财产的相对人发送。

二、通知书应当载明财产持有人恶意向债务人交付财产的法律后果。

文书样式3

通知书

（解除双方均未履行完毕的合同用）

（××××）××破管字第×号

×××（合同相对人名称/姓名）：

×××（债务人名称）因_____（写明破产原因），×××（申请人名称/姓名）于××××年××月××日向××××人民法院提出对×××（债务人名称）进行重整/和解/破产清算的申请［债务人自行申请破产的，写×××（债务人名称）因_____（写明破产原因），于××××年××月××日向××××人民法院提出重整/和解/破产清算申请］。

××××人民法院于××××年××月××日作出（××××）×破（预）字第×—×号民事裁定书，裁定受理×××（债务人名称）重整/和解/破产清算，并于××××年××月××日作出（××××）×破字第×—×号决定书，指定×××担任管理人。

根据管理人掌握的材料，在法院裁定受理破产申请前，×××（债务人名称）于××××年××月××日与你公司/你签订了《＿＿＿＿＿＿》合同。现双方均未履行完毕上述合同，＿＿＿＿＿＿＿＿（简述合同履行情况）。

根据《中华人民共和国企业破产法》第十八条之规定，管理人决定解除上述合同。你公司/你如因上述合同解除产生损失的，可以损害赔偿请求权向管理人申报债权。

特此通知。

（管理人印鉴）

××××年××月××日

附：1. 受理破产申请裁定书复印件一份；
    2. 指定管理人的决定书复印件一份；
    3. 合同复印件一份；
    4. 管理人联系方式：＿＿＿＿＿＿＿＿＿＿。

说明：

一、本文书依据的法律是《中华人民共和国企业破产法》第十八条之规定："人民法院受理破产申请后，管理人对破产申请受理前成立而债务人和对方当事人均未履行完毕的合同有权决定解除或者继续履行，并通知对方当事人。"以及第五十三条之规定："管理人或者债务人依照本法规定解除合同的，对方当事人以因合同解除所产生的损害赔偿请求权申报债权。"

二、本通知书由管理人向双方均未履行完毕合同的相对方发送。通知书应当载明合同相对人有权就合同解除所产生的损害赔偿请求权申报债权。

文书样式 4

通知书
(继续履行双方均未履行完毕的合同用)

(××××)××破管字第×号

×××(合同相对人名称/姓名)：

　　×××(债务人名称)因＿＿＿＿＿＿＿＿(写明破产原因)，×××(申请人名称/姓名)于××××年××月××日向××××人民法院提出对×××(债务人名称)进行重整/和解/破产清算的申请［债务人自行申请破产的，写×××(债务人名称)因＿＿＿＿＿＿＿＿(写明破产原因)，于××××年××月××日向××××人民法院提出重整/和解/破产清算申请］。

　　××××人民法院于××××年××月××日作出(××××)×破(预)字第×—×号民事裁定书，裁定受理×××(债务人名称)重整/和解/破产清算，并于××××年××月××日作出(××××)×破字第×—×号决定书，指定×××担任管理人。

　　根据管理人掌握的材料，在法院裁定受理破产申请前，×××(债务人名称)于××××年××月××日与你公司/你签订了《＿＿＿＿＿＿＿＿》合同。现双方均未履行完毕上述合同，＿＿＿＿＿＿＿＿(简述合同履行情况)。

　　根据《中华人民共和国企业破产法》第十八条之规定，管理人决定继续履行上述合同，＿＿＿＿＿＿＿＿(简述要求相对方继续履行的合同义务)。

　　特此通知。

(管理人印鉴)

××××年××月××日

附：1. 受理破产申请裁定书复印件一份；
　　2. 指定管理人的决定书复印件一份；
　　3. 合同复印件一份；

287

4. 管理人联系方式：_____。

说明：

一、本文书依据的法律是《中华人民共和国企业破产法》第十八条之规定："人民法院受理破产申请后，管理人对破产申请受理前成立而债务人和对方当事人均未履行完毕的合同有权决定解除或者继续履行，并通知对方当事人。"

二、本通知书由管理人向双方均未履行完毕合同的相对方发送。通知书应当载明要求相对人继续履行的合同义务。

文书样式5

通知书
（继续履行合同提供担保用）

（××××）××破管字第×号

×××（合同相对人名称/姓名）：

×××（债务人名称）因_____（写明破产原因），×××（申请人名称/姓名）于××××年××月××日向××××人民法院提出对×××（债务人名称）进行重整/和解/破产清算的申请［债务人自行申请破产的，写×××（债务人名称）因_____（写明破产原因），于××××年××月××日向××××人民法院提出重整/和解/破产清算申请］。

××××人民法院于××××年××月××日作出（××××）×破（预）字第×—×号民事裁定书，裁定受理×××（债务人名称）重整/和解/破产清算，并于××××年××月××日作出（××××）×破字第×—×号决定书，指定×××担任管理人。

本管理人于××××年××月××日向你公司/你发送（××××）××破管字第×号《通知书》，决定继续履行×××（债务人名称）于××××年××月××日与你公司/你签订的《_____合同》。你公司/你于××××年××月××日要求本管理人提供担保。

根据《中华人民共和国企业破产法》第十八条第二款之规定，本管理人现提供下列担保：

提供保证人的：

列明保证人的姓名或名称，保证方式，保证担保的范围，保证期间等。

提供物的担保的：

列明担保人的姓名或名称，担保方式，担保物的情况，担保范围等。

你公司/你对管理人提供的担保无异议的，请于××××年××月××日与本管理人签订担保合同。

特此通知。

（管理人印鉴）

××××年××月××日

附：1. 保证人基本情况或者担保物权利凭证复印件等相关资料；
2. 管理人联系方式：＿＿＿＿＿＿＿＿＿＿＿＿。

说明：

一、本文书依据的法律是《中华人民共和国企业破产法》第十八条第二款之规定："管理人决定继续履行合同的，对方当事人应当履行；但是，对方当事人有权要求管理人提供担保。管理人不提供担保的，视为解除合同。"

二、本通知书由管理人向合同相对方发送。

文书样式 6

通知书

（回复相对人催告继续履行合同用）

（××××）××破管字第×号

×××（合同相对人名称/姓名）：

你公司/你于××××年××月××日向本管理人发送的＿＿＿＿＿＿＿＿（合同相对人所发送关于继续履行合同的催告函件名称）已收到。经管理人核实，在法院裁定受理破产申请前，×××（债务人名称）确于××××年××月

××日与你公司/你签订了《＿＿＿＿＿＿合同》，且目前双方均未履行完毕，……（简述合同履行情况）。

同意继续履行合同的：

本管理人认为，＿＿＿＿＿＿（简述同意继续履行的理由），根据《中华人民共和国企业破产法》第十八条之规定，管理人决定继续履行上述合同。

同意继续履行合同，但商请延期的：

本管理人认为，＿＿＿＿（简述同意继续履行合同，但需要延期的理由），根据《中华人民共和国企业破产法》第十八条之规定，管理人商请将上述合同延期至××××年××月××日履行。

不同意继续履行合同，决定解除的：

本管理人认为，＿＿＿＿（简述不同意继续履行的理由），根据《中华人民共和国企业破产法》第十八条之规定，管理人决定解除上述合同。你公司/你可就因上述合同解除所产生的损害赔偿请求权向管理人申报债权。

特此通知。

（管理人印鉴）

××××年××月××日

说明：

一、本文书依据的法律是《中华人民共和国企业破产法》第十八条之规定："人民法院受理破产申请后，管理人对破产申请受理前成立而债务人和对方当事人均未履行完毕的合同有权决定解除或者继续履行，并通知对方当事人。管理人自破产申请受理之日起二个月内未通知对方当事人，或者自收到对方当事人催告之日起三十日内未答复的，视为解除合同。"

二、本通知书是管理人接到相对人发出的要求继续履行双方均未履行完毕的合同的催告函，在核实有关情况后，决定同意继续履行合同，或者同意继续履行合同但商请延期，或者不同意继续履行决定解除合同的回复。本通知书应当在收到催告函之日起三十日内向合同相对人发出。

文书样式 7

告知函
(解除财产保全措施用)

(××××)××破管字第×号

×××(作出财产保全措施的人民法院或者单位):

×××(债务人名称)因_____(写明破产原因),×××(申请人名称/姓名)于××××年××月××日向××××人民法院提出对×××(债务人名称)进行重整/和解/破产清算的申请[债务人自行申请破产的,写×××(债务人名称)因_____(写明破产原因),于××××年××月××日向××××人民法院提出重整/和解/破产清算申请]。

××××人民法院于××××年××月××日作出(××××)×破(预)字第×—×号民事裁定书,裁定受理×××(债务人名称)重整/和解/破产清算,并于××××年××月××日作出(××××)×破字第×—×号决定书,指定×××担任管理人。

根据管理人掌握的材料,贵院/贵单位于××××年××月××日对×××(债务人名称)的下列财产采取了保全措施:

1. _____;
2. _____;
……

根据《中华人民共和国企业破产法》第十九条之规定,人民法院受理破产申请后,有关债务人财产的保全措施应当解除,但贵院/贵单位至今尚未解除对×××(债务人名称)财产所采取的保全措施,现特函请贵院/贵单位解除对×××(债务人名称)财产的保全措施。

特此告知。

(管理人印鉴)

××××年××月××日

附:1. 受理破产申请裁定书复印件一份;

2. 指定管理人的决定书复印件一份；
3. 财产保全措施相关资料复印件一套；
4. 破产案件受理法院联系方式：_____；
5. 管理人联系方式：_____。

说明：

一、本文书依据的法律是《中华人民共和国企业破产法》第十九条之规定："人民法院受理破产申请后，有关债务人财产的保全措施应当解除，执行程序应当中止。"由管理人告知相关法院或者单位解除有关债务人财产的保全措施时使用。

二、根据《中华人民共和国企业破产法》第十九条之规定精神，破产申请受理后，对债务人财产采取保全措施的相关法院或者单位无需等待破产案件受理法院或者管理人的通知，即应主动解除财产保全措施。但由于实践中可能存在相关法院或者单位不知道破产申请已经受理，或者虽然知道但不主动解除财产保全措施的情况，故本文书样式确定由管理人直接向相关法院或者单位发送告知函，以此提示相关法院或者单位有关债务人的破产申请已经受理，相关财产保全措施应予解除。如果相关法院或者单位接到告知函后仍不解除财产保全措施的，管理人可以请求破产案件受理法院协调解决。

文书样式8

告知函

（中止执行程序用）

（××××）××破管字第×号

××××人民法院（执行案件受理人民法院）：

×××（债务人名称）因_____（写明破产原因），×××（申请人名称/姓名）于××××年××月××日向××××人民法院提出对×××（债务人名称）进行重整/和解/破产清算的申请［债务人自行申请破产的，写×××（债务人名称）因_____（写明破产原因），于××××年××月××日向××××人民法院提出重整/和解/破产清算申请］。

××××人民法院于××××年××月××日作出（××××）×破（预）字第×—×号民事裁定书，裁定受理×××（债务人名称）重整/和解/破产清算，并于××××年××月××日作出（××××）×破字第×—×号决定书，指定×××担任管理人。

　　根据管理人掌握的材料，贵院于××××年××月××日受理了×××（强制执行申请人名称/姓名）对×××（债务人名称）申请强制执行一案，案号为××××，执行内容为：＿＿＿＿＿＿。

　　根据《中华人民共和国企业破产法》第十九条之规定，人民法院受理破产申请后，有关债务人财产的执行程序应当中止，但贵院至今尚未中止对×××（债务人名称）的执行，＿＿＿＿＿＿（简述案件执行状态）。现特函请贵院裁定中止对×××（债务人名称）的执行程序。

　　特此告知。

（管理人印鉴）

××××年××月××日

附：1. 受理破产申请裁定书复印件一份；
2. 指定管理人的决定书复印件一份；
3. 强制执行案件相关资料复印件一套；
4. 破产案件受理法院联系方式：＿＿＿＿＿＿＿＿＿；
5. 管理人联系方式：＿＿＿＿＿＿＿＿＿。

说明：

　　一、本文书依据的法律是《中华人民共和国企业破产法》第十九条之规定："人民法院受理破产申请后，有关债务人财产的保全措施应当解除，执行程序应当中止。"由管理人告知相关法院中止对债务人执行程序时使用。

　　二、根据《中华人民共和国企业破产法》第十九条之规定精神，破产申请受理后，对债务人财产采取执行措施的相关法院，无需等待破产案件受理法院或者管理人的通知，即应主动中止执行程序。但由于实践中可能存在相关法院不知道破产申请已经受理，或者虽然知道但不主动中止执行程序的情况，故本文书样式确定由管理人直接向相关法院发送

附录二

293

告知函，以此提示相关法院，有关债务人的破产申请已经受理，相关执行程序应当中止。如果相关法院接到告知函后仍不中止执行程序的，管理人可以请求破产案件受理法院协调解决。

文书样式9

告知函

（告知相关法院/仲裁机构中止法律程序用）

（××××）××破管字第×号

×××（受理有关债务人诉讼或仲裁的人民法院或仲裁机构名称）：

×××（债务人名称）因＿＿＿＿＿（写明破产原因），×××（申请人名称/姓名）于××××年××月××日向××××人民法院提出对×××（债务人名称）进行重整/和解/破产清算的申请［债务人自行申请破产的，写×××（债务人名称）因＿＿＿＿＿（写明破产原因），于××××年××月××日向××××人民法院提出重整/和解/破产清算申请］。

××××人民法院于××××年××月××日作出（××××）×破（预）字第×—×号民事裁定书，裁定受理×××（债务人名称）重整/和解/破产清算，并于××××年××月××日作出（××××）×破字第×—×号决定书，指定×××担任管理人。

根据管理人掌握的材料，贵院/贵仲裁委员会于××××年××月××日受理了有关×××（债务人名称）的民事诉讼/仲裁案件，案号为××××，目前尚未审理终结。根据《中华人民共和国企业破产法》第二十条之规定，该民事诉讼/仲裁应当在破产申请受理后中止，但贵院/贵仲裁委员会尚未中止对上述民事诉讼/仲裁案件的审理。根据《中华人民共和国企业破产法》第二十条之规定，现函告贵院/贵仲裁委员会裁定中止上述对×××（债务人名称）的民事诉讼/仲裁程序。

特此告知。

（管理人印鉴）

××××年××月××日

附：1. 受理破产申请裁定书复印件一份；
  2. 指定管理人的决定书复印件一份；
  3. 管理人联系方式：_____。

说明：

  一、本文书依据的法律是《中华人民共和国企业破产法》第二十条之规定："人民法院受理破产申请后，已经开始而尚未终结的有关债务人的民事诉讼或者仲裁应当中止；……"

  二、根据《中华人民共和国企业破产法》第二十条之规定精神，破产申请受理后，有关债务人的民事诉讼或者仲裁尚未终止的，相关法院或者仲裁机构无需等待破产案件受理法院或者管理人的通知，即应主动中止民事诉讼或者仲裁程序。但由于实践中可能存在相关法院或者仲裁机构不知道破产申请已经受理，或者虽然知道但不主动中止法律程序的情况，故本文书样式确定由管理人直接向相关法院发送告知函，以此提示相关法院或者仲裁机构，有关债务人的破产申请已经受理，相关法律程序应当中止。如果相关法院或者仲裁机构接到告知函后仍不中止法律程序的，管理人可以请求破产案件受理法院协调解决。

文书样式 10

告知函

（告知相关法院/仲裁机构可以恢复法律程序用）

            （××××）××破管字第×号

×××（受理有关债务人诉讼或仲裁的人民法院或仲裁机构名称）：

  ×××（债务人名称）因_____（写明破产原因），×××（申请人名称/姓名）于××××年××月××日向××××人民法院提出对×××（债务人名称）进行重整/和解/破产清算的申请［债务人自行申请破产的，写×××（债务人名称）因_____（写明破产原因），于××××年××月××日向××××人民法院提出重整/和解/破产清算申请］。

  ××××人民法院于××××年××月××日作出（××××）×破（预）字第×—×号民事裁定书，裁定受理×××（债务人名称）重整/和解/破产清算，并于××××年××月××日作出（××××）×破字第×—×号决定书，指定×××担任管理人。

根据管理人掌握的材料，贵院/贵仲裁委员会已中止了关于×××（债务人名称）的案号为××××的民事诉讼/仲裁案件的审理。现管理人已接管债务人的财产，根据《中华人民共和国企业破产法》第二十条之规定，贵院/贵仲裁委员会恢复对上述民事诉讼/仲裁案件的审理。

特此告知。

（管理人印鉴）
××××年××月××日

附：1. 受理破产申请裁定书复印件一份；
  2. 指定管理人的决定书复印件一份；
  3. 管理人联系方式：_____。

说明：

  一、本文书依据的法律是《中华人民共和国企业破产法》第二十条之规定："人民法院受理破产申请后，已经开始而尚未终结的有关债务人的民事诉讼或者仲裁应当中止；在管理人接管债务人的财产后，该诉讼或者仲裁继续进行。"由管理人在接管债务人财产后，向相关法院或者仲裁机构发送。

  二、管理人应当在接管债务人财产后及时发送本告知函，告知相关法院或者仲裁机构继续进行原来中止的法律程序。

文书样式 11

关于提请人民法院许可聘用工作人员的报告

（××××）××破管字第×号

××××人民法院：

  本管理人在破产管理工作中，根据《中华人民共和国企业破产法》第二十八条之规定，拟聘请以下人员作为×××（债务人名称）（重整/和解/破产清算）案件的工作人员：

　　1. 拟聘工作人员姓名_____；工作内容：_____；拟聘请期限为自××××年××月××日至××××年××月××日止；拟聘请费用为×××元；聘用理由：_____。

　　2. 拟聘工作人员姓名_____；工作内容：_____；拟聘请期限为自××××年××月××日至××××年××月××日止；拟聘请费用为×××元；聘用理由：_____。

　　……特此报告。

（管理人印鉴）

××××年××月××日

　　附：1. 拟签订的《聘用合同》复印件；
　　2. 拟聘请工作人员简历复印件；
　　3. 拟聘请工作人员证件复印件；
　　4. 拟聘请工作人员联系方式：_____。

说明：

　　一、本文书依据的法律是《中华人民共和国企业破产法》第二十八条第一款之规定："管理人经人民法院许可，可以聘用必要的工作人员。"由管理人在拟聘用工作人员时向破产案件受理法院提出。

　　二、破产案件审理过程中，法院与管理人处于监督与被监督的关系。因此，聘用申请应当列明聘用理由、聘用岗位职责、聘用费用标准，供法院许可时参考。

　　三、拟聘用工作人员有多名的，逐一列明姓名、拟聘岗位、聘用期限及费用。

文书样式 12

关于提请人民法院许可继续/停止债务人营业的报告

(××××)××破管字第×号

××××人民法院/×××(债务人名称)债权人会议：

本管理人在接管债务人财产后，经调查认为，债务人继续营业将有利于/不利于广大债权人、职工和相关各方的利益，决定继续/停止债务人的营业，详细理由见附件《关于继续/停止债务人营业的分析报告》。

报请法院的：

现根据《中华人民共和国企业破产法》第二十六条之规定，请贵院予以许可。

报请债权人会议的：

现根据《中华人民共和国企业破产法》第六十一第一款第五项之规定，提请债权人会议表决。

特此报告。

(管理人印鉴)

××××年××月××日

附：《关于继续/停止债务人营业的分析报告》

说明：

一、本文书依据的法律是《中华人民共和国企业破产法》第二十五条第一款第五项、第二十六条或者第六十一条第一款第五项之规定，由管理人决定是否继续债务人的营业，并报请人民法院许可，或者报请债权人会议表决。

二、第一次债权人会议召开之前，管理人决定继续或者停止债务人的营业的，应当根据《中华人民共和国企业破产法》第二十五条第一款第五项、第二十六条之规定，向受理破产案件的法院提出申请报告，由法院批准许可。第一次债权人会议召开后决定债务人的营业继续或者停止的，则应当根据《中华人民共和国企业破产法》第六十一条第一款第五项之规定，提交债权人会议表决。

三、鉴于继续或停止债务人营业的理由比较复杂，因此，本文书应附详细分析报告。

文书样式 13

关于拟实施处分债务人财产行为的报告

（××××）××破管字第×号

××××人民法院/×××（债务人名称）债权人会议：

本管理人在履行职责过程中，拟实施下列行为：

1. 拟实施行为的具体内容，包括涉及的金额、行为的相对方、实施的时间等；

2. 行为的实施方式和程序；

3. 实施该行为的原因；

4. 对债务人财产的影响；

5. 其他需要报告的事项。

第一次债权人会议召开之前：

因上述行为属于《中华人民共和国企业破产法》第六十九条第一款规定的行为之一，且第一次债权人会议尚未召开，现根据《中华人民共和国企业破产法》第二十六条之规定，请贵院予以许可。

第一次债权人会议召开之后，报告债权人委员会的：

因上述行为属于《中华人民共和国企业破产法》第六十九条第一款规定的行为之一，现根据该条规定，向债权人委员会报告。

第一次债权人会议召开之后，报告人民法院的：

因上述行为属于《中华人民共和国企业破产法》第六十九条第一款规定的行为之一，且债权人会议未设立债权人委员会，现根据《中华人民共和国企业破产法》第六十九条第二款之规定，向贵院报告。

（管理人印鉴）

××××年××月××日

说明：

一、本文书依据的法律是《中华人民共和国企业破产法》第二十六条及第六十九条之规定。

二、第一次债权人会议召开前，管理人在实施《中华人民共和国企业破产法》第六十九条所规定之行为时，应当向破产案件受理法院提交申请报告，需法院许可后方可实施相应行为。第一次债权人会议召开后，已成立债权人委员会的，向债权人委员会提交报告；未设立债权人委员会的，应向法院及时报告。

三、第一次债权人会议召开后，债权人委员会或者人民法院同意管理人所报告行为的，出具批准意见；不同意所报告行为的，可以向管理人提出意见。

文书样式14

关于提请人民法院确定管理人报酬方案的报告

（××××）××破管字第×号

××××人民法院：

本管理人接受贵院指定后，对×××（债务人名称）可供清偿的财产价值和管理人工作量进行了预测，并初步确定了《管理人报酬方案》。方案主要内容如下：

一、债务人可供清偿的财产情况

根据管理人截至目前掌握的材料，×××（债务人名称）不包括担保物在内的最终可供清偿的财产价值约为人民币××元，担保物价值约为人民币××元。

二、管理人报酬比例

根据不包括担保权人优先受偿的担保物价值在内的债务人最终可供清偿的财产总额价值和管理人工作量所作的预测（详见附件《管理人工作量预测报告（或者竞争管理人报价书）》），依照最高人民法院《关于审理企业破产案件确定管理人报酬的规定》第二条之规定，确定管理人在以下比例限制范围内分段确定管理人报酬：

1. 不超过_____元（含本数，下同）的，按____%确定；
2. 超过_____元至_____元的部分，按____%确定；
……

三、管理人报酬收取时间
最后一次性收取的：
本方案确定管理人最后一次性收取报酬，收取时间为破产财产最后分配之前。

分期收取的：
本方案确定管理人在破产程序期间分期收取报酬，收取时间分别为：
第一次：本方案经第一次债权人会议通过后×日内；
第二次：_____；
第三次：_____；
……

四、管理担保物的费用
破产程序期间，管理人对担保物的维护、变现、交付等管理工作付出了合理劳动，经与担保权人协商，确定管理人在担保物变现价值×%范围内收取适当报酬，报酬金额为人民币××元，收取时间为：_____。

五、其他需要说明的问题
……

现根据最高人民法院《关于审理企业破产案件确定管理人报酬的规定》第四条之规定，请贵院予以确定。

（管理人印鉴）

××××年××月××日

附：1.《管理人报酬方案》；
2.《管理人工作量预测报告（或者竞争管理人报价书）》。

说明：

一、本文书依据的法律是《中华人民共和国企业破产法》第二十八条及最高人民法院《关于审理企业破产案件确定管理人报酬的规定》第二条、第四条之规定，管理人根据对债务人可供清偿的财产价值和管理人工作量的预测，制作报酬方案报人民法院初步确定。

二、管理人工作量预测报告应当列明管理人投入的工作团队人数、工作时间预测、工作重点和难点等。破产重整或者和解案件，管理人还应当列明管理人对重整、和解工作的贡献。

三、采取公开竞争方式指定管理人的，管理人报酬依据中介机构竞争担任管理人时的报价确定。

四、担保物变现收取的报酬比例不得超过最高人民法院《关于审理企业破产案件确定管理人报酬的规定》第二条规定报酬比例限制范围的10%。

文书样式15

关于提请债权人会议审查管理人报酬方案的报告

（××××）××破管字第×号

×××（债务人名称）债权人会议：

本管理人根据对×××（债务人名称）可供清偿的财产价值和管理人工作量所作的预测，于××××年××月××日制作《管理人报酬方案》报请×××人民法院确定。××××人民法院于××××年××月××日通知本管理人，初步确定了《管理人报酬方案》。现根据《中华人民共和国企业破产法》第六十一条第一款第二项、最高人民法院《关于审理企业破产案件确定管理人报酬的规定》第六条第二款之规定，向第一次债权人会议报告，请债权人会议审查。

（管理人印鉴）

××××年××月××日

附：××××人民法院确定的《管理人报酬方案》

说明：

本文书依据的法律是《中华人民共和国企业破产法》第六十一条第

一款第二项及最高人民法院《关于审理企业破产案件确定管理人报酬的规定》第六条第二款之规定。管理人报酬方案在人民法院确定后由管理人报告第一次债权人会议，由债权人会议审查。债权人会议有异议的，有权向人民法院提出。

文书样式16

关于提请人民法院调整管理人报酬方案的报告

（××××）××破管字第×号

××××人民法院：

贵院于××××年××月××日确定了×××（债务人名称）破产一案的《管理人报酬方案》。本管理人于××××年××月××日向第一次债权人会议报告了《管理人报酬方案》内容，债权人会议对方案提出了调整意见。

现管理人与债权人会议就报酬方案的调整已协商一致，债权人会议决议对《管理人报酬方案》作以下调整：

一、_____；
二、_____；
……

调整理由如下：

一、_____；
二、_____；
……

根据最高人民法院《关于审理企业破产案件确定管理人报酬的规定》第七条第一款之规定，请求贵院核准以上调整内容。

特此报告。

（管理人印鉴）

××××年××月××日

附：债权人会议关于调整管理人报酬方案的决议

说明：

一、本文书依据的法律是《最高人民法院关于审理企业破产案件确定管理人报酬的规定》第七条第一款之规定，由管理人与债权人会议就报酬方案调整协商一致后，提请人民法院核准。

二、本文书应当列明调整管理人报酬方案的理由，并附债权人会议关于调整管理人报酬方案的决议。

文书样式 17

关于提请债权人会议调整管理人报酬方案的报告

（××××）××破管字第×号

×××（债务人名称）债权人委员会/债权人会议主席：

本管理人于××××年××月××日收到××××人民法院关于调整管理人报酬方案的通知，对管理人报酬方案作以下调整：

一、＿＿＿＿＿＿＿＿＿＿＿＿＿＿＿＿；

二、＿＿＿＿＿＿＿＿＿＿＿＿＿＿＿＿；

……

根据《最高人民法院关于审理企业破产案件确定管理人报酬的规定》第八条第二款之规定，现向债权人委员会/债权人会议主席报告。

（管理人印鉴）

××××年××月××日

附：××××人民法院关于管理人报酬方案调整的通知

说明：

本文书的法律依据是《最高人民法院关于审理企业破产案件确定管理人报酬的规定》第八条第二款之规定，由管理人自收到人民法院法院关于调整管理人报酬方案的通知起三日内报告债权人委员会。未成立债权人委员会的，报告债权人会议主席。

文书样式 18

关于提请人民法院准予管理人收取报酬的报告

（××××）××破管字第×号

××××人民法院：

　　×××（债务人名称）破产一案《管理人报酬方案》已由贵院确定，并报告第一次债权人会议审查通过。（报酬方案经过调整的，还应当注明：贵院并于××××年××月××日确定对该报酬方案进行调整。）

　　截至××××年××月××日，×××（债务人名称）可供清偿的财产情况为_____，管理人已完成_____（履行职责情况）。根据《管理人报酬方案》，可收取第×期（或者全部）报酬计人民币××元。

　　本管理人现根据《最高人民法院关于审理企业破产案件确定管理人报酬的规定》第十一条之规定，申请收取报酬人民币××元，请贵院予以核准。

　　特此报告。

（管理人印鉴）

××××年××月××日

　　附：《管理人报酬方案》（报酬方案经过调整的，再附《管理人报酬调整方案》）

说明：

　　一、本文书依据的法律是《最高人民法院关于审理企业破产案件确定管理人报酬的规定》第十一条之规定："管理人收取报酬，应当向破产案件受理法院提出书面申请。申请书内容应当包括：（1）可供支付报酬的债务人财产情况；（2）申请收取报酬的时间和数额；（3）管理人履行职责的情况。"

　　二、管理人履行职责的情况，分期收取的，简要写明收取报酬时管理人完成的工作；最后一次性收取的，简要写明管理人职务执行完成的情况。

文书样式 19

通知书
(要求追回债务人财产用)

(××××)××破管字第×号

×××(占有债务人财产的相对人名称/姓名)：

　　×××(债务人名称)因＿＿＿＿＿(写明破产原因)，×××(申请人名称/姓名)于××××年××月××日向××××人民法院提出对×××(债务人名称)进行重整/和解/破产清算的申请［债务人自行申请破产的，写×××(债务人名称)因＿＿＿＿＿(写明破产原因)，于××××年××月××日向××××人民法院提出重整/和解/破产清算申请］。

　　××××人民法院于××××年××月××日作出(××××)×破(预)字第×—×号民事裁定书，裁定受理×××(债务人名称)重整/和解/破产清算，并于××××年××月××日作出(××××)×破字第×—×号决定书，指定×××担任管理人。

　　根据管理人调查，×××(债务人名称)存在下列行为(列明行为时间、内容等)：

　　1.＿＿＿＿＿＿＿＿＿＿＿；
　　2.＿＿＿＿＿＿＿＿＿＿＿；
　　……

　　根据《中华人民共和国企业破产法》第三十一条、第三十二条或者第三十三条的规定，本管理人认为上述行为应当予以撤销(或者被确认无效)。你公司/你基于上述行为取得的×××(债务人名称)财产(列明财产名称和数量)应当予以返还。现本管理人要求你公司/你于接到本通知书之日起×日内，向本管理人返还上述财产(列明返还财产的方式和地点；返还财产有困难的，可以要求相对人支付或者补足与财产等值的价款)。

　　如你公司/你对本通知内容有异议，可在接到本通知书之日起×日内向本管理人提出，并附相关证据，配合管理人核实。

　　特此通知。

（管理人印鉴）

××××年××月××日

附：1. 受理破产申请裁定书复印件一份；
2. 指定管理人的决定书复印件一份；
3. 相对人占有债务人财产的证据；
4. 管理人联系方式：_____。

说明：

一、本文书依据的法律是《中华人民共和国企业破产法》第三十四条之规定："因本法第三十一条、第三十二条或者第三十三条规定的行为而取得的债务人财产，管理人有权追回。"由管理人向占有债务人财产的相对人发送。

二、相对人无权占有债务人财产的情形，主要是指《中华人民共和国企业破产法》第三十一条、第三十二条或者第三十三条规定的"无偿受让财产"、"以明显不合理的价格进行交易受让财产"、"以债务人财产代物清偿的方式接受提前清偿或者个别清偿"、"为逃避债务而占有被隐匿、转移的财产"等行为，管理人应当依法撤销或者确认行为无效，并通知相对人返还基于上述行为取得的债务人财产。财产返还确有困难的，可以要求相对人支付或者补足与财产等值的价款。

三、相对人拒不返还取得的债务人财产，管理人可以向人民法院提起撤销之诉或者确认无效之诉。

文书样式20

通知书

（要求相对人撤销担保用）

（××××）××破管字第×号

×××（相对人名称/姓名）：

×××（债务人名称）因_____（写明破产原因），×××（申请人名称/姓名）于××××年××月××日向××××人民法院提出对×××（债务人名称）进行重整/和解/破产清算的申请［债务人自行申请破产的，写×××（债务人名称）因＿＿＿＿＿＿＿（写明破产原因），于××××年××月××日向××××人民法院提出重整/和解/破产清算申请］。

××××人民法院于××××年××月××日作出（××××）×破（预）字第×—×号民事裁定书，裁定受理×××（债务人名称）重整/和解/破产清算，并于××××年××月××日作出（××××）×破字第×—×号决定书，指定×××担任管理人。

根据管理人调查，×××（债务人名称）对你公司/你原负有无财产担保债务＿＿＿＿＿＿＿（列明债务性质和债务金额），但×××（债务人名称）于××××年××月××日以其自有财产（列明财产名称）为该债务提供了财产担保。根据《中华人民共和国企业破产法》第三十一条之规定，本管理人现要求你公司/你撤销对该债务提供的财产担保。

如你公司/你对本通知内容有异议，可在接到本通知书之日起×日内向本管理人提出，并附相关证据，配合管理人核实。

特此通知。

（管理人印鉴）

××××年××月××日

附：1. 受理破产申请裁定书复印件一份；
2. 指定管理人的决定书复印件一份；
3. 债务设定财产担保的证据材料；
4. 管理人联系方式：＿＿＿＿＿＿＿＿＿＿。

说明：

一、本文书依据的法律是《中华人民共和国企业破产法》第三十一条第三项之规定，对没有财产担保的债务提供财产担保的，管理人有权请求人民法院予以撤销。由管理人向对债务设定财产担保的相对人发送。

二、对没有财产担保的债务提供财产担保的行为，管理人可先要求相对人撤销，如涂销物权担保登记、返还质押物等。相对人无正当理由拒不撤销的，管理人有权向人民法院提起撤销之诉。

文书样式 21

通知书
（要求债务人的出资人补缴出资用）

（××××）××破管字第×号

×××（债务人的出资人名称/姓名）：
　　×××（债务人名称）因_____（写明破产原因），×××（申请人名称/姓名）于××××年××月××日向××××人民法院提出对×××（债务人名称）进行重整/和解/破产清算的申请［债务人自行申请破产的，写×××（债务人名称）因_____（写明破产原因），于××××年××月××日向××××人民法院提出重整/和解/破产清算申请］。
　　××××人民法院于××××年××月××日作出（××××）×破（预）字第×—×号民事裁定书，裁定受理×××（债务人名称）重整/和解/破产清算，并于××××年××月××日作出（××××）×破字第×—×号决定书，指定×××担任管理人。
　　根据管理人调查，你公司/你作为×××（债务人名称）的出资人，认缴出资额为：_____（货币种类）××元（大写：_____），认缴方式为：_____，你公司/你应当于×××年××月××日前按期足额缴纳上述出资。
　　截至本通知书发出之日，你公司/你上述出资义务尚未履行完毕，（以货币出资的）尚有_____（货币种类）××元（大写：_____）未缴纳/（以非货币财产出资的）_____尚未办理财产权转移手续。
　　根据《中华人民共和国企业破产法》第三十五条之规定，你公司/你应当缴纳全部所认缴的出资，而不受出资期限的限制。现通知你公司/你于接到本通知书之日起×日内，向本管理人缴纳上述未缴出资（列明管理人的开户银行、账户和账号）/办理财产权转移手续。
　　如对本通知书中所列出资缴纳义务的有无、数额、形式等有异议，你公司/你可于接到本通知书之日起×日内向本管理人提出，并附相关证据，配合管理人核实。

特此通知。

(管理人印鉴)
××××年××月××日

附：1. 受理破产申请裁定书复印件一份；
2. 指定管理人的决定书复印件一份；
3. 出资人未足额交纳出资的证据材料；
4. 管理人联系方式：_____。

说明：

本文书依据的法律是《中华人民共和国企业破产法》第三十五条之规定："人民法院受理破产申请后，债务人的出资人尚未完全履行出资义务的，管理人应当要求该出资人缴纳所认缴的出资，而不受出资期限的限制。"由管理人向出资义务未履行完毕的出资人发送。

文书样式22

通知书
（要求债务人的高管返还财产用）

（××××）××破管字第×号

×××（高管姓名）：

×××（债务人名称）因_____（写明破产原因），×××（申请人名称/姓名）于××××年××月××日向××××人民法院提出对×××（债务人名称）进行重整/和解/破产清算的申请［债务人自行申请破产的，写×××（债务人名称）因_____（写明破产原因），于××××年××月××日向××××人民法院提出重整/和解/破产清算申请］。

××××人民法院于××××年××月××日作出（××××）×破（预）字第×—×号民事裁定书，裁定受理×××（债务人名称）重整/和解/破产清算，并于××××年××月××日作出（××××）×破字第×—×号决定书，指定×××担任管理人。

310

根据管理人调查，在你担任×××（债务人名称）×××（职位）期间，获取非正常收入人民币××元（或者侵占了企业的财产），具体为：
　　1.＿＿＿＿＿＿＿＿＿＿（列明各笔非正常收入金额、时间及认定理由）；
　　2.＿＿＿＿＿＿＿＿＿＿（列明被侵占的企业财产及认定理由）
　　……
　　根据《中华人民共和国企业破产法》第三十六条之规定，现要求你于接到本通知书之日起×日内，向本管理人返还你收取的上述非正常收入（或者侵占的企业财产）（列明返还收入或者财产的方式和地点）。
　　如对上述通知内容有异议，可在接到本通知书之日起×日内向本管理人提出，并附相关证据，配合管理人核实。
　　特此通知。

（管理人印鉴）
××××年××月××日

　　附：1. 受理破产申请裁定书复印件一份；
　　2. 指定管理人的决定书复印件一份；
　　3. 高管非正常收入清单或者被侵占的财产清单；
　　4. 管理人联系方式：＿＿＿＿＿＿＿＿＿＿＿＿。

说明：

　　本文书依据的法律是《中华人民共和国企业破产法》第三十六条之规定："债务人的董事、监事和高级管理人员利用职权从企业获取的非正常收入和侵占的企业财产，管理人应当追回。"由管理人要求债务人的董事、监事和高级管理人员返还利用职权获取的非正常收入或者侵占的企业财产时使用。

文书样式 23

通知书
(要求取回担保物用)

(××××)××破管字第×号

×××(质权人或留置权人名称/姓名):
　　×××(债务人名称)因_____(写明破产原因),×××(申请人名称/姓名)于××××年××月××日向××××人民法院提出对×××(债务人名称)进行重整/和解/破产清算的申请[债务人自行申请破产的,写×××(债务人名称)因_____(写明破产原因),于××××年××月××日向××××人民法院提出重整/和解/破产清算申请]。
　　××××人民法院于××××年××月××日作出(××××)×破(预)字第×—×号民事裁定书,裁定受理×××(债务人名称)重整/和解/破产清算,并于××××年××月××日作出(××××)×破字第×—×号决定书,指定×××担任管理人。
　　根据管理人掌握的材料,×××(债务人名称)所有的×××(担保物名称)因_____(简述设定质押或者被留置的原因),尚在你处质押(或留置)。
　　根据《中华人民共和国企业破产法》第三十七条第一款之规定,管理人拟通过以下方式,取回上述担保物:
　　1. 清偿债务,_____(简述清偿内容);
　　2. 提供替代担保,_____(替代担保方式,简述替代担保物的名称、价值、现状等情况)。
　　清偿债务方式下适用:
　　你公司/你应当在收到本通知书之日起×日内,告知本管理人债务履行方式,并在本管理人清偿债务后×日内,解除对上述担保物的质押(或留置),返还本管理人(列明财产交付地点和方式,质押办理登记的,应当要求质权人协助办理质押登记涂销手续)。
　　提供替代担保方式下适用:
　　你公司/你应当在接到本通知书之日起×日内,与本管理人共同办理替代担保的设定手续，并在替代担保设定后立即解除对原担保物的质押（或留置），返还本管理人（列明财产交付地点和方式，质押办理登记的，应当要求质权人协助办理质押登记涂销手续）。

你公司/你如对本通知涉及的主债务、担保物等情况有异议，可于接到本通知书之日起×日内向本管理人提出，并附相关合法、有效的证据，配合管理人核实。

特此通知。

（管理人印鉴）

××××年××月××日

附：1. 受理破产申请裁定书复印件一份；
2. 指定管理人的决定书复印件一份；
3. 主债务合同复印件；
4. 担保物的权属证明复印件；
5. 管理人联系方式：_____。

说明：

本文书依据的法律是《中华人民共和国企业破产法》第三十七条第一款之规定："人民法院受理破产申请后，管理人可以通过清偿债务或者提供为债权人接受的担保，取回质物、留置物。"由管理人要求取回债权人占有的质物或者留置物时使用。

文书样式 24

通知书

（决定是否同意权利人取回财产用）

（××××）××破管字第×号

×××（申请取回人名称/姓名）：

同意取回时适用：

你公司/你关于要求取回_____（要求取回的标的物名

称、数量）的申请收悉。经审核，你公司/你为上述财产的权利人。根据《中华人民共和国企业破产法》第三十八条之规定，同意你公司/你取回上述财产。你公司/你可于接到本通知书之日起×日内与本管理人接洽办理取回手续。

不同意取回时适用：

  你公司/你关于要求取回_____（要求取回的标的物名称、数量）的申请收悉。经查明，_____（简述查明事实）。本管理人认为，你公司/你不是上述财产的权利人（简述理由）。因此，本管理人不同意你公司/你取回上述财产的要求。

  特此通知。

（管理人印鉴）

××××年××月××日

附：1. 指定管理人的决定书复印件一份；
  2. 财产权属证明（不同意取回时附）；
  3. 管理人联系方式：_____。

说明：

  一、本文书依据的法律是《中华人民共和国企业破产法》第三十八条之规定："人民法院受理破产申请时，债务人占有的不属于债务人的财产，该财产的权利人可以通过管理人取回。但是本法另有规定的除外。"由管理人同意或者不同意相关权利人要求取回债务人占有的财产时使用。

  二、管理人拒绝权利人取回财产的，应当列明管理人查明权利人无权取回的事实和理由。例如，财产属于债务人所有，或者财产不属于权利人等。管理人拒绝取回的，权利人可以通过确权诉讼解决对于取回标的物的权属争议。

文书样式 25

通知书
(要求出卖人交付在途标的物用)

(××××)××破管字第×号

×××(出卖人名称/姓名):

　　×××(债务人名称)因_____(写明破产原因),×××(申请人名称/姓名)于××××年××月××日向××××人民法院提出对×××(债务人名称)进行重整/和解/破产清算的申请[债务人自行申请破产的,写×××(债务人名称)因_____(写明破产原因),于××××年××月××日向××××人民法院提出重整/和解/破产清算申请]。

　　××××人民法院于××××年××月××日作出(××××)×破(预)字第×—×号民事裁定书,裁定受理×××(债务人名称)重整/和解/破产清算,并于××××年××月××日作出(××××)×破字第×—×号决定书,指定×××担任管理人。

　　根据管理人掌握的材料,在人民法院受理破产申请前,×××(债务人名称)于××××年××月××日与你公司/你签订了《_____》(买卖合同名称),约定由×××(债务人名称)向你公司/你购买_____(简述买卖标的物名称和数量)。现你公司/你已于××××年××月××日发运上述买卖标的物,货物尚在运途中,货款尚未结清。

　　根据《中华人民共和国企业破产法》第三十九条之规定,本管理人决定依照《_____》(买卖合同名称)的约定,向你公司/你支付全部合同价款共计人民币××元,请你公司/你在收到货款后继续交付上述买卖合同标的物,于××××年××月××日前将货物发至____(交货地点)。

　　你公司/你如对本通知中的合同、合同标的物、合同价款等情况有异议,可在接到本通知书之日起×日内向管理人书面提出,并附相关合法、有效的证据,配合管理人核实。

　　特此通知。

(管理人印鉴)

××××年××月××日

附：1. 受理破产申请裁定书复印件一份；
2. 指定管理人的决定书复印件一份；
3.《＿＿＿＿＿＿》（买卖合同名称）复印件一份及发送货物的相关凭证；
4. 管理人联系方式：＿＿＿＿＿＿＿＿。

说明：

　　本文书依据的法律是《中华人民共和国企业破产法》第三十九条之规定："人民法院受理破产申请时，出卖人已将买卖标的物向作为买受人的债务人发运，债务人尚未收到且未付清全部价款的，出卖人可以取回在运途中的标的物。但是，管理人可以支付全部价款，请求出卖人交付标的物。"由管理人决定支付全部价款，请求出卖人交付在途买卖标的物时使用。

文书样式26

<h3 style="text-align:center">通知书</h3>
（是否同意抵销用）

（××××）××破管字第×号

×××（申请抵销人名称/姓名）：

　　你公司/你关于要求抵销＿＿＿＿＿＿＿＿（主张抵销的债务内容）的申请收悉。经本管理人核实：＿＿＿＿＿＿＿（简述核实的内容）。
同意抵销时适用：

　　根据《中华人民共和国企业破产法》第四十条之规定，决定同意你公司/你的抵销申请。经抵销，你公司/你尚欠债务人债务××元，请于收到本通知书×日内向本管理人清偿，债务清偿款应汇入：××银行（列明开户单位和银行账号）。（抵销后债务人欠申请抵销人债务的，写明债务人尚欠你公司/你债务××元。）
不同意抵销时适用：

　　本管理人认为，＿＿＿＿＿＿＿＿＿（简述不同意抵销的理由），根

316

据《中华人民共和国企业破产法》第四十条之规定，不同意你公司/你的抵销申请。

如你公司/你对管理人不同意抵销的决定有异议，可于接到本通知书之日起×日内向本管理人提出，并附相关证据，配合管理人核实。

特此通知。

（管理人印鉴）

××××年××月××日

附：1. 指定管理人的决定书复印件一份；
2. 申请人对债务人负有的债务不得抵销的证据（不同意抵销时用）；
3. 管理人联系方式：_____。

说明：

本文书依据的法律是《中华人民共和国企业破产法》第四十条，由管理人决定是否同意抵销申请时向申请人发送。

文书样式27

关于破产费用、共益债务清偿情况的报告

（××××）××破管字第×号

×××（债务人名称）债权人会议：

本管理人接受指定后，接管了×××（债务人名称）的财产，依法履行了相应职责。经管理人查实，自××××人民法院受理×××（债务人名称）破产申请之日起至××××年××月××日止（以下简称"报告期间"），共发生破产费用、共益债务合计人民币××元，其中：

一、破产费用共计人民币××元，已清偿××元。（不足以全部清偿的，写明未清偿金额）

分别列明：（1）破产案件诉讼费用；（2）管理、变价、分配破产财产的费用；（3）聘用工作人员的费用；（4）管理人执行职务的费用，以及其他各项费用的发生金额、明细与清偿情况。

二、共益债务共计人民币××元，已清偿××元。（不足以全部清偿的，写明未清偿金额）

分别列明：(1) 继续履行合同所产生的债务；(2) 债务人财产受无因管理所产生的债务；(3) 因债务人不当得利所产生的费用；(4) 为债务人继续营业而应支付的劳动报酬和社会保险费用以及由此产生的其他债务；(5) 管理人或工作人员执行职务致人损害所产生的债务；(6) 债务人财产致人损害所产生的债务；以及其他各项费用的发生金额、明细与清偿情况。

以上破产费用和共益债务清偿情况，请债权人会议审查。

特此报告。

（管理人印鉴）

××××年××月××日

附：破产费用及共益债务发生与清偿情况明细表各一份

说明：

一、本文书依据的法律是《中华人民共和国企业破产法》第四十三条、第六十一条第一款第二项之规定，由管理人制作后提请债权人会议审查。

二、债务人财产不足以清偿破产费用的，管理人应当另行申请终结破产程序。

文书样式28

关于债务人财产不足以清偿破产费用提请人民法院终结破产程序的报告

（××××）××破管字第×号

××××人民法院：

×××（债务人名称）因_____（写明破产原因），×××（申请人名称/姓名）于××××年××月××日向贵院提出对×××（债务人名称）

进行重整/和解/破产清算的申请［债务人自行申请破产的，写×××（债务人名称）因＿＿＿＿＿＿（写明破产原因），于××××年××月××日向贵院提出重整/和解/破产清算申请］。

贵院于××××年××月××日作出（××××）×破（预）字第×—×号民事裁定书，裁定受理×××（债务人名称）重整/和解/破产清算。

截至××××年××月××日，本案发生的破产费用共计人民币××元，实际清偿××元，尚余××元未支付，另预期发生破产费用人民币××元。现债务人可供清偿的财产共计人民币××元，债务人财产已经不足以清偿破产费用。

现根据《中华人民共和国企业破产法》第四十三条第四款之规定，提请贵院裁定宣告×××（债务人名称）破产，并终结破产程序。

特此报告。

（管理人印鉴）

××××年××月××日

附：1. 破产费用及共益债务清偿情况报告一份；
2. 债务人财产状况报告一份。

说明：

本文书依据的法律是《中华人民共和国企业破产法》第四十三条第四款之规定："债务人财产不足以清偿破产费用的，管理人应当提请人民法院终结破产程序。……"由管理人向人民法院提交。

文书样式29

关于×××（债务人名称）职工债权的公示

（××××）××破管字第×号

×××（债务人名称）因＿＿＿＿＿＿（写明破产原因），××××人民法院于×××年××月××日作出（××××）×破（预）字第×—×号民事裁定书，裁定受理××××（债务人名称）重整/和解/破产清算。××××人民

319

法院于××××年××月××日作出（××××）×破字第×—×号决定书，指定×××担任管理人。

经管理人调查，确认×××（债务人名称）共有在册职工×名，截至××××年××月××日，尚欠职工的工资和医疗、伤残补助、抚恤费用，应当划入职工个人账户的基本养老保险、基本医疗保险费用，以及法律、行政法规规定应当支付给职工的补偿金（以上统称职工债权）的总额为人民币××元（详见职工债权清单）。现根据《中华人民共和国企业破产法》第四十八条的规定，予以公示。公示日期至××××年××月××日止。

职工从公示之日起×日内对本公示所附清单记载的债权数额有异议的，可以要求管理人更正。

特此公示。

（管理人印鉴）

××××年××月××日

附：1.×××（债务人名称）职工债权清单；
2.管理人联系方式：_____。

说明：

一、本文书依据的法律是《中华人民共和国企业破产法》第四十八条之规定："债务人所欠职工的工资和医疗、伤残补助、抚恤费用，所欠的应当划入职工个人账户的基本养老保险、基本医疗保险费用，以及法律、行政法规规定应当支付给职工的补偿金，不必申报，由管理人调查后列出清单并予以公示。职工对清单记载有异议的，可以要求管理人更正；管理人不予更正的，职工可以向人民法院提起诉讼。"由管理人调查确认职工债权后，列出清单予以公示。

二、《中华人民共和国企业破产法》对职工债权清单的公示期未作规定，管理人可以根据案情需要、职工人数具体掌握。但公示期届满之后，职工对清单记载有异议的，仍可以要求管理人更正。规定公示期的意义，在于提示职工及时行使自己的异议权，提高破产案件的审理效率。

三、职工债权清单应当以表格形式逐一列明每位职工债权人的姓名、年龄、工作岗位、工作年限、企业欠费金额、性质及时期等具体情况。

文书样式 30

通知书
（回复职工对债权清单的异议用）

（××××）××破管字第×号

×××（职工姓名）：

你对（××××）×破管×字第×号公示所附的职工债权清单中有关×××（职工姓名）的××（欠款项目）所提异议材料收悉。

不予变更的情形下适用：

经管理人核实，认为＿＿＿＿＿＿＿（列明不予变更的理由），故决定维持公示记载的债权金额，不予更正。如你对不予更正决定仍有异议的，可向受理本破产案件的人民法院提起诉讼。

准予变更的情形下适用：

经管理人核实，认为＿＿＿＿＿＿＿（列明同意变更或部分变更的理由），故决定变更公示记载的×××（职工姓名）债权，变更后金额为人民币××元。如你对变更决定仍有异议的，可向受理本破产案件的人民法院提起诉讼。

特此通知。

（管理人印鉴）

××××年××月××日

说明：

一、本文书依据的法律是《中华人民共和国企业破产法》第四十八条之规定，"职工对经公示的职工债权清单有异议的，可以要求管理人更正。本文书系管理人对职工异议不予更正的书面答复，文书应直接送达提出异议的债务人职工。职工仍持异议的，可以向人民法院提起诉讼。由管理人向提出异议的职工发送。

二、职工提出的异议，可以针对本人的债权金额，也可以针对清单记载的其他职工的债权金额。

三、管理人对职工提出的异议，可以不予更正、部分更正或者准予更正。职工对管理人的决定仍然有异议的，可以向人民法院提起诉讼。

四、管理人对变更后的职工债权，应当予以重新公示。

文书样式31

关于提请债权人会议核查债权的报告

（××××）××破管字第×号

×××（债务人名称）债权人会议：

××××人民法院于××××年××月××日作出（××××）×破字第×—×号决定书，指定×××担任×××（债务人名称）一案的管理人。

本案的债权申报期限经××××人民法院确定，自××××年××月××日起至××××年××月××日止。债权申报期限内，共有×户债权人申报×笔债权，申报的债权总额为人民币××元。其中，对债务人的特定财产享有担保权的债权共×户，总额为人民币××元；税收债权共×户，总额为人民币××元；普通债权共×户，总额为人民币××元。

管理人收到债权申报材料后，对申报的债权登记造册，并逐一进行了审查，审查后编制了债权表。

对编入债权表内的债权，管理人认为成立的共×户，总额为人民币××元。其中，对债务人的特定财产享有担保权的债权共×户，总额为人民币××元；税收债权共×户，总额为人民币××元；普通债权共×户，总额为人民币××元。

对编入债权表内的债权，管理人认为不成立的共×户，总额为人民币××元。其中，主张对债务人的特定财产享有担保权的债权共×户，总额为人民币××元；税收债权共×户，总额为人民币××元；普通债权共×户，总额为人民币××元。

另经管理人调查，职工债权共×笔，总额为人民币××元。

现根据《中华人民共和国企业破产法》第五十八条第一款之规定，将债权表提交第一次债权人会议核查。

特此报告。

（管理人印鉴）

××××年××月××日

附：1. 指定管理人的决定书复印件一份；
2. 债权申报登记册及债权表一份。

说明：

一、本文书依据的法律是《中华人民共和国企业破产法》第五十八条第一款之规定，"依照本法第五十七条规定编制的债权表，应当提交第一次债权人会议核查。"由管理人将编制的债权表提交第一次债权人会议核查。

二、申报的债权无论是否属于破产债权，均应当登记入册。管理人对申报的债权进行审查后编制债权表。

三、对管理人审查认为成立和不成立的债权，均应编入债权表，但应当予以分别记载。债权表应当列明债权的性质、金额、有无担保等具体情况。

文书样式32
关于提请人民法院确认无异议债权的报告

（××××）××破管字第×号

××××人民法院：

根据《中华人民共和国企业破产法》第五十八条第一款之规定，本管理人于××××年××月××日将编制的债权表提交第一次债权人会议核查。同时，本管理人于××××年××月××日将编制的债权表送交债务人核对。经核查、核对，债权人、债务人对债权表中记载的共×笔债权无异议（详见无异议债权清单）。根据《中华人民共和国企业破产法》第五十八条第二款之规定，申请贵院裁定确认债权表记载的无异议债权。

（管理人印鉴）

××××年××月××日

附：1. 债权申报登记册及债权表各一份；
2. 第一次债权人会议对债权表的核查结果；
3. 债务人核对意见；
4. 债权表中的无异议债权清单。

说明：

　　一、本文书依据的法律是《中华人民共和国企业破产法》第五十八条第二款之规定："债务人、债权人对债权表记载的债权无异议的，由人民法院裁定确认。"由管理人将债权表提请人民法院裁定确认。

　　二、管理人提请人民法院裁定确认的债权表，应当由第一次债权人会议核查表决通过。同时，应当事先送交债务人的原法定代表人或其他高级管理人员核对，听取债务人的意见。

　　三、债权人、债务人对债权表记载的债权均无异议的，管理人应当提请人民法院裁定确认无异议债权。

文书样式33

<h2 style="text-align:center">管理人执行职务的工作报告</h2>

（××××）××破管字第×号

×××（债务人名称）债权人会议：

　　×××（债务人名称）因＿＿＿＿＿＿（写明破产原因），×××（申请人名称/姓名）于××××年××月××日向××××人民法院提出对×××（债务人名称）进行重整/和解/破产清算的申请［债务人自行申请破产的，写×××（债务人名称）因＿＿＿＿＿＿（写明破产原因），于××××年××月××日向××××人民法院提出重整/和解/破产清算申请］。

　　××××人民法院于××××年××月××日作出（××××）×破（预）字第×—×号民事裁定书，裁定受理×××（债务人名称）重整/和解/破产清算，并于××××年××月××日作出（××××）×破字第×—×号决定书，指定×××担任管理人。

　　本管理人接受指定后，依据《中华人民共和国企业破产法》之规

定,勤勉忠实地履行了管理人职责,现将有关执行职务的情况报告如下:

一、债务人/破产人(企业)的基本情况

1. 企业的设立日期、性质、住所地、法定代表人姓名;
2. 企业注册资本、出资人及出资比例;
3. 企业生产经营范围;
4. 企业员工状况;
5. 企业资产财务状况;
6. 企业目前状态。

二、执行职务的具体情况

(一)执行职务的准备工作

1. 管理人团队的组成情况;
2. 管理人内部规章制度的建立情况;
3. 聘请工作人员情况。

(二)接管债务人财产的基本情况

1. 接管时间;
2. 财产接管状况;
3. 均未履行完毕的合同履行或者解除情况;
4. 需保留劳动关系的职工情况;
5. 需解除劳动合同的人员状况及安置方案、工资和补偿金数额。

(三)债权申报登记工作情况

1. 债权申报的期间;
2. 登记的各类债权户数和总额;
3. 认为成立的各类债权户数和总额;
4. 认为不成立的各类债权户数和总额;
5. 职工债权笔数和总额;
6. 异议债权的基本情况。

(四)债务人对外债权、投资的清收情况

1. 要求债务人的债务人或财产持有人清偿债务或者交付财产的情况;
2. 对外债权的清收情况及清收总额;
3. 对外投资、股权总额以及处置方式、权益收回的基本情况。

(五)有关债务人的民事诉讼和仲裁情况

1. 民事诉讼与仲裁的案件数量、争议标的金额、程序进展等;

2. 有关债务人财产的保全措施解除情况；

3. 有关债务人财产的执行程序中止情况。

（六）有关债务人财产的追收情况

1. 依据《企业破产法》第三十四条追回财产的情况；

2. 请求出资人补缴出资款的情况；

3. 追回高管非正常收入和侵占财产的情况；

4. 取回担保物的情况；

5. 取回在途买卖标的物的情况；

6. 权利人行使取回权、抵销权的情况。

（七）管理人处分债务人财产的基本情况

1. 债务人财产评估情况；

2. 债务人财产的处置（包括拍卖、变卖情况）。

（八）资产审计、评估工作情况

1. 聘请审计或评估机构专项审计或评估情况；

2. 对审计后资产、负债情况的确认。

三、接受债权人会议和债权人委员会监督的基本情况

……

特此报告。

（管理人印鉴）

××××年××月××日

附：相关报告材料

说明：

一、本文书依据的法律是《中华人民共和国企业破产法》第二十三条之规定："管理人应当列席债权人会议，向债权人会议报告职务执行情况，并回答询问。"由管理人递交债权人会议。

二、本文书应当详细列明管理人接受指定后，在工作准备、财产接管、债权债务清理、债权申报登记、财产处分等方面的职务执行情况。相关职务执行情况有具体报告的，应当作为本文书的附件一并递交债权人会议。

326

三、管理人处分债务人财产的行为系指《中华人民共和国企业破产法》第六十九条规定的行为。

文书样式34

关于×××（债务人名称）财产状况的报告

（××××）××破管字第×号

×××（债务人名称）债权人会议：

　　×××（债务人名称）因＿＿＿＿＿＿（写明破产原因），×××（申请人名称/姓名）于××××年××月××日向××××人民法院提出对×××（债务人名称）进行重整/和解/破产清算的申请［债务人自行申请破产的，写×××（债务人名称）因＿＿＿＿＿＿（写明破产原因），于××××年××月××日向××××人民法院提出重整/和解/破产清算申请］。

　　××××人民法院于××××年××月××日作出（××××）×破（预）字第×—×号民事裁定书，裁定受理×××（债务人名称）重整/和解/破产清算，并于××××年××月××日作出（××××）×破字第×—×号决定书，指定×××担任管理人。

　　本管理人接受指定后，按照《中华人民共和国企业破产法》之规定，对×××（债务人名称）的财产状况进行了调查，现报告如下：

　　一、×××（债务人名称）基本情况

　　1. 企业的设立日期、性质、住所地、法定代表人姓名；

　　2. 企业注册资本、出资人及出资比例；

　　3. 企业生产经营范围；

　　4. 企业目前状态。

　　二、×××（债务人名称）的资产、负债及相关情况

　　列明×××（债务人名称）截至××××年×月×日的财产总额，并附财产清单。（委托审计机构审计的，列明审计情况）

　　三、关联方关系及其往来余额

　　列明关联企业名称及与×××（债务人名称）的关系，并列明往来款科目、余额和性质。

四、其他事项

（一）双方当事人均未履行完毕的合同

列明合同名称、订立日期、合同金额、合同履行状态等情况。

（二）影响债务人财产变现能力的情况

列明财产的状况、保管费用、变现障碍等情况。

（三）其他债务人财产可能出现增减的情况

列明管理人行使撤销权、确认无效、追缴注册资本、行使抵销权等情况。

特此报告。

（管理人印鉴）

××××年××月××日

附：财产清单

说明：

一、本文书依据的法律是《中华人民共和国企业破产法》第二十五条之规定："管理人履行下列职责：……（二）调查债务人财产状况，制作财产状况报告。"由管理人调查债务人财产状况后所制作，并递交债权人会议。

二、本文书应当附财产明细清单。

文书样式35

关于×××（债务人名称）财产管理方案的报告

（××××）××破管字第×号

×××（债务人名称）债权人会议：

×××（债务人名称）因_____（写明破产原因），×××（申请人名称/姓名）于××××年××月××日向××××人民法院提出对×××（债务人名称）进行重整/和解/破产清算的申请［债务人自行申请破产的，写×××（债务人名称）因_____（写明破产原因），于××××年×

×月××日向××××人民法院提出重整/和解/破产清算申请]。

××××人民法院于××××年××月××日作出（××××）×破字第×—×号决定书，指定×××担任管理人。

本管理人接受指定后，于××××年××月××日接管了债务人财产，现提交《债务人财产管理方案》供债权人会议审议。

一、债务人财产的接管

（一）接管的具体步骤

列明接管的时间、措施；制定的接收方案；包括交付财产通知、接管通知、《接管清单》等在内的各类接管文件。

（二）接管的债务人财产及资料汇总

1. 固定资产和实物资产

2. 无形资产

3. 有价证券

4. 尚未履行完毕的合同

5. 债务人的诉讼、仲裁案件的材料

6. 财产权属证书

7. 印章、证照

8. 财务账册、银行存款凭证等财务资料

9. 债务人银行账户资料

10. 人事档案

11. 文书档案

12. 其他接管的财产

（三）未接管债务人财产及资料总汇

列明财产清单及未接管原因。

二、债务人财产的管理

（一）对接管财产的管理措施

1. 列明各项有关债务人财产管理的规章制度，例如：《债务人财产保管和使用办法》、《债务人印章和资料的保管和使用办法》、《债务人财务收支管理办法和标准》等；

2. 列明债务人财产、账簿、文书、资料的保管措施；

3. 列明债务人财产的安全保卫措施。

（二）未接管财产的追回措施

列明未接管财产的追回方案。

特此报告。

（管理人印鉴）

××××年××月××日

附：1.《财产接管清单》、《财产状况报告》等材料；
2. 各类财产管理的规章制度。

说明：

一、本文书依据的法律是《中华人民共和国企业破产法》第六十一条第一款第八项之规定，由管理人向债权人会议提交。

二、本文书应当列明财产接管的具体情况，财产接管后的保管、处分等管理制度和措施，以及对未接管财产如何进一步接管，或者如何追回被他人占有的债务人财产的具体方案。

文书样式36

通知书

（通知召开债权人会议用）

（××××）××破管字第×号

×××（债权人名称/姓名）：

×××（债务人名称）因＿＿＿＿＿（写明破产原因），×××（申请人名称/姓名）于××××年××月××日向××××人民法院提出对×××（债务人名称）进行重整/和解/破产清算的申请［债务人自行申请破产的，写×××（债务人名称）因＿＿＿＿＿（写明破产原因），于××××年××月××日向××××人民法院提出重整/和解/破产清算申请］。

××××人民法院于××××年××月××日作出（××××）×破字第×—×号决定书，指定×××担任管理人。

现经××××人民法院决定（或经债权人会议主席决定），定于××××年

××月××日××时在××（会议召开地点）召开×××（债务人名称）破产一案第×次债权人会议，就＿＿＿＿事项（概述会议议题，详见附件）进行表决，请你公司/你准时参加。

参会人员须提交下列证件：

1. 债权人系自然人的，提交身份证原件和复印件；

2. 债权人是机构（单位）的，提交营业执照副本原件和复印件，以及法定代表人的身份证原件和复印件；

3. 委托他人出席的，提交授权委托书及委托代理人身份证原件和复印件。

特此通知。

（管理人印鉴）

××××年××月××日

附：1. 债权人会议议程；
2. 债权人会议议题清单。

说明：

一、本文书依据的法律是《中华人民共和国企业破产法》第六十三条之规定："召开债权人会议，管理人应当提前十五日通知已知的债权人。"由管理人通知债权人参加债权人会议时用。

二、根据《中华人民共和国企业破产法》第六十二条之规定，第一次债权人会议由人民法院召集，以后的债权人会议由人民法院认为必要时决定召开，或者由债权人会议主席收到提议后决定召开。

三、会议通知内容应当注明参加债权人会议应当携带的身份证明材料，并介绍会议主要议题。

文书样式 37

关于提议召开债权人会议的报告

（××××）××破管字第×号

×××（债务人名称）债权人会议主席：

现因_____（列明具体原因），本管理人根据《中华人民共和国企业破产法》六十二条第二款之规定，提议于××××年××月××日召开第×次债权人会议，就以下事项进行表决：

_____（列明提请债权人会议表决的议题名称）；
……
特此报告。

（管理人印鉴）

××××年××月××日

说明：

一、本文书依据的法律是《中华人民共和国企业破产法》第六十二条第二款之规定："（第一次债权人会议）以后的债权人会议，在人民法院认为必要时，或者管理人、债权人委员会、占债权总额四分之一以上的债权人向债权人会议主席提议时召开。"由管理人向债权人会议主席提交。

二、报告应当列明提请债权人会议表决的议题。

文书样式 38

关于提请人民法院裁定××方案的报告
（提请人民法院裁定债权人会议表决未通过方案用）

（××××）××破管字第×号

××××人民法院：

经一次表决的:

根据《中华人民共和国企业破产法》第六十一条第一款之规定,本管理人于××××年××月××日将《债务人财产管理方案》/《破产财产变价方案》提交第×次债权人会议表决,因_____(列明未获通过的理由),方案未获通过。现根据《中华人民共和国企业破产法》第六十五条第一款之规定,提请贵院裁定认可《债务人财产管理方案》/《破产财产变价方案》。

经二次表决的:

根据《中华人民共和国企业破产法》第六十一条第一款之规定,本管理人于××××年××月××日将《破产财产分配方案》提交第×次债权人会议表决,因_____(列明未获通过的理由),方案未获通过。根据《中华人民共和国企业破产法》第六十五条第二款之规定,本管理人又于××××年××月××日将《破产财产分配方案》提交第×次债权人会议二次表决,仍未获通过。现根据《中华人民共和国企业破产法》第六十五条第二款之规定,提请贵院裁定认可《债务人财产管理方案》/《破产财产变价方案》。

特此报告。

(管理人印鉴)

××××年××月××日

附:1. 提交表决的《债务人财产管理方案》、《破产财产变价方案》或《破产财产分配方案》;

2. 债权人会议表决记录及结果。

说明:

一、本文书依据的法律是《中华人民共和国企业破产法》第六十五条第一款和第二款之规定:"本法第六十一条第一款第八项、第九项所列事项,经债权人会议表决未通过的,由人民法院裁定。""本法第六十一条第一款第十项所列事项,经债权人会议二次表决仍未通过的,由人民法院裁定。"由管理人将有关债权人会议表决未通过的方案提请人民法院裁定。

二、《中华人民共和国企业破产法》第六十一条第一款第八项所列事项为"通过债务人财产的方案",第九项所列事项为"通过破产财产的变价方案",第十项所列事项为"通过破产财产的分配方案"。

二、破产清算程序用文书

文书样式39

关于提请债权人会议审议破产财产变价方案的报告

(××××)××破管字第×号

×××(破产人名称)债权人会议:

×××(破产人名称)因＿＿＿＿＿＿(写明破产原因),××××人民法院于××××年××月××日作出(××××)×破字第×—×号民事裁定书,宣告×××(破产人名称)破产。

现根据《中华人民共和国企业破产法》第一百一十一条之规定,拟订《×××(破产人名称)破产财产变价方案》,提交债权人会议审议表决。

特此报告。

(管理人印鉴)

××××年××月××日

附:《×××(破产人名称)破产财产变价方案》

说明:

本文书依据的法律是《中华人民共和国企业破产法》第一百一十一条之规定,由管理人提交债权人会议审议。

文书样式 40

《×××（破产人名称）破产财产变价方案》

（××××）××破管字第×号

一、变价原则
阐述本方案确定的财产变价原则。

二、破产财产状况
分别列明经审计、评估的破产人货币（有价证券）资金、应收账款和预付账款、对外债权、对外投资、存货、固定资产、无形资产等各类破产财产的状况。

三、破产财产变价方案
分别列明各类破产财产的处置措施：

（一）对外债权、对外投资的处置

1. 经调查后发现确无追回可能或追收成本大于债权本身的，报请债权人委员会审议，予以核销处理。

2. 破产人的债务人已破产的，依法申报债权。

3. 其他对外债权、投资的处置方案。

（二）存货、固定资产、无形资产的处置
一般采取拍卖方式进行变价。需要采取拍卖方式之外的变价措施的，列明相应的变价措施。

（三）其他破产财产的处置

四、变价预备措施
对拟公开拍卖财产遭遇流拍时的预备处置措施。

五、设定担保权的特定财产的变价处置方案

说明：

一、本文书依据的法律是《中华人民共和国企业破产法》第一百一十一条之规定，由管理人拟订后提交债权人会议审议。

二、本文书须重点反映各类破产财产的价值、可变价状况，以及相应的变价原则和变价措施。

三、破产人为国有企业的，破产财产变价措施应当符合国有资产管理的相关规定。

四、货币和有价证券类之外的资产，变价措施一般应当采取拍卖方式。

五、依照《中华人民共和国企业破产法》第十章之规定，设定担保权的破产人特定财产不纳入破产财产范围，但为全面反映破产人财产的变价情况，可以在《破产财产变价方案》中附带列明特定财产的变价处置情况。

文书样式 41

关于提请债权人会议审议破产财产分配方案的报告

（××××）××破管字第×号

×××（破产人名称）债权人会议：

根据××××年××月××日第×次债权人会议表决通过的《×××（破产人名称）破产财产变价方案》，在法院的监督、指导下，本管理人已完成对破产财产的变价工作。现根据《中华人民共和国企业破产法》第一百一十五条之规定，拟订《×××（破产人名称）破产财产分配方案》，提交债权人会议审议表决。

特此报告。

（管理人印鉴）

××××年××月××日

附：《×××（破产人名称）破产财产分配方案》

说明：

本文书依据的法律是《中华人民共和国企业破产法》第一百一十五条之规定，由管理人提交债权人会议审议。

文书样式 42

《×××（破产人名称）破产财产分配方案》

（××××）××破管字第×号

一、参加破产财产分配的债权情况

简述参加破产财产分配的债权人人数、各类债权总额等基本情况。另行制作《参与分配债权人表》，详细列明参与分配的债权人名称或者姓名、住所、债权性质与债权额等情况。

二、可供分配的破产财产总额

分别列明货币财产和非货币财产的变价额。直接分配非货币财产的，列明非货币财产的估价额。

三、破产财产分配的顺序、比例和数额

（一）破产费用和共益债务的清偿情况

列明各项破产费用和共益债务的数额，包括已发生的费用和未发生但需预留的费用。人民法院最终确定的管理人报酬及收取情况须特别列明。

（二）破产债权的分配

列明剩余的可供分配破产债权的破产财产数额，依《中华人民共和国企业破产法》第一百一十三条规定的顺序清偿。分别列明每一顺序债权的应清偿额、分配额、清偿比例等。

四、破产财产分配实施办法

（一）分配方式

一般以货币方式进行分配，由管理人根据各债权人提供的银行账号，实施转账支付，或者由债权人领取。

（二）分配步骤

列明分配次数和时间，拟实施数次分配的，应当说明实施数次分配的理由。

（三）分配提存

列明破产财产分配额提存的情况，以及提存分配额的处置方案。

五、特定财产清偿方案

（一）对特定财产享有担保权的债权情况

（二）可供清偿的特定财产总额

列明特定财产的变价总额。

（三）特定财产清偿方案

特定财产的清偿方案。特定财产不足分配所有担保债权的，还应列明未受偿的担保债权数额。

附：《破产债权清偿分配明细表》

说明：

一、本文书依据的法律是《中华人民共和国企业破产法》第一百一十五条之规定，由管理人拟订后提交债权人会议审议。

二、本文书应当列明不同破产财产的变价情况，以及不同清偿顺位债权人的分配额。破产财产的分配原则上应当以货币分配方式进行，但对于无法变价或者不宜变价的非货币财产，经债权人会议决议同意，可以进行实物分配。

三、未发生但需预留的破产费用包括分配公告费用、破产程序终结后的档案保管费用等。

四、根据《最高人民法院关于审理企业破产案件确定管理人报酬的规定》第十条之规定，最终确定的管理人报酬及收取情况，应当列入破产财产分配方案。

五、依照《中华人民共和国企业破产法》第十章之规定，设定担保权的破产人特定财产不纳入破产财产范围，但为全面反映破产人财产的分配情况，可以在《破产财产分配方案》中附带列明特定财产的清偿处置情况。

文书样式43

关于提请人民法院
裁定认可破产财产分配方案的报告

（××××）××破管字第×号

××××人民法院：

本管理人拟订的《×××（破产人名称）破产财产分配方案》已由××××年××月××日第×次债权人会议表决通过。现根据《中华人民共和国企业破产法》第一百一十五条第三款之规定，提请贵院裁定认可。

特此报告。

(管理人印鉴)

××××年××月××日

附：1.《×××（破产人名称）破产财产分配方案》；
2. 债权人会议表决结果。

说明：

本文书依据的法律是《中华人民共和国企业破产法》第一百一十五条第三款之规定："债权人会议通过破产财产分配方案后，由管理人将该方案提请人民法院裁定认可。"由管理人提请人民法院裁定认可。

文书样式 44

公　告
（破产财产中间分配用）

(××××) ××破管字第×号

×××（破产人名称）债权人：

《×××（破产人名称）破产财产分配方案》已于××××年××月××日经第×次债权人会议表决通过，并于××××年××月××日经××××人民法院（×××）×破字第×—×号民事裁定书裁定认可，现根据《中华人民共和国企业破产法》第一百一十六条之规定，由本管理人执行。

×××（破产人名称）破产财产共实施×次分配，本次分配为第×次分配，确定于××××年××月××日实施（列明分配实施方法），本次分配总额为人民币××元，其中，……（列明不同清偿顺序债权的分配总额）。

另有分配额人民币××元，因_____（列明提存原因），暂予以提存。

附录二

339

特此公告。

(管理人印鉴)

××××年××月××日

说明：

一、本文书依据的法律是《中华人民共和国企业破产法》第一百一十六条之规定，由管理人在对实施多次分配方案的中间分配时发布。

二、公告应当列明实施分配的方法。实施分配款项集中发放的，应当列明分配地点、分配时间、款项领取手续等；实施分配款项转账发放的，应当列明转账时间、款项受领条件等。

三、公告应当列明不同清偿顺序债权的分配总额。例如欠付职工工资、医疗、伤残补助、抚恤费用及应当划入职工个人账户的基本养老保险、基本医疗保险费用与应当支付的补偿金的分配总额为人民币××元；欠缴的其他社会保险费用和税收的分配总额为人民币××元；普通债权的分配总额为人民币××元。

四、分配额暂予以提存的，公告应当载明提存情况。

五、公告应当发布于当地有影响的媒体。

文书样式45

公 告
（破产财产最后分配用）

(××××) ××破管字第×号

×××（破产人名称）债权人：

《×××（破产人名称）破产财产分配方案》已于××××年××月××日经第×次债权人会议表决通过，并于××××年××月××日经××××人民法院（××××）×破字第×—×号民事裁定书裁定认可，现根据《中华人民共和国企业破产法》第一百一十六条之规定，由本管理人执行。

根据《×××（破产人名称）破产财产分配方案》确定的分配步骤，×××（破产人名称）破产财产实施×次分配，本次分配为最后分配（或者：×××（破产人名称）破产财产实施一次分配，本次分配即为最后分配），确定于××××年××月××日实施（列明分配实施方法）。

最后分配的分配总额为人民币××元，其中，……（列明不同清偿顺序债权的分配总额）。

对附生效条件或者解除条件的债权提存分配额的处置：

在本次分配前，管理人对附生效条件/解除条件的共计人民币××元的债权分配额进行了提存。在本次分配公告日，分配额共计人民币××元的债权的生效条件仍未成就（或者解除条件已经成就），根据《中华人民共和国企业破产法》第一百一十七条第二款之规定，提存的分配额应当分配给其他债权人；分配额共计人民币××元的债权的生效条件已经成就（或者解除条件仍未成就），根据《中华人民共和国企业破产法》第一百一十七条第二款之规定，提存的分配额应当交付给相应债权人。

对未受领的分配额的提存：

对本次分配前债权人未受领的破产财产分配额，以及本次分配债权人未受领的破产财产分配额，管理人将予以提存。债权人自本次公告之日起满二个月仍不领取的，视为放弃受领分配的权利，提存的分配额将根据《中华人民共和国企业破产法》第一百一十九条之规定，分配给其他债权人。

对诉讼或者仲裁未决的债权分配额的提存：

分配额共计人民币××元的债权，因在本次分配公告日涉及债权确认的相关诉讼/仲裁尚未终结，根据《中华人民共和国企业破产法》第一百一十九条之规定，管理人将分配额提存。自破产程序终结之日起满二年仍不能受领分配的，将由××××人民法院分配给其他债权人。

特此公告。

（管理人印鉴）

××××年××月××日

说明：

一、本文书依据的法律是《中华人民共和国企业破产法》第一百一十六条、一百一十七条之规定，由管理人在对破产财产实施最后分配时发布。

二、公告应当列明实施分配的方法，实施分配款项集中发放的，应当列明分配地点、分配时间、款项领取手续等；实施分配款项转账发放的，应当列明转账时间、款项受领条件等。

三、公告应当载明不同清偿顺序债权的分配总额。例如欠付职工工资、医疗、伤残补助、抚恤费用及应当划入职工个人账户的基本养老保险、基本医疗保险费用与应当支付的补偿金的分配总额为人民币××元；欠缴的其他社会保险费用和税款的分配总额为人民币××元；普通债权的分配总额为人民币××元。

四、公告还应当载明提存分配额的最后分配情况。

五、公告应当发布于当地有影响的媒体。

文书样式46

关于破产财产分配执行情况的报告

（××××）××破管字第×号

××××人民法院：

根据你院（××××）×破字第×—×号民事裁定书裁定认可的《×××（破产人名称）破产财产分配方案》，本管理人已于××××年××月××日将破产财产全部分配完结，现将分配情况报告如下：

一、可供分配的破产财产总额

列明最终可供分配的破产财产总额。

二、已经分配的破产财产

分别列明对破产人特定财产享有优先受偿权的债权；破产费用和共益债务；《中华人民共和国企业破产法》第一百一十三条规定的债权等不同清偿对象的分配总额和支付情况。

具体的债权清偿金额详见附表《×××（破产人名称）破产财产分配表》。

三、提存的分配额及拟处置意见

列明未受领的破产财产分配额与因诉讼或者仲裁未决的债权分配额的提存情况。

具体的提存分配额详见附表《×××破产财产提存分配额情况表》。

四、特定财产清偿处置情况

特此报告。

(管理人印鉴)

××××年××月××日

附：1.《×××（破产人名称）破产财产分配表》；
2.《×××（破产人名称）破产财产提存分配额情况表》。

说明：

一、本文书依据的法律是《中华人民共和国企业破产法》第一百二十条之规定："管理人在最后分配完结后，应当及时向人民法院提交破产财产分配报告。"由管理人制作后提交人民法院。

二、破产财产分配报告应当根据破产财产清偿对象的不同，分别列明分配总额及支付情况。设定担保权的特定财产分配情况应当单独列明；《中华人民共和国企业破产法》第一百一十三条规定的三类债权应当分别列明。债权分配总额为零的，亦应当予以注明。例如破产费用分配总额为××元，实际支付××元；普通债权分配总额为××元，实际支付××元。

三、分配报告还应当列明分配额提存的情况。

文书样式47

关于提请人民法院裁定终结破产程序的报告
（无财产可供分配用）

（××××）××破管字第×号

××××人民法院：

贵院于××××年××月××日作出（××××）×破字第×—×号民事裁定书，裁定宣告×××（破产人名称）破产。现经管理人调查，×××（破产人名称）在偿付破产费用和共益债务后，无可供分配的破产财产，根据《中华人民共和国企业破产法》第一百二十条第一款之规定，管理人请求法院裁定终结×××（破产人名称）的破产程序。

特此报告。

（管理人印鉴）

××××年××月××日

附：1. 破产费用和共益债务清偿报告；
2. 破产人财产状况报告。

说明：

一、本文书依据的法律是《中华人民共和国企业破产法》第一百二十条第一款之规定："破产人无财产可供分配的，管理人应当请求人民法院裁定终结破产程序。"由管理人发现破产人无财产可供分配时，向人民法院提交。

二、管理人在请求人民法院裁定终结破产程序时，应当附破产人的财产状况报告，证明破产人确无可供分配的财产。

三、破产人无财产可供分配，是指破产人以特定财产清偿担保债权，破产财产清偿破产费用和共益债务之后，无其他财产可供分配。破产财产不足清偿破产费用的，则应当依照《中华人民共和国企业破产法》第四十三条第四款之规定，提请法院终结破产程序。

文书样式48

关于提请人民法院裁定终结破产程序的报告

（最后分配完结用）

（××××）××破管字第×号

××××人民法院：

贵院于××××年××月××日作出（××××）×破字第×—×号民事裁定书，裁定宣告×××（破产人名称）破产，并于××××年××月××日裁定认可《×××（破产人名称）破产财产分配方案》。

现破产财产分配方案已执行完毕，最后分配已完结。根据《中华人民共和国企业破产法》第一百二十条第二款之规定，管理人提请贵院裁定终结×××（破产人名称）的破产程序。

特此报告。

（管理人印鉴）

××××年××月××日

附：破产财产分配执行情况的报告

说明：

一、本文书依据的法律是《中华人民共和国企业破产法》第一百二十条第二款之规定："管理人在最后分配完结后，提请人民法院裁定终结破产程序。"由管理人在最后分配完结后，向人民法院提出。

二、提请裁定终结破产程序时，应当附破产财产分配执行情况报告。

文书样式49

关于管理人终止执行职务的报告

（××××）××破管字第×号

××××人民法院：

××××年××月××日，贵院作出（××××）×破字第×—×号民事裁定书，裁定终结×××（破产人名称）的破产程序，管理人职务已全部执行完毕，现将有关情况报告如下：

一、破产财产的分配情况

简述破产财产的分配情况。无财产可供分配的，附破产人财产状况报告；最后分配完结的，附破产财产分配报告。

二、破产程序终结后的职务执行情况

说明破产程序终结后，管理人办理破产人工商、税务等注销登记手续的情况。

三、无未决诉讼或者仲裁的情况

说明破产人无未决诉讼或者仲裁程序。

四、档案移交保管情况

综上,根据《中华人民共和国企业破产法》第一百二十二条之规定,管理人依法终止执行管理人职务。

特此报告。

(管理人印鉴)

××××年××月××日

说明:

一、本文书依据的法律是《中华人民共和国企业破产法》第一百二十二条之规定:"管理人办理注销登记完毕后申请终止执行职务。"由管理人终止执行职务时向人民法院报告。

二、报告主要列明破产程序终结情况,以及程序终结后管理人执行职务的情况,并说明无存在诉讼或者仲裁未决的情况。

三、重整程序用文书

文书样式 50

通知书
(重整期间决定是否同意取回财产用)

(××××)××破管字第×号

×××(要求取回财产的申请人名称/姓名):
同意取回时适用:

你公司/你关于要求取回_____(取回标的物的名称、数量)的申请收悉。经本管理人审核,债务人占有上述财产时约定,_____(列明关于取回条件的约定)。因此,你公司/你的申请符合事先约定的条件,根据《中华人民共和国企业破产法》第七十六条的规定,同意你公司/你取回上述财产。

你公司/你可于接到本通知书之日起×日内,向本管理人接洽办理上述财产的取回手续。

不同意取回时适用：

你公司/你关于要求取回＿＿＿＿＿＿＿（取回标的物的名称、数量）的申请收悉。经本管理人审核，债务人占有上述财产已约定，＿＿＿＿＿＿＿＿（列明关于取回条件的约定）。现因＿＿＿＿＿＿＿（列明相应情形），故你公司/你的申请不符合事先约定的条件，根据《中华人民共和国企业破产法》第七十六条的规定，管理人不同意你公司/你取回上述财产。

如对管理人的上述决定有异议，你公司/你可于接到本通知书之日起×日内向本管理人提出，并附相关证据，配合管理人核实。

特此通知。

（管理人印鉴）

××××年××月××日

附：债务人占有财产时关于取回条件约定的证据材料

说明：

一、本文书依据的法律是《中华人民共和国企业破产法》第七十六条之规定："债务人合法占有他人财产的，该财产的权利人在重整期间要求取回的，应当符合事先约定的条件。"由管理人向提出取回申请的财产权利人发送。

二、财产权利人请求取回财产的，应当符合事先约定的条件。因此，本文书应当列明双方事先关于取回财产的约定条件。

文书样式 51

关于提请人民法院终止重整程序的报告

（××××）××破管字第×号

××××人民法院：

贵院于××××年××月××日作出（××××）×破（预）字第×—×号民事裁定书，裁定债务人×××（债务人名称）重整。重整期间，管理人发现×

××（债务人名称）存在下列情形，导致重整程序无法继续进行：

  1._____；

  2._____；

  ……

  根据《中华人民共和国企业破产法》第七十八条之规定，管理人申请贵院依法裁定终止×××（债务人名称）的重整程序，并宣告×××（债务人名称）破产。

  特此报告。

（管理人印鉴）

××××年××月××日

  附：重整程序无法继续进行的证据材料

说明：

  一、本文书依据的法律是《中华人民共和国企业破产法》第七十八条之规定，由管理人发现重整债务人发生第七十八条规定的三种情形之一的，请求法院裁定终止重整程序，并宣告债务人破产。

  二、本文书应当列明导致重整程序无法继续进行的具体情形。例如，重整债务人经营状况和财产状况继续发生恶化的，应当列明恶化的具体程度，并附相关的证据材料。

文书样式52

关于提请审议重整计划草案的报告

（××××）××破管字第×号

提交人民法院的：

××××人民法院：

  贵院于××××年××月××日以（××××）×破（预）字第×—×号民事裁定书，裁定×××（债务人名称）重整，并于××××年××月××日作出（×××）×破字第×—×号决定书，指定××担任管理人。

348

本管理人接受指定后，负责管理×××（债务人名称）财产和营业事务。根据《中华人民共和国企业破产法》第八十条第二款之规定，管理人起草了《×××（债务人名称）重整计划草案》，现提交贵院，请贵院召开债权人会议，对重整计划草案进行表决。

提交债权人会议的：

×××（债务人名称）债权人会议：

××××人民法院于××××年××月××日以（××××）×破（预）字第×—×号民事裁定书，裁定×××（债务人名称）重整，并于××××年××月××日作出（××××）×破字第×—×号决定书，指定××担任管理人。

本管理人接受指定后，负责管理×××（债务人名称）财产和营业事务。根据《中华人民共和国企业破产法》第八十条第二款之规定，管理人起草了《×××（债务人名称）重整计划草案》，现提交债权人会议审议表决。

特此报告。

（管理人印鉴）

××××年××月××日

附：重整计划草案及说明各一份

×××（债务人名称）重整计划草案

一、债务人基本情况

二、重整计划起草的过程和可行性分析

简述重整计划起草的前期过程，重点分析重整计划实施的可行性。

三、重整计划草案的框架和主要内容

（一）债务人的经营方案

简述经营团队组成、经营计划、经营计划的可行性分析、经营目标等。

（二）债权分类和调整方案

简述经法院裁定确认的债权核查情况，并按债权类别介绍各类债权的金额和调整方案，说明债权调整的理由和实施途径。

（三）出资人权益调整方案

简述出资人情况及出资比例，介绍出资人权益调整方案，说明调整的理由和实施途径。

（四）债权受偿方案

简述各类债权的受偿途径和比例，并须特别说明如果不重整而直接进行破产清算的债权的可能受偿比例。

（五）重整计划的执行期限

说明确定重整计划执行期限的理由。

（六）重整计划执行的监督期限

说明重整计划执行监督措施及确定重整计划执行监督期限的理由。

（七）有利于债务人重整的其他方案

四、重整计划草案的重点与难点

突出说明重整计划实施中的重点与难点，介绍解决的方案和途径，以及重整计划实施过程中需要进一步工作的内容。

说明：

一、本文书依据的法律是《中华人民共和国企业破产法》第七十九条、第八十条第一款之规定，由管理人制作后同时向受理破产案件的人民法院和债权人会议提交。

二、根据《中华人民共和国企业破产法》第八十条第一款之规定，管理人负责管理财产和营业事务的，由管理人制作重整计划草案；债务人自行管理财产和营业事务的，由债务人制作重整计划草案。

三、根据《中华人民共和国企业破产法》第八十四条之规定，人民法院应当自收到重整计划草案之日起三十日内召开债权人会议，对重整计划草案进行表决。

四、本文书应当附重整计划草案及说明，就一些重要问题，例如债权调整、出资人利益调整、重整后的经营方案等作出说明。

文书样式 53

关于申请延期提交重整计划草案的报告

（××××）××破管字第×号

××××人民法院：

贵院于××××年××月××日以（××××）×破（预）字第×—×号民事裁定书，裁定×××（债务人名称）重整，并于××××年××月××日作出（×××）×破字第×—×号决定书，指定××担任管理人。

本管理人接受指定后，负责管理×××（债务人名称）财产和营业事务，并就重整计划草案的制作进行了充分研究。现管理人无法在贵院裁定重整之日起六个月内（即××××年××月××日前）按期提交重整计划草案，理由如下：

1. ＿＿＿＿＿＿＿＿；
2. ＿＿＿＿＿＿＿＿；
……

现根据《中华人民共和国企业破产法》第七十九条第二款之规定，请求贵院裁定延期×个月，至××××年××月××日前提交重整计划草案。

特此报告。

（管理人印鉴）

××××年××月××日

说明：

一、本文书依据的法律是《中华人民共和国企业破产法》第七十九条第二款之规定："前款规定的（重整计划草案提交）期限届满，经债务人或者管理人请求，有正当理由的，人民法院可以裁定延期三个月。"由管理人向人民法院提交。

二、管理人应当向法院说明申请延期提交重整计划草案的正当理由，申请延长的期限最长不得超过三个月。

文书样式 54

关于提请人民法院裁定批准重整计划的报告
（请求批准经债权人会议表决通过的重整计划用）

（××××）××破管字第×号

××××人民法院：

351

贵院受理的×××（债务人名称）重整一案，于××××年××月××日召开了第×次债权人会议。债权人会议依照债权分类对重整计划草案进行了分组表决（重整计划草案涉及出资权益调整的：并设出资人组进行了表决），各表决组均表决通过了重整计划草案。

根据《中华人民共和国企业破产法》第八十六条之规定，管理人现提请贵院裁定批准该重整计划。

特此报告。

（管理人印鉴）

××××年××月××日

附：1. 重整计划草案；
　　2. 债权人会议及出资人会议各表决组表决结果。

说明：

　　一、本文书依据的法律是《中华人民共和国企业破产法》第八十六条之规定："各表决组均通过重整计划草案时，重整计划即为通过。自重整计划通过之日起十日内，债务人或者管理人应当向人民法院提出批准重整计划的申请。"由管理人在各表决组通过重整计划草案后向人民法院提交。

　　二、重整计划草案涉及出资人权益调整事项的，重整计划草案还应当经过出资人表决组通过。

　　三、本文书应当附重整计划草案和表决结果。表决结果应当经债权人会议主席或者债权人代表签字确认。

文书样式55

关于提请人民法院裁定批准重整计划草案的报告
（请求批准经债权人会议表决未通过的重整计划草案用）

（××××）××破管字第×号

××××人民法院：

　　贵院受理的×××（债务人名称）重整一案，于××××年××月××日召开了第×次债权人会议。债权人会议依照债权分类对重整计划草案进行了分组表决（重整计划草案涉及出资权益调整的；并设出资人组进行了表决）。经表决，×××表决组通过了重整计划草案，×××表决组未通过重整计划草案。经债务人（或管理人）与表决未通过的×××表决组协商，×××表决组拒绝再次表决（或于××××年××月××日再次表决后，仍未通过重整计划草案）。

管理人认为，重整计划草案符合法院批准的条件，理由如下：

1. _____；
2. _____；
……

综上，根据《中华人民共和国企业破产法》第八十七条第二款之规定，提请贵院裁定批准该重整计划草案。

特此报告。

（管理人印鉴）

××××年××月××日

附：1. 重整计划草案；
2. 各表决组第一次表决结果；
3. ×××表决组拒绝再次表决文件或再次表决结果；
4. 重整计划草案符合法院强制批准的相关证据材料。

说明：

一、本文书依据的法律是《中华人民共和国企业破产法》第八十七条第二款之规定，由管理人在重整计划草案经两次表决未通过，提请法院批准时提交。

二、报告应当详细阐述重整计划草案符合法院强制批准条件的理由。

三、报告应当附各表决组表决结果。

文书样式 56

关于重整计划执行情况的监督报告

（××××）××破管字第×号

××××人民法院：

贵院于××××年××月××日以（××××）×破（预）字第×—×号民事裁定书，裁定×××（债务人名称）重整，并于××××年××月××日作出（×××）×破字第×—×号民事裁定书，裁定批准×××（债务人名称）的重整计划（或者重整计划草案）。

依据《中华人民共和国企业破产法》第九十条之规定，管理人对债务人重整计划的执行情况进行了监督，＿＿＿＿＿（简述监督期内，管理人采取的监督措施及债务人接受监督的情况）。根据重整计划的规定，监督期已于××××年××月××日届满。现管理人将债务人执行重整计划的相关情况报告如下：

一、重整计划的基本情况

简述重整案件的受理日期、重整计划的批准情况、批准日期、执行期限、监督期限等。

二、重整计划执行情况

（一）重整计划的主要内容

（二）重整计划各部分内容的具体执行情况

列明经营方案、债权调整及受偿、出资人权益调整，以及其他重整方案的执行情况。未能执行或者未执行完毕的，应当说明理由及解决方案。

三、债务人的经营状况

简述债务人在重整期间的经营状况，包括：债务人的资产负债、销售（营业）额、成本、税后净利润、现金流量值等经营指标。反映债务人在重整前后的经营状况变化。

四、监督期满后债务人执行重整计划的建议

如果监督期限届满重整计划未执行完毕的，管理人可对监督期满后债务人继续执行重整计划提出建议。

特此报告。

（管理人印鉴）

××××年××月××日

附：1. 重整计划；
2. 债务人重整计划执行情况报告；
3. 债务人经营状况报告。

说明：

一、本文书依据的法律是《中华人民共和国企业破产法》第九十条第一款、第九十一条第一款之规定，由管理人在重整计划执行监督期满后，报告人民法院。

二、本文书应当列明债务人执行重整计划的情况，以及重整计划执行的效果。

三、监督期限届满，重整计划未执行完毕的，管理人可以对债务人继续执行重整计划提出建议。

文书样式 57

关于申请延长重整计划执行监督期限的报告

（××××）××破管字第×号

××××人民法院：

贵院于××××年××月××日以（××××）×破（预）字第×—×号民事裁定书，裁定×××（债务人名称）重整，并于××××年××月××日作出（××××）×破字第×-×号民事裁定书，裁定批准重整计划（或者重整计划草案），重整计划执行期限自××××年××月××日起至××××年××月××日止；重整计划执行监督期限自××××年××月××日起至××××年××月××日止。

重整计划执行监督期内，管理人依据《中华人民共和国企业破产法》第九十条之规定，对债务人执行重整计划的情况进行了监督。在重整计划执行过程中，管理人发现存在下列情形，认为需要延长重整计执行监督期限：

  1._____；

  2._____；

  ……

  为保障重整计划的顺利执行完毕，管理人根据《中华人民共和国企业破产法》第九十一条第三款之规定，申请法院裁定延长重整计划执行的监督期限×个月，即延长至××××年××月××日止。

  特此报告。

（管理人印鉴）

××××年××月××日

说明：

  本文书依据的法律是《中华人民共和国企业破产法》第九十一条第三款之规定，由管理人在重整计划执行监督期限届满前，认为需要延长监督期限时向法院提交。

文书样式 58

关于提请人民法院
裁定终止重整计划执行的报告

（××××）××破管字第×号

××××人民法院：

  贵院于××××年××月××日以（××××）×破（预）字第×—×号民事裁定书，裁定×××（债务人名称）重整，并于××××年××月××日作出（××××）×破字第×-×号民事裁定书，裁定批准重整计划（或者重整计划草案），重整计划执行期限自××××年××月××日起至××××年××月××日止。

  现经管理人调查，×××（债务人名称）出现下列不能执行（或不执行）重整计划的情况：

  1._____；

  2._____；

……

因×××（债务人名称）不能执行（或不执行）重整计划，管理人根据《中华人民共和国企业破产法》第九十三条第一款之规定，请求贵院裁定终止重整计划的执行，并宣告×××（债务人名称）破产。

特此报告。

（管理人印鉴）

××××年××月××日

附：重整计划不能执行或者债务人不执行重整计划的相关材料

说明：

一、本文书依据的法律是《中华人民共和国企业破产法》第九十三条第一款之规定，由管理人在债务人不执行或者不能执行重整计划时向法院提交。

二、本文书应当具体说明债务人不能执行或不执行重整计划的具体情况。

四、和解程序用文书

文书样式59

管理人执行职务的工作报告

（和解程序用）

（××××）××破管字第×号

××××人民法院：

贵院于××××年××月××日作出（××××）×破（预）字第×—×号民事裁定书，裁定×××（债务人名称）和解，并于××××年××月××日作出（×××）×破字第×—×号决定书，指定×××担任管理人。

××××年××月××日，×××（债务人名称）第×次债权人会议表决通过了债务人提出的和解协议。贵院于××××年××月××日作出（××××）×破字第×—×号民事裁定书,裁定认可和解协议。

根据《中华人民共和国企业破产法》第九十八条之规定,本管理人已向债务人移交了财产和营业事务,现将管理人执行职务的情况报告如下:

一、债务人的基本情况

列明债务人的设立日期、性质、住所地、经营范围、注册资金、出资人及出资比例、财产状况等基本情况。

二、和解协议通过和人民法院裁定认可的基本情况

1. 和解协议的基本内容;
2. 债权人会议表决通过和解协议的基本情况;
3. 人民法院裁定认可和解协议的基本情况。

三、财产和营业事务移交的基本情况

四、其他需要报告的职务执行情况

特此报告。

(管理人印鉴)
××××年××月××日

附:1. 和解协议;
2. 债权人会议对和解协议的表决结果;
3. 其他相关报告材料。

说明:

一、本文书依据的法律是《中华人民共和国企业破产法》第九十八条之规定:"债权人会议通过和解协议的,由人民法院裁定认可,终止和解程序,并予以公告。管理人应当向债务人移交财产和营业事务,并向人民法院提交执行职务的报告。"由管理人向人民法院提交。

二、本文书应当列明管理人接受指定后,在工作准备、财产接管、债权债务清理、债权申报登记等方面的职务执行情况。重点报告和解协议通过情况及财产、营业事务移交情况。相关职务执行情况有具体报告的,应当作为本文书的附件一并提交。

最高人民法院关于印发
《人民法院破产程序法律文书样式(试行)》的通知

(2011年10月13日 法办发〔2011〕12号)

各省、自治区、直辖市高级人民法院,解放军军事法院,新疆维吾尔自治区高级人民法院生产建设兵团分院:

为了更好地指导各级人民法院正确适用《中华人民共和国企业破产法》及相关司法解释,规范人民法院破产程序法律文书,提高人民法院审理企业破产案件质量,最高人民法院制作了《人民法院破产程序法律文书样式(试行)》,现予以印发,并就适用本文书样式的有关问题通知如下:

一、关于本文书样式的体例

针对破产程序各阶段和相关程序的工作内容,按照简洁、实用、便利的原则,文书样式分为"通用类文书"、"破产清算程序用文书"、"重整程序用文书"、"和解程序用文书"以及适用于破产衍生诉讼一审程序的"破产衍生诉讼用文书"五类共105个文书样式。各文书样式均包括文书主文和制作说明两部分。文书主文是文书的核心部分,包括文书名称、文号、名头、主文、落款、附件等部分。制作说明是文书样式的辅助部分,主要列明制作文书样式的法律依据以及文书制作中需要注意的问题,以有利于人民法院正确制作、使用文书。

二、关于相关案件的案号和各文书样式的文号

1. 破产案件的案号

破产案件的案号为"(××××)×破字第×号"。人民法院审理一个债务人的破产案件,包括破产申请受理前后,以及破产清算与重整、和解之间相互转化程序前后,均应使用同一案号。

"(××××)×破字第×号"中的"(××××)",应列明人民法院受理破产案件的年份；"（××××）×破字第×号"中的"×"，应列明审理破产案件法院的简称；"（××××）×破字第×号"中的"×"，应列明该破产案件的案号。

2. 破产案件中出具的各类文书的文号

鉴于破产案件进展中程序不同和出具的各文书性质不同，人民法院在审理一个破产案件中将出具众多的民事裁定书、决定书、通知、公告和复函等各类文书，为体现相关文书出具的不同阶段以及各类文书的排序，人民法院在审理破产案件时，应当在上述案号的基础上，在所出具有关文书的文号上分别以"预"、"初"、"-×"等予以标识。具体如下：

"（××××）×破（预）字第×号"中的"（预）"，体现该文书出具在破产申请受理前，即人民法院裁定受理破产清算、重整、和解申请前制作的各类法律文书，以及作出的不予受理和受理上述申请的民事裁定书，均以"（××××）×破（预）字第×号"确定文号。人民法院裁定受理破产申请后，则应以"（××××）×破字第×号"确定文号。

"（××××）×破初字第×号"中的"初"，体现该文书系审理破产案件的人民法院作出的一审裁定。根据企业破产法的规定，申请人不服该裁定的可向上一级人民法院提起上诉。此类文号涉及人民法院作出的不予受理破产申请和驳回破产申请两类民事裁定书。

"（××××）×破字第×-×号"中的"-×"，体现不同文书的编排序号。如人民法院在审理一个破产案件中作出的所有民事裁定书，应当分别以"（××××）×破字第×-1号"民事裁定书、"（××××）×破字第×-2号"民事裁定书、"（××××）×破字第×-3号"民事裁定书……依次编号；作出的所有决定书，应当分别以"（××××）×破字第×-1号"决定书、"（××××）×破字第×-2号"决定书、"（××××）×破字第×-3号"决定书……依次编号，等等。编排序号不受破产申请受理前后的影响，如破产申请受理前最后编号为"（××××）×破（预）字第×-5号"民事裁定书的，破产申请受理后应直接以"(××××)×破字第×-6号"民事裁定书依次编号。

3. 上一级人民法院审理相关案件的案号

受理破产案件的人民法院作出的不予受理或者驳回破产申请的民事裁定书，以及拘留、罚款决定书，根据法律规定可以分别向上一级人民法院提起上诉或申请复议。上一级人民法院对于这类案件应当分别以"(××××)×破（预）终字第×号"、"(××××)×破终字第×号"，以及"(××××)×破复字第×号"确定案号。其中，"(××××)×破（预）终字第×号"中的"(××××)"，应列明二审法院受理破产案件的年份；"(××××)×破（预）终字第×号"中的"×"，应列明二审法院的简称；"(××××)×破（预）终字第×号"中的"×"，应列明该二审案件的案号。其他两类文书同理。

4. 破产衍生诉讼案件的案号

根据企业破产法的规定，破产申请受理后有关债务人的实体权利义务等发生争议的，均应另行向受理破产申请的人民法院提起诉讼，即为破产衍生诉讼。因破产衍生诉讼独立于破产案件，系普通民商事案件，因此，其一审均应以"(××××)×民初字第×号"确定案号，二审均应以"(××××)×民终字第×号"确定案号。

三、关于本文书样式的适用

人民法院适用企业破产法审理相关案件涉及的文书样式十分复杂，且在实践中会不断遇到新情况新问题，此次下发的仅是其中常用的、具有代表性的文书样式，且有的文书样式尚待相关司法解释颁布后再作补充与完善。因此，实践中如遇未列出的文书，可参考这些常用样式，根据案件具体情况变通适用。

请各高级人民法院注意收集辖区内人民法院在适用本文书样式中发现的问题并提出改进建议，及时报告最高人民法院民事审判第二庭。

特此通知。

目　　录

一、通用类文书

1. 决定书（指定管理人用）
2. 通知书（告知债务人有关人员的相关义务用）
3. 决定书（指定债权人会议主席用）
4. 民事裁定书（确认债权表记载的无争议债权用）
5. 决定书（临时确定债权额用）
6. 民事裁定书（撤销债权人会议决议用）
7. 决定书（认可债权人委员会成员用）
8. 决定书（针对监督事项作出决定用）
9. 复函（许可管理人为某些行为用）
10. 决定书（批准或驳回债权人会议更换管理人的申请用）
11. 决定书（依职权更换管理人用）
12. 公告（更换管理人用）
13. 决定书（许可或驳回管理人辞职申请用）
14. 通知书（确定管理人报酬方案用）
15. 通知书（调整管理人报酬方案用）
16. 通知书（确定管理人应收取的报酬数额用）
17. 决定书（认可或驳回债权人会议关于管理人报酬异议用）
18. 拘留决定书
19. 罚款决定书
20. 复议决定书（维持或撤销下级法院拘留、罚款决定书用）

二、破产清算程序用文书

21. 通知书（收到破产清算申请后通知债务人用）
22. 民事裁定书（受理债权人的破产清算申请用）
23. 通知书（受理债权人的破产清算申请后通知债务人提交材料用）
24. 民事裁定书（受理债务人的破产清算申请用）
25. 民事裁定书（受理对已解散企业法人负有清算责任的人的破产清算申请用）
26. 民事裁定书（不予受理债权人的破产清算申请用）
27. 民事裁定书（不予受理债务人的破产清算申请用）

28. 民事裁定书（不予受理对已解散企业法人负有清算责任的人的破产清算申请用）

29. 民事裁定书（维持或撤销不予受理破产清算申请的裁定用）

30. 民事裁定书（驳回债权人的破产清算申请用）

31. 民事裁定书（驳回债务人的破产清算申请用）

32. 民事裁定书（驳回对已解散企业法人负有清算责任的人的破产清算申请用）

33. 民事裁定书（维持或撤销驳回破产清算申请的裁定用）

34. 通知书（受理破产清算申请后通知已知债权人用）

35. 公告（受理破产清算申请用）

36. 民事裁定书（宣告债务人破产用）

37. 民事裁定书（不足清偿破产费用时宣告债务人破产并终结破产程序用）

38. 公告（宣告债务人破产用）

39. 公告（不足清偿破产费用时宣告债务人破产并终结破产程序用）

40. 民事裁定书（通过债务人财产的管理方案用）

41. 民事裁定书（通过破产财产的变价方案用）

42. 民事裁定书（通过破产财产的分配方案用）

43. 复议决定书（维持或撤销本院民事裁定书用）

44. 民事裁定书（认可破产财产分配方案用）

45. 民事裁定书（终结破产程序用）

46. 公告（终结破产程序用）

47. 决定书（管理人终止执行职务用）

48. 民事裁定书（追加分配破产财产用）

三、重整程序用文书

49. 通知书（收到重整申请后通知债务人用）

50. 民事裁定书（受理债权人直接提出的重整申请用）

51. 通知书（受理债权人提出的重整申请后通知债务人提交材料用）

52. 民事裁定书（受理债务人直接提出的重整申请用）

53. 民事裁定书（受理破产申请后宣告债务人破产前裁定债务人重整用）

54. 公告（受理债权人或债务人直接提出的重整申请用）

55. 公告（受理破产清算申请后宣告债务人破产前裁定债务人重整用）

56. 民事裁定书（不予受理债权人直接提出的重整申请用）

57. 民事裁定书（不予受理债务人直接提出的重整申请用）

58. 民事裁定书（不予受理债务人或出资人在人民法院受理破产申请后宣告债务人破产前提出的重整申请用）

59. 民事裁定书（维持或撤销不予受理重整申请的裁定用）

60. 决定书（许可债务人自行管理财产和营业事务用）

61. 通知书（受理债权人或债务人直接提出的重整申请后通知已知债权人用）

62. 复函（同意董事、监事、高级管理人员向第三人转让股权用）

63. 复函（许可担保权人恢复行使担保权用）

64. 决定书（设小额债权组用）

65. 民事裁定书（根据申请终止重整程序用）

66. 民事裁定书（法院直接裁定终止重整程序用）

67. 公告（根据申请终止重整程序并宣告债务人破产用）

68. 公告（法院直接裁定终止重整程序并宣告债务人破产用）

69. 民事裁定书（延长重整计划草案提交期限用）

70. 民事裁定书（批准重整计划用）

71. 民事裁定书（批准重整计划草案用）

72. 民事裁定书（不批准重整计划用）

73. 民事裁定书（不批准重整计划草案用）

74. 公告（批准重整计划或重整计划草案并终止重整程序用）

75. 公告（不批准重整计划或重整计划草案并终止重整程序宣告债务人破产用）

76. 民事裁定书（延长重整计划执行的监督期限用）

77. 民事裁定书（终止重整计划的执行用）

78. 民事裁定书（延长重整计划执行期限用）

79. 通知书（协助执行重整计划用）

四、和解程序用文书

80. 民事裁定书（受理债务人直接提出的和解申请用）

81. 民事裁定书（受理破产清算申请后裁定债务人和解用）

82. 民事裁定书（不予受理债务人直接提出的和解申请用）

83. 民事裁定书（受理破产申请后裁定不予受理债务人提出的和解申请用）

84. 民事裁定书（维持或撤销不予受理和解申请的裁定用）

85. 公告（裁定受理债务人直接提出的和解申请用）

86. 公告（受理破产申请后宣告债务人破产前裁定债务人和解用）

87. 通知书（裁定受理债务人直接提出的和解申请后通知已知债权人用）

88. 民事裁定书（认可或不予认可和解协议用）

89. 民事裁定书（和解协议草案未获通过时裁定终止和解程序用）

90. 民事裁定书（确认和解协议无效用）

91. 民事裁定书（终止和解协议的执行用）

92. 民事裁定书（认可债务人与全体债权人自行达成的协议用）

93. 公告（认可和解协议并终止和解程序用）

94. 公告（终止和解程序并宣告债务人破产用）

五、破产衍生诉讼用文书

95. 民事判决书（破产撤销权诉讼一审用）

96. 民事判决书（破产抵销权诉讼一审用）

97. 民事判决书（破产债权确认诉讼一审用）

98. 民事判决书（取回权诉讼一审用）

99. 民事判决书（别除权诉讼一审用）

100. 民事判决书（确认债务人无效行为诉讼一审用）

101. 民事判决书（对外追收债权或财产诉讼一审用）

102. 民事判决书（追收出资诉讼一审用）

103. 民事判决书（追收非正常收入诉讼一审用）

104. 民事判决书（损害债务人利益赔偿诉讼一审用）

105. 民事判决书（管理人承担赔偿责任诉讼一审用）

一、通用类文书

文书样式1

××××人民法院
决定书
(指定管理人用)

(××××)×破字第×-×号

××××年××月××日，本院根据×××（申请人姓名或名称）的申请，裁定受理×××（债务人名称）破产清算（或重整、和解）一案。经……（写明指定程序），依照……（写明所依据的法律条款项）之规定，指定×××担任×××（债务人名称）管理人。

管理人应当勤勉尽责，忠实执行职务，履行《中华人民共和国企业破产法》规定的管理人的各项职责，向人民法院报告工作，并接受债权人会议和债权人委员会的监督。管理人职责如下：

（一）接管债务人的财产、印章和账簿、文书等资料；

（二）调查债务人财产状况，制作财产状况报告；

（三）决定债务人的内部管理事务；

（四）决定债务人的日常开支和其他必要开支；

（五）在第一次债权人会议召开之前，决定继续或者停止债务人的营业；

（六）管理和处分债务人的财产；

（七）代表债务人参加诉讼、仲裁或者其他法律程序；

（八）提议召开债权人会议；

（九）本院认为管理人应当履行的其他职责。

××××年××月××日

（院印）

说明：

一、本样式系根据《最高人民法院关于审理企业破产案件指定管理人的规定》第二十七条制定，供人民法院裁定受理破产清算、重整或者和解申请后指定管理人时使用。

二、指定清算组担任管理人的，还应写明：依照《最高人民法院关于审理企业破产案件指定管理人的规定》第十九条之规定，指定×××为清算组成员。

三、本决定书应送达管理人、破产申请人、债务人及债务人的企业登记机关。

文书样式2

××××人民法院
通知书
（告知债务人有关人员的相关义务用）

（××××）×破字第×-×号

×××：

本院于××××年××月××日根据×××（申请人姓名或名称）的申请裁定受理×××（债务人名称）破产清算（或重整、和解）一案，并于××××年××月××日指定×××为×××（债务人名称）管理人。依照《中华人民共和国企业破产法》第十五条之规定，从即日起至破产清算（或重整、和解）程序终结（或终止）之日，你应当承担下列义务：

一、自收到受理破产申请的裁定之日起15日内向本院提交财产状况说明、债务清册、债权清册、有关财务会计报告以及职工工资的支付和社会保险费用的缴纳情况。

二、自案件受理之日起停止清偿债务。

三、自本院受理破产申请的裁定送达之日起至破产程序终结之日，法定代表人、财务管理人员及其他经营管理人员承担下列义务：（1）妥善保管其占有和管理的财产、印章和账簿、文书等资料；（2）根据本院、管理人的要求进行工作，并如实回答询问；（3）列席债权人会议并如实回答债权人的询问；（4）未经本院许可，不得离开住所地；（5）不得新任其他企业的董事、监事、高级管理人员。

四、管理人接管时，法定代表人应向管理人办理移交手续，并答复

367

有关财产及业务的询问。

　　五、第一次债权人会议定于××××年××月××日于本院第×审判庭召开，法定代表人及财务管理人员必须准时参加。

　　特此通知

××××年××月××日

（院印）

说明：

　　一、本样式系根据《中华人民共和国企业破产法》第十五条制定，供人民法院受理破产清算、重整或者和解申请后告知债务人有关人员相关义务时使用。

　　二、本通知应当送达债务人的法定代表人。根据案件的实际情况，经人民法院决定（经合议庭研究并记入笔录即可），也可以送达债务人的财务管理人员或其他经营管理人员。

文书样式3

××××人民法院
决定书
（指定债权人会议主席用）

（××××）×破字第×-×号

　　××××年××月××日，本院根据×××（申请人姓名或名称）的申请裁定受理×××（债务人名称）破产清算（或重整、和解）一案。依照《中华人民共和国企业破产法》第六十条第一款之规定，特指定×××担任债权人会议主席。

××××年××月××日

（院印）

说明：

　　一、本样式系根据《中华人民共和国企业破产法》第六十条第一款制定，供人民法院裁定受理破产清算、重整或者和解申请后指定债权人会议主席时使用。

二、指定单位担任债权人会议主席的，该单位应指定一个常任代表。

三、本决定书应送达被指定的单位或个人。

文书样式4

××××人民法院
民事裁定书
（确认债权表记载的无争议债权用）

（××××）×破字第×-×号

××××年××月××日，本院根据×××（申请人姓名或名称）的申请裁定受理×××（债务人名称）破产清算（或重整、和解）一案。

本院查明：……（概括写明债权人申报债权、管理人审查债权及债权人会议核查债权的情况）。

本院认为：根据债权人会议核查的情况，债务人、债权人对于×××等×位债权人的债权均无异议。依照《中华人民共和国企业破产法》第五十八条第二款之规定，裁定如下：

确认×××等×位债权人的债权（详见无争议债权表）。

本裁定自即日起生效。

审 判 长 ×××
（代理）审判员 ×××
（代理）审判员 ×××

××××年××月××日
（院印）

本件与原本核对无异

书 记 员 ×××

附：无争议债权表

说明：

一、本样式系根据《中华人民共和国企业破产法》第五十八条第二款制定，供人民法院确认债权表记载的无争议债权时使用。

二、根据情况可以先在债权人会议上口头裁定。本裁定书应送达债务人、管理人及所附债权表上载明的债权人。

三、本样式同样适用于确认补充申报的债权。

文书样式5

××××人民法院
决定书
（临时确定债权额用）

（××××）×破字第×-×号

××××年××月××日，×××（债权人姓名或名称）向×××（债务人名称）管理人申报债权，……（写明债权申报的具体情况）。×××（债务人名称）管理人经审查认为，……（写明管理人的审查意见）。经第×次债权人会议核查，×××（异议人姓名或名称）对×××（债权人姓名或名称）申报的债权提出异议，认为……（写明异议人的意见）。

本院经审查认为，……（写明法院初步审查的意见）。本院依照《中华人民共和国企业破产法》第五十九条第二款之规定，决定如下：

临时确定×××的债权数额为××元。

××××年××月××日
（院印）

说明：

一、本样式系根据《中华人民共和国企业破产法》第五十九条第二款制定，供人民法院为债权人行使表决权而临时确定债权额用。

二、本决定书应送达债权人、债务人、管理人及异议人。

文书样式 6

××××人民法院
民事裁定书
（撤销债权人会议决议用）

（××××）×破字第×-×号

申请人：……（写明债权人姓名或名称等基本情况）。
法定代表人（或代表人）：……（写明姓名和职务）。
委托代理人：……（写明姓名等基本情况）。
××××年××月××日，×××向本院提出申请称，债权人会议于××××年××月××日作出决议，……（写明决议的内容）。该决议第×项违反了……（写明法律依据），损害了其合法权益，请求本院撤销该决议，责令债权人会议依法重新作出决议。
本院认为：……（写明支持或不支持申请人的理由）。依照……（写明所依据的法律条款项）之规定，裁定如下：
一、撤销债权人会议××××年××月××日决议的第×项；
二、债权人会议重新作出决议。
或者：
驳回×××（债权人姓名或名称）的申请。
本裁定自即日起生效。

审　判　长　×××
（代理）审判员　×××
（代理）审判员　×××

××××年××月××日
（院印）

本件与原本核对无异

书　记　员　×××

说明：

一、本样式系根据《中华人民共和国企业破产法》第六十四条第二款制定，供人民法院根据债权人的申请决定是否撤销债权人会议决议时使用。

二、当事人是自然人的，应当写明其姓名、性别、出生日期、民族、国籍、职业（或工作单位和职务）及住所。当事人是法人的，写明其名称和住所地，并写明法定代表人及其姓名和职务。当事人是依法成立的不具备法人资格的其他组织的，写明其名称及住所地，并写明负责人及其姓名和职务。有委托代理人的，应写明其姓名、性别、职业（或工作单位和职务）及住所；若委托代理人系当事人的近亲属，还应在姓名后括注其与当事人的关系；若委托代理人系律师，只写明其姓名、单位和职务。

三、本决定书应送达申请人、管理人并通知其他债权人或债权人委员会成员。

文书样式7

××××人民法院
决定书
（认可债权人委员会成员用）

（××××）×破字第×-×号

×××（债务人名称）第×次债权人会议决定设立债权人委员会，并为此选任……（写明选任的债权人的姓名或名称）为债权人代表，推选×××为职工代表（工会代表）。本院认为，债权人委员会成员的人数和构成符合《中华人民共和国企业破产法》第六十七条之规定，故决定如下：

认可……为债权人委员会成员。

××××年××月××日

（院印）

说明：

一、本样式系根据《中华人民共和国企业破产法》第六十七条制定，供人民法院决定认可债权人委员会成员时使用。

二、本决定书应送达债权人委员会成员和管理人。

文书样式 8

××××人民法院
决定书
（针对监督事项作出决定用）

（××××）×破字第×-×号

申请人：×××（债务人名称）债权人委员会。

被申请人：……（写明姓名或名称等基本情况）。

××××年××月××日，×××（债务人名称）债权人委员会向本院提出申请，称……（简要写明被申请人拒绝接受监督的有关情况），请求本院就此作出决定。

本院认为：……（写明意见及理由）。依照……（写明所依据的法律条款项）之规定，决定如下：

……（针对监督事项对管理人、债务人的有关人员提出具体要求）。

××××年××月××日

（院印）

说明：

一、本样式系根据《中华人民共和国企业破产法》第六十八条制定，供人民法院根据债权人委员会的申请就监督事项作出决定时使用。

二、被申请人可为管理人或者债务人的有关人员。被申请人是管理人的，其基本情况只需写明"×××（债务人名称）管理人"；被申请人是债务人的有关人员的，其基本情况的写法与样式 6 相同。

三、本决定书应送达申请人和被申请人。

文书样式 9

××××人民法院
复 函
（许可管理人为某些行为用）

（××××）×破字第×-×号

×××（债务人名称）管理人：
　　本院于××××年××月××日收到《……》（写明来文的名称），……（引用请示的内容及事实和理由）。经研究，答复如下：
　　……（写明答复意见）。
　　此复

××××年××月××日
（院印）

说明：
　　一、本样式系根据《中华人民共和国企业破产法》第二十六条、第二十八条制定，供人民法院收到管理人的有关申请后作出答复时使用。
　　二、许可的行为范围限于《中华人民共和国企业破产法》第二十六条、第二十八条第一款所列行为。具体包括：在第一次债权人会议召开之前，决定继续或停止债务人的营业；聘用必要的工作人员；在第一次债权人会议召开之前，有《中华人民共和国企业破产法》第六十九条第一款所列行为。

文书样式 10

××××人民法院
决定书
（批准或驳回债权人会议更换管理人的申请用）

（××××）×破字第×-×号

××××年××月××日，×××（债务人名称）债权人会议向本院提出申请，称……（写明依据的事实及理由），请求本院更换管理人，并提交了债权人会议决议。

管理人称：……（概括写明管理人所做书面说明的内容）。

本院查明：……

本院认为：……（写明审查意见及理由）。……（写明重新指定管理人的有关情况）。依照……（写明所依据的法律条款项）之规定，决定如下：

一、解除×××（原管理人的姓名或名称）的×××（债务人名称）管理人职务；

二、指定×××（新管理人的姓名或名称）为×××（债务人名称）管理人。

或者：

驳回×××（债务人全称）债权人会议的申请。

××××年××月××日

（院印）

说明：

一、本样式系根据《中华人民共和国企业破产法》第二十二条及《最高人民法院关于审理企业破产案件指定管理人的规定》第三十一条、第三十二条制定，供人民法院根据债权人会议的申请决定更换管理人或驳回债权人会议的申请时使用。

二、更换管理人的，应将本决定书送达原管理人、新管理人、破产申请人、债务人及债务人的企业登记机关；驳回申请的，应将本决定书送达债权人及管理人。

文书样式 11

××××人民法院
决定书
（依职权更换管理人用）

（××××）×破字第×-×号

　　××××年××月××日，本院作出（××××）×破字第×-×号决定书，指定×××（原管理人的姓名或名称）为×××（债务人名称）管理人。……（写明管理人坚持辞职或出现不能履行职务的情形）。

　　本院认为：……（写明审查意见及理由）。……（写明重新指定管理人的有关情况）。依照……（写明所依据的法律条款项）之规定，决定如下：

　　一、解除×××（原管理人的姓名或名称）的×××（债务人名称）管理人职务；

　　二、指定×××（新管理人的姓名或名称）为×××（债务人名称）管理人。

××××年××月××日
（院印）

说明：

　　一、本样式系根据《最高人民法院关于审理企业破产案件指定管理人的规定》第三十三条、第三十四条、第三十六条制定，供人民法院依职权决定更换管理人时使用。

　　二、本决定书应送达原管理人、新管理人、破产申请人、债务人及债务人的企业登记机关。

文书样式 12

××××人民法院
公 告
（更换管理人用）

（××××）×破字第×-×号

本院于××××年××月××日裁定受理×××（债务人名称）破产清算（或重整、和解）一案，并指定×××（原管理人的姓名或名称）为×××（债务人名称）管理人。因……（写明更换的理由），依照……（写明所依据的法律条款项）之规定，于××××年××月××日决定解除×××（原管理人的姓名或名称）的×××（债务人名称）管理人职务，指定×××（新管理人的姓名或名称）为×××（债务人名称）管理人（通讯地址：_____；邮政编码：_____；联系电话：_____）。

特此公告

××××年××月××日
（院印）

说明：

本样式系根据《最高人民法院关于审理企业破产案件指定管理人的规定》第三十八条制定，供人民法院决定更换管理人后发布公告用。

文书样式 13

××××人民法院
决定书
（许可或驳回管理人辞职申请用）

（××××）×破字第×-×号

××××年××月××日，×××（担任管理人的社会中介机构的名称或自然人的姓名）向本院提交申请，称……（写明申请人的理由），请求本院准予其辞去×××（债务人名称）管理人职务。

本院认为：……（写明审查意见及理由）。依照……（写明所依据的法律条款项）之规定，决定如下：

准许×××（担任管理人的社会中介机构的名称或自然人的姓名）辞去×××（债务人名称）管理人职务。

或者：

驳回×××（担任管理人的社会中介机构的名称或自然人的姓名）的申请。

××××年××月××日
（院印）

说明：

一、本样式系根据《中华人民共和国企业破产法》第二十九条、《最高人民法院关于审理企业破产案件指定管理人的规定》第三十四条制定，供人民法院批准或驳回管理人辞职申请时使用。

二、批准辞职的，本决定书应送达管理人、破产申请人、债务人及债务人的企业登记机关；驳回申请的，本决定书应送达管理人。

文书样式14

××××人民法院
通知书
（确定管理人报酬方案用）

（××××）×破字第×-×号

×××（担任管理人的社会中介机构的名称或自然人的姓名）：

依照《最高人民法院关于审理企业破产案件确定管理人报酬的规定》第二条、第四条之规定，本院初步确定你（或者你所、公司）担任×××（债务人名称）管理人应获取的报酬，根据×××（债务人名称）最终清偿的财产价值总额，……（依次分段写明确定的比例），采取……

(分期预收或最后一次性收取报酬)的方式收取。

特此通知

××××年××月××日

(院印)

说明：

一、本样式系根据《最高人民法院关于审理企业破产案件确定管理人报酬的规定》第二条、第四条、第五条制定，供人民法院决定管理人报酬方案时使用。

二、采用竞争方式指定管理人的，应引用《最高人民法院关于审理企业破产案件确定管理人报酬的规定》第二条和第五条。

三、本通知应自管理人报酬方案确定之日起三日内送达管理人。

文书样式 15

××××人民法院
通知书
(调整管理人报酬方案用)

(××××)×破字第×-×号

×××(担任管理人的社会中介机构的名称或自然人的姓名)：

××××年××月××日，本院初步确定你(或者你所、公司)担任×××(债务人名称)管理人应获取的报酬，根据×××(债务人名称)最终清偿的财产价值总额，……(依次分段写明确定的比例)，采取……(分期预收或最后一次性收取报酬)的方式收取。因……(写明调整的理由)，依照《最高人民法院关于审理企业破产案件确定管理人报酬的规定》第八条之规定，本院将报酬方案调整为：根据×××(债务人名称)最终清偿的财产价值总额，……(依次分段写明确定的比例)，采取……(分期预收或最后一次性收取报酬)的方式收取。

特此通知

×××× 年 ×× 月 ×× 日

（院印）

说明：

一、本样式系根据《最高人民法院关于审理企业破产案件确定管理人报酬的规定》第八条制定，供人民法院调整管理人报酬方案用。

二、本通知应自管理人报酬方案调整之日起三日内送达管理人及债权人委员会成员或者债权人会议主席。

文书样式 16

×××× 人民法院
通知书
（确定管理人应收取的报酬数额用）

（××××）×破字第 x-x 号

×××（担任管理人的社会中介机构的名称或自然人的姓名）：

根据你（或者你所、公司）的申请，本院依照《最高人民法院关于审理企业破产案件确定管理人报酬的规定》第十一条之规定，确定你（或者你单位）应收取（或者本期应收取）的报酬金额为×× 元。

特此通知

×××× 年 ×× 月 ×× 日

（院印）

说明：

一、本样式系根据《最高人民法院关于审理企业破产案件确定管理人报酬的规定》第十一条制定，供人民法院确定管理人应收取的报酬数额用。

二、本通知应送达管理人。

文书样式 17

××××人民法院
决定书
(认可或驳回债权人会议关于管理人报酬异议用)

(××××)×破字第×-×号

××××年××月××日,本院收到×××(债务人名称)债权人会议的异议书,称……(写明依据的事实及理由),请求本院重新确定管理人报酬方案。

本院认为:……(写明审查意见及理由)。依照……(写明所依据的法律条款项)之规定,决定如下:

×××(担任管理人的社会中介机构的名称或自然人的姓名)的报酬根据×××(债务人名称)最终清偿的财产价值总额,……(依次分段写明确定的比例),采取……(分期预收或最后一次性收取报酬)的方式收取。

或者:

驳回×××(债务人名称)债权人会议的异议。

××××年××月××日

(院印)

说明:

一、本样式系根据《最高人民法院关于审理企业破产案件确定管理人报酬的规定》第十八条制定,供人民法院收到债权人会议关于管理人报酬的异议书后作决定时使用。

二、本决定书应送达管理人、债权人委员会成员或者债权人会议主席。

文书样式 18

××××人民法院
拘留决定书

（××××）×破字第×-×号

被拘留人：……（写明姓名、性别、出生年月日、民族、籍贯、职业或者工作单位和职务、住址）。

本院在审理×××（债务人名称）破产清算（或重整、和解）一案中，查明……（写明被拘留人的行为）。本院认为，……（写明予以拘留的理由）。依照《中华人民共和国企业破产法》第一百二十九条之规定，决定如下：

对×××拘留×日。

如不服本决定，可在收到决定书的次日起三日内，口头或者书面向××××人民法院（应为上一级人民法院）申请复议一次。复议期间，不停止决定的执行。

××××年××月××日
（院印）

说明：

一、本样式系根据《中华人民共和国企业破产法》第一百二十九条并参照《中华人民共和国民事诉讼法》第一百零五条制定，供人民法院对债务人的有关人员作出拘留决定时使用。

二、本决定书应送达被拘留人。

文书样式 19

××××人民法院
罚款决定书

(××××)×破字第×-×号

被罚款人：……（写明姓名或名称等基本情况）。

本院在审理×××（债务人名称）破产清算（或重整、和解）一案中，查明……（写明被罚款人的行为）。本院认为，……（写明予以罚款的理由）。依照……（写明所依据的法律条款项）之规定，决定如下：

对×××罚款×××元，限于××××年××月××日前向本院交纳。

如不服本决定，可在收到决定书的次日起三日内，口头或者书面向×××人民法院（应为上一级人民法院）申请复议一次。复议期间，不停止决定的执行。

××××年××月××日
（院印）

说明：

一、本样式系根据《中华人民共和国企业破产法》第一百二十六条、第一百二十七条、第一百二十九条、第一百三十条并参照《中华人民共和国民事诉讼法》第一百零五条制定，供人民法院对债务人的有关人员、直接责任人员、管理人作出罚款决定时使用。

二、被罚款人基本情况的写法与样式6相同。

三、本决定书应送达被罚款人。

文书样式 20

××××人民法院
复议决定书
（维持或撤销下级法院拘留、罚款决定书用）

（××××）×破复字第×号

　　申请复议人：……（写明姓名或名称等基本情况）。
　　申请复议人不服××××人民法院××××年××月××日作出的（××××）×破字第×-×号罚款（或拘留）决定书，向本院提出复议申请。申请复议人提出……（简要写明申请的理由和复议请求）。
　　本院认为：……（写明作出复议决定的理由）。依照……（写明所依据的法律条款项）之规定，决定如下：
　　驳回申请，维持原决定。
　　或者：
　　一、撤销××××人民法院（××××）×破字第×-×号罚款（或拘留）决定书；
　　二、……（写明变更的决定内容。不需作出变更决定的，此项不写）。

××××年××月××日
（院印）

说明：
　　一、本样式系参照《中华人民共和国民事诉讼法》第一百零五条制定，供人民法院收到被拘留人或者被罚款人不服拘留、罚款决定提出复议申请后，驳回申请或撤销原决定时使用。
　　二、当事人基本情况的写法与样式6相同。
　　三、本决定书应送达申请复议人。

二、破产清算程序用文书

文书样式 21

××××人民法院
通知书
（收到破产清算申请后通知债务人用）

（××××）×破（预）字第×-×号

×××（债务人名称）：

　　××××年××月××日，×××（债权人或对已解散企业法人负有清算责任的人的姓名或名称）以……为由向本院申请对你单位进行破产清算。依据《中华人民共和国企业破产法》第十条第一款之规定，你单位对申请如有异议，应在收到本通知之日起七日内向本院书面提出并附相关证据材料。

　　特此通知

××××年××月××日

（院印）

说明：

　　一、本样式系根据《中华人民共和国企业破产法》第十条第一款制定，供人民法院收到债权人或对已解散企业法人负有清算责任的人提出的破产清算申请后通知债务人时使用。

　　二、"你单位"可根据当事人的具体情况表述为："你公司或厂、企业、学校等"。

　　三、破产申请书及有关证据应一并送达债务人。

文书样式 22

××××人民法院
民事裁定书
（受理债权人的破产清算申请用）

（××××）×破（预）字第 x-x 号

申请人：……（写明姓名或名称等基本情况）。

被申请人：……（写明名称等基本情况）。

××××年××月××日，×××（申请人姓名或名称）以……为由向本院申请对×××（被申请人名称）进行破产清算。本院于××××年××月××日通知了×××（被申请人名称）。×××（被申请人名称）在法定期限内就该申请向本院提出异议称，……（或者：×××在法定期限内未提出异议）。

本院查明：……（写明申请人对被申请人享有的债权情况、被申请人的住所地、工商登记注册情况及资产负债情况等）。

本院认为：……（从本院是否具有管辖权、申请人对被申请人是否享有债权、被申请人是否属于破产适格主体、是否具备破产原因等方面写明受理申请的理由。有异议的，写明异议不成立的理由）。依照《中华人民共和国企业破产法》第二条第一款、第三条、第七条第二款、第十条第一款之规定，裁定如下：

受理×××（申请人姓名或名称）对×××（被申请人名称）的破产清算申请。

本裁定自即日起生效。

审　判　长　×××
（代理）审判员　×××
（代理）审判员　×××

××××年××月××日
（院印）

本件与原本核对无异

书 记 员 ×××

说明：

一、本样式系根据《中华人民共和国企业破产法》第十条第一款制定，供人民法院决定受理债权人的破产清算申请时使用。

二、当事人基本情况的写法与样式6相同。

三、本裁定书应自作出之日起五日内送达申请人和被申请人。

文书样式 23

××××人民法院
通知书
（受理债权人的破产清算申请后通知债务人提交材料用）

（××××）×破字第×-×号

×××（债务人名称）：

××××年××月××日，本院根据×××（债权人姓名或名称）的申请裁定受理×××（债务人名称）破产清算一案。依据《中华人民共和国企业破产法》第十一条第二款之规定，你单位应在收到本通知之日起十五日内，向本院提交财产状况说明、债务清册、债权清册、有关财务会计报告以及职工工资的支付和社会保险费用的缴纳情况。如拒不提交或提交的材料不真实，本院将依据《中华人民共和国企业破产法》第一百二十七条第一款之规定，对直接责任人员处以罚款。

特此通知

××××年××月××日
（院印）

说明：

一、本样式系根据《中华人民共和国企业破产法》第十一条第二款制定，供人民法院受理债权人的破产清算申请后通知债务人提交材料时使用。

二、"你单位"可根据当事人的具体情况表述为："你公司或厂、企业、学校等"。

三、本通知应与受理破产申请的裁定书一并送达债务人。

四、如需对有关责任人员罚款，应另行制作决定书。

文书样式24

××××人民法院
民事裁定书
（受理债务人的破产清算申请用）

（××××）×破（预）字第×-×号

申请人：……（写明名称等基本情况）。

××××年××月××日，×××（申请人名称）以……为由向本院申请进行破产清算。

本院查明：……（写明申请人的住所地、工商登记注册情况及资产负债情况、职工情况等）。

本院认为：……（从本院是否具有管辖权、申请人是否属于破产适格主体、是否具备破产原因等方面写明受理申请的理由）。依照《中华人民共和国企业破产法》第二条、第三条、第七条第一款、第十条第二款之规定，裁定如下：

受理×××（申请人名称）的破产清算申请。

本裁定自即日起生效。

审　判　长　×××
（代理）审判员　×××
（代理）审判员　×××

××××年××月××日
（院印）

本件与原本核对无异

书　记　员　×××

388

说明：

一、本样式系根据《中华人民共和国企业破产法》第十条第二款制定，供人民法院决定受理债务人的破产清算申请时使用。

二、申请人基本情况的写法与样式6相同。

三、本裁定书应送达申请人。

文书样式25

××××人民法院
民事裁定书
（受理对已解散企业法人负有清算责任的人的破产清算申请用）

（××××）×破（预）字第×-×号

申请人：……（写明姓名或名称等基本情况）。

被申请人：……（写明名称等基本情况）。

××××年××月××日，×××（申请人姓名或名称）以……为由向本院申请对×××（被申请人名称）进行破产清算。

本院查明：……（写明被申请人的住所地、工商登记注册情况、解散的情况及资产负债情况、职工情况以及申请人的基本情况、申请人与被申请人的关系等）。

本院认为：……（从本院是否具有管辖权、申请人的申请资格、被申请人是否属于破产适格主体、是否具备破产原因等方面写明受理申请的理由）。依照《中华人民共和国企业破产法》第二条、第三条、第七条第三款、第十条第二款之规定，裁定如下：

受理×××（申请人姓名或名称）对×××（被申请人名称）的破产清算申请。

本裁定自即日起生效。

审　判　长　×××
（代理）审判员　×××
（代理）审判员　×××

　　　　　　　　　　　　　××××年××月××日

　　　　　　　　　　　　　　　（院印）

本件与原本核对无异

　　　　　　　　　　　书　记　员　×××

说明：

　　一、本样式系根据《中华人民共和国企业破产法》第七条第三款、第十条第二款制定，供人民法院裁定受理对已解散企业法人负有清算责任的人的破产清算申请时使用。

　　二、当事人基本情况的写法与样式6相同。

　　三、本裁定书应送达申请人和被申请人。

文书样式26

××××人民法院
民事裁定书
（不予受理债权人的破产清算申请用）

　　　　　　　　　　　（××××）×破（预）初字第×-×号

　　申请人：……（写明债权人姓名或名称等基本情况）。

　　被申请人：……（写明债务人名称等基本情况）。

　　××××年××月××日，×××（申请人姓名或名称）以……为由向本院申请对×××（被申请人名称）进行破产清算。本院于××××年××月××日通知了×××（被申请人名称）。×××（被申请人名称）于××××年××月××日向本院提出异议称，……。

　　本院查明：……

　　本院认为：……（写明不受理的理由）。依照……（写明所依据的法律条款项）之规定，裁定如下：

　　对×××（申请人姓名或名称）的申请，不予受理。

　　如不服本裁定，可在裁定书送达之日起十日内，向本院递交上诉状，并提交副本×份，上诉于××××人民法院。

　　　　　　　　　　　　　　审　判　长　×××
　　　　　　　　　　　　　（代理）审判员　×××
　　　　　　　　　　　　　（代理）审判员　×××

　　　　　　　　　　　　　　××××年××月××日
　　　　　　　　　　　　　　　　　　（院印）

本件与原本核对无异

　　　　　　　　　　　　　　书　记　员　×××

说明：

　　一、本样式系根据《中华人民共和国企业破产法》第十二条第一款制定，供人民法院裁定不予受理债权人的破产清算申请时使用。
　　二、当事人基本情况的写法与样式6相同。
　　三、本裁定书应送达申请人和被申请人。

文书样式27

××××人民法院
民事裁定书
（不予受理债务人的破产清算申请用）

　　　　　　　　　　　（××××）×破（预）初字第×-×号

　　申请人：……（写明债务人名称等基本情况）。
　　××××年××月××日，×××（债务人名称）以……为由向本院申请进行破产清算。
　　本院查明：……
　　本院认为：……（写明不予受理的理由）。依照……（写明所依据的法律条款项）之规定，裁定如下：
　　对×××（申请人名称）的申请，不予受理。
　　如不服本裁定，可在裁定书送达之日起十日内，向本院递交上诉状，并提交副本×份，上诉于××××人民法院。

　　　　　　　　　　　　审　判　长　×××
　　　　　　　　　　　　（代理）审判员　×××
　　　　　　　　　　　　（代理）审判员　×××

　　　　　　　　　　　　××××年××月××日
　　　　　　　　　　　　　　　　（院印）

本件与原本核对无异
　　　　　　　　　　　　书　记　员　×××

说明：

　　一、本样式系根据《中华人民共和国企业破产法》第十二条第一款制定，供人民法院裁定不予受理债务人的破产清算申请时使用。

　　二、当事人基本情况的写法与样式6相同。

　　三、本裁定书应送达申请人。

文书样式28

××××人民法院
民事裁定书
（不予受理对已解散企业法人负有清算责任的人的破产清算申请用）

（××××）×破（预）初字第×–×号

　　申请人：……（写明姓名或名称等基本情况）。

　　被申请人：……（写明名称等基本情况）。

　　××××年××月××日，×××（申请人姓名或名称）以……为由向本院申请对×××（被申请人名称）进行破产清算。

　　本院查明：……

　　本院认为：……（写明不受理的理由）。依照……（写明所依据的法律条款项）之规定，裁定如下：

　　对×××（申请人名称）的申请，不予受理。

　　如不服本裁定，可在裁定书送达之日起十日内，向本院递交上诉状，

392

并提交副本×份，上诉于××××人民法院。

审 判 长 ×××
（代理）审判员 ×××
（代理）审判员 ×××

××××年××月××日
（院印）

本件与原本核对无异

书 记 员 ×××

说明：

一、本样式系根据《中华人民共和国企业破产法》第十二条第一款制定，供人民法院裁定不予受理负有清算责任的人的破产清算申请时使用。

二、当事人基本情况的写法与样式6相同。

三、本裁定书应送达申请人和被申请人。

文书样式29

××××人民法院
民事裁定书
（维持或撤销不予受理破产清算申请的裁定用）

（××××）×破（预）终字第×号

上诉人（原审申请人）：……（写明姓名或名称等基本情况）。

被上诉人（原审被申请人）：……（写明名称等基本情况）。

上诉人×××不服××××人民法院（××××）×破（预）初字第×-×号民事裁定，向本院提起上诉。本院受理后依法组成合议庭审理了本案，现已审理终结。

……（写明一审认定的事实、裁定结果及理由）。

×××（上诉人姓名或名称）不服，向本院上诉称：……（写明上诉请求与理由）。

本院查明：……

本院认为：……（写明维持或者撤销原裁定的理由）。依照……（写明所依据的法律条款项）之规定，裁定如下：

驳回上诉，维持原裁定。

或者：

一、撤销××××人民法院（××××）×破（预）初字第×-×号民事裁定；

二、由××××人民法院裁定受理×××对×××的破产清算申请。

本裁定为终审裁定并自即日起生效。

审　判　长　×××
（代理）审判员　×××
（代理）审判员　×××

××××年××月××日
（院印）

本件与原本核对无异

书　记　员　×××

说明：

一、本样式系根据《最高人民法院关于适用〈中华人民共和国民事诉讼法〉若干问题的意见》第一百八十七条制定，供二审人民法院收到不服一审不予受理破产清算申请的裁定而提起上诉的案件之后，裁定驳回上诉或撤销原裁定时使用。

二、如系债务人申请破产，则不列被上诉人。

三、当事人基本情况的写法与样式6相同。

四、本裁定书应送达上诉人和被上诉人。

文书样式 30

××××人民法院
民事裁定书
（驳回债权人的破产清算申请用）

（××××）×破初字第×-×号

申请人：……（写明姓名或名称等基本情况）。

被申请人：……（写明名称等基本情况）。

××××年××月××日，×××（申请人姓名或名称）以……为由向本院申请对×××（被申请人名称）进行破产清算。本院于××××年××月××日裁定受理。

本院查明：……

本院认为：……（写明驳回申请的理由）。依照《中华人民共和国企业破产法》第十二条第二款之规定，裁定如下：

驳回×××（申请人姓名或名称）的申请。

如不服本裁定，可在裁定书送达之日起十日内，向本院递交上诉状，并提交副本×份，上诉于××××人民法院。

审　判　长　×××
（代理）审判员　×××
（代理）审判员　×××

××××年××月××日

（院印）

书　记　员　×××

本件与原本核对无异

说明：

一、本样式系根据《中华人民共和国企业破产法》第十二条第二款制定，供人民法院裁定驳回债权人的破产清算申请时使用。

二、当事人基本情况的写法与样式6相同。
三、本裁定书应送达申请人、被申请人和管理人。

文书样式31

××××人民法院
民事裁定书
（驳回债务人的破产清算申请用）

（××××）×破初字第×-×号

申请人：……（写明名称等基本情况）。

××××年××月××日，×××（申请人名称）以……为由向本院申请进行破产清算。本院于××××年××月××日裁定受理。

本院查明：……

本院认为：……（写明驳回申请的理由）。依照《中华人民共和国企业破产法》第十二条第二款之规定，裁定如下：

驳回×××（申请人名称）的申请。

如不服本裁定，可在裁定书送达之日起十日内，向本院递交上诉状，并提交副本×份，上诉于××××人民法院。

审　判　长　×××
（代理）审判员　×××
（代理）审判员　×××

××××年××月××日
（院印）

本件与原本核对无异

书　记　员　×××

说明：

一、本样式系根据《中华人民共和国企业破产法》第十二条第二款制定，供人民法院裁定驳回债务人的破产清算申请时使用。

二、当事人基本情况的写法与样式6相同。
三、本裁定书应送达申请人和管理人。

文书样式32

××××人民法院
民事裁定书
（驳回对已解散企业法人负有清算责任的人的破产清算申请用）

（××××）×破初字第×-×号

申请人：……（写明姓名或名称等基本情况）。

被申请人：……（写明名称等基本情况）。

××××年××月××日，×××（申请人姓名或名称）以……为由向本院申请对×××（被申请人名称）进行破产清算。本院于××××年××月××日裁定受理。

本院查明：……

本院认为：……（写明驳回申请的理由）。依照《中华人民共和国企业破产法》第十二条第二款之规定，裁定如下：

驳回×××（申请人姓名或名称）的申请。

如不服本裁定，可在裁定书送达之日起十日内，向本院递交上诉状，并提交副本×份，上诉于××××人民法院。

审　判　长　×××
（代理）审判员　×××
（代理）审判员　×××

××××年××月××日
（院印）

本件与原本核对无异

书　记　员　×××

说明：

一、本样式系根据《中华人民共和国企业破产法》第十二条第二款制定，供人民法院裁定驳回对已解散企业法人负有清算责任的人的破产清算申请时使用。

二、当事人基本情况的写法与样式6相同。

三、本裁定书应送达申请人、被申请人和管理人。

文书样式 33

××××人民法院
民事裁定书
（维持或撤销驳回破产清算申请的裁定用）

（××××）×破终字第×号

上诉人（原审申请人）：……（写明姓名或名称等基本情况）。

被上诉人（原审被申请人）：……（写明名称等基本情况）。

上诉人×××不服××××人民法院（××××）×破初字第×-×号民事裁定，向本院提起上诉。本院受理后依法组成合议庭审理了本案，现已审理终结。

……（写明一审认定的事实、裁定结果及理由）。

×××（上诉人姓名或名称）不服，向本院上诉称：……（写明上诉请求与理由）。

本院查明：……

本院认为：……（写明维持或者撤销原裁定的理由）。本院依照……（写明所依据的法律条款项）之规定，裁定如下：

驳回上诉，维持原裁定。

或者：

一、撤销××××人民法院（××××）×破初字第×-×号民事裁定；

二、×××（被上诉人名称）破产程序继续进行。本裁定为终审裁定并自即日起生效。

审　判　长　×××
（代理）审判员　×××
（代理）审判员　×××

　　　　　　　　　　　×××× 年××月××日
　　　　　　　　　　　　　（院印）

本件与原本核对无异
　　　　　　　　　　　书　记　员　×××

说明：

　　一、本样式系根据《最高人民法院关于适用〈中华人民共和国民事诉讼法〉若干问题的意见》第一百八十七条制定，供二审人民法院收到不服一审驳回破产清算申请的裁定而提起上诉的案件之后，裁定驳回上诉或撤销原裁定时使用。

　　二、当事人基本情况的写法与样式6相同。

　　三、如系债务人申请破产，则不列被上诉人。

　　四、本裁定书应送达上诉人、被上诉人和管理人。

文书样式34

××××人民法院
通知书
（受理破产清算申请后通知已知债权人用）

　　　　　　　　　　（××××）×破字第×-×号

×××（债权人名称）：

　　本院根据×××（申请人姓名或名称）的申请于××××年××月××日裁定受理×××（债务人名称）破产清算一案，并于××××年××月××日指定×××为×××（债务人名称）管理人。你单位应在××××年××月××日前，向×××（债务人名称）管理人（通讯地址：_____；邮政编码：_____；联系电话：_____）申报债权，书面说明债权数额、有无财产担保及是否属于连带债权，并提供相关证据材料。如未能在上述期限内申报债权，可以在破产财产分配方案提交债权人会议讨论前补充申报，但此前已进行的分配，不再对你（或你单位）补充分配，为审查和确认补充申报债权所产生的费用，由你（或你单位）承担。未申报债权的，不得依照《中华人民共和国企业破产法》规定的程序行使权利。

本院定于××××年××月××日××时在_____（地点）召开第一次债权人会议。依法申报债权的债权人有权参加债权人会议。参加会议时应提交个人身份证明；委托代理人出席会议的，应提交授权委托书、委托代理人的身份证件或律师执业证，委托代理人是律师的还应提交律师事务所的指派函。（如系法人或其他组织的，则改为"参加会议时应提交营业执照、法定代表人或负责人身份证明书；委托代理人出席会议的，应提交授权委托书、委托代理人的身份证件或律师执业证，委托代理人是律师的还应提交律师事务所的指派函。）

特此通知

××××年××月××日

（院印）

说明：

一、本样式系根据《中华人民共和国企业破产法》第十四条的规定制定，供人民法院受理破产清算申请后通知已知债权人时使用。

二、本通知应在裁定受理破产清算申请之日起二十五日内发出。

三、"你单位"可根据当事人的具体情况表述为："你公司或厂、企业、学校等"。

文书样式35

××××人民法院
公　告
（受理破产清算申请用）

（××××）×破字第×－×号

本院根据×××（申请人姓名或名称）的申请于××××年××月××日裁定受理×××（债务人名称）破产清算一案，并于××××年××月××日指定×××为×××（债务人名称）管理人。×××（债务人名称）的债权人应自××××年××月××日前，向×××（债务人名称）管理人（通讯地址：_____；邮政编码：_____；联系电话：_____）申报债权。未在上述期限内申报债权的,可以在破产财产分配方案提交债权人会议讨论前补充申报,但对此前已进行的分配无权要求补充分配,同时要承担为审查和确认补充申报债权所产生的费用。未申报债权的,不得依照《中华人民共和国企业破产法》规定的程序行使权利。×××(债务人名称)的债务人或者财产持有人应当向×××(债务人名称)管理人清偿债务或交付财产。

本院定于××××年××月××日××时在＿＿＿＿＿＿＿(地点)召开第一次债权人会议。依法申报债权的债权人有权参加债权人会议。参加会议的债权人系法人或其他组织的,应提交营业执照、法定代表人或负责人身份证明书,如委托代理人出席会议,应提交特别授权委托书、委托代理人的身份证件或律师执业证,委托代理人是律师的还应提交律师事务所的指派函。参加会议的债权人系自然人的,应提交个人身份证明。如委托代理人出席会议,应提交特别授权委托书、委托代理人的身份证件或律师执业证,委托代理人是律师的还应提交律师事务所的指派函。

特此公告

××××年××月××日

(院印)

说明:

本样式系根据《中华人民共和国企业破产法》第十四条制定,供人民法院裁定受理破产清算申请后发布公告时使用。

文书样式36

××××人民法院
民事裁定书
(宣告债务人破产用)

(××××)×破字第×-×号

××××年××月××日,×××(申请人姓名或名称)以……为由向本院申请对×××(债务人名称)进行破产清算,本院于××××年××月××日裁定受理。

  本院查明：……（写明债权人会议召开情况）。

  本院认为：……（写明宣告破产的理由）。依照……（写明所依据的法律条款项）之规定，裁定如下：

  宣告×××（债务人名称）破产。

  本裁定自即日起生效。

审　判　长　×××
（代理）审判员　×××
（代理）审判员　×××

××××年××月××日
（院印）

本件与原本核对无异

书　记　员　×××

说明：

  一、本样式供人民法院依据《中华人民共和国企业破产法》第一百零七条之规定裁定宣告债务人破产时使用。

  二、本裁定书应自作出之日起五日内送达债务人、管理人，十日内通知已知债权人。

文书样式 37

××××人民法院
民事裁定书
（不足清偿破产费用时宣告债务人破产并终结破产程序用）

（××××）×破字第×-×号

  申请人：×××（债务人名称）管理人。

  ××××年××月××日，×××（债务人名称）管理人向本院提出申请，称……（写明债务人财产不足以清偿破产费用的事实），请求本院终结×

××（债务人名称）破产清算程序。

  本院认为：……（写明宣告债务人破产并终结破产程序的理由）。依照《中华人民共和国企业破产法》第四十三条、第一百零七条之规定，裁定如下：

  一、宣告×××（债务人名称）破产；

  二、终结×××（债务人名称）破产程序。

  本裁定自即日起生效。

审 判 长 ×××
（代理）审判员 ×××
（代理）审判员 ×××

××××年××月××日

（院印）

本件与原本核对无异

书 记 员 ×××

说明：

  一、本样式供人民法院依据《中华人民共和国企业破产法》第四十三条、第一百零七条之规定裁定宣告债务人破产并终结破产程序时使用。

  二、本裁定书应自作出之日起五日内送达债务人、管理人，十日内通知已知债权人。

文书样式38

××××人民法院
公 告
（宣告债务人破产用）

（××××）×破字第×-×号

  ××××年××月××日，本院根据×××（申请人姓名或名称）的申请裁定受理×××（债务人名称）破产清算一案。查明，……（写明债务人的

附录二

403

资产负债情况)。本院认为,……(写明宣告破产的理由)。依照……(写明判决所依据的法律条款项)之规定,本院于××××年××月××日裁定宣告×××(债务人名称)破产。

特此公告

××××年××月××日

(院印)

说明:

本样式系根据《中华人民共和国企业破产法》第一百零七条制定,供人民法院裁定宣告债务人破产后发布公告使用。

文书样式39

××××人民法院
公　告
(不足清偿破产费用时宣告债务人破产并终结破产程序用)

(××××)×破字第×-×号

××××年××月××日,本院根据×××(申请人姓名或名称)的申请裁定受理×××(债务人名称)破产清算一案。查明,……(写明债务人财产不足以清偿破产费用的事实)。本院认为,……(写明宣告债务人破产并终结破产程序的理由)。依照《中华人民共和国企业破产法》第四十三条、第一百零七条之规定,本院于××××年××月××日裁定宣告×××(债务人名称)破产并终结×××(债务人名称)破产清算程序。

特此公告

××××年××月××日

(院印)

说明:

本样式系根据《中华人民共和国企业破产法》第四十三条、第一百零七条制定,供人民法院裁定宣告债务人破产并终结破产程序后发布公告使用。

文书样式40

××××人民法院
民事裁定书
(通过债务人财产的管理方案用)

(××××)×破字第×-×号

申请人:×××(债务人名称)管理人。

××××年××月××日,×××(债务人名称)管理人向本院提出申请,称其拟订的《×××(债务人名称)财产的管理方案》经债权人会议表决未通过,请求本院依法裁定。

本院认为:……(写明对方案的审查意见及理由)。依照……(写明所依据的法律条款项)之规定,裁定如下:

对×××(债务人名称)管理人制作的《×××(债务人名称)财产的管理方案》,本院予以认可。

债权人如不服本裁定,可自本裁定宣布之日起十五日内向本院申请复议。复议期间不停止裁定的执行。

或者:

一、不予认可《×××(债务人名称)财产的管理方案》;

二、由×××(债务人名称)管理人重新制作。

审　判　长　×××
(代理)审判员　×××
(代理)审判员　×××

××××年××月××日
(院印)

本件与原本核对无异

书　记　员　×××

附：《×××（债务人名称）财产的管理方案》

说明：

一、本样式系根据《中华人民共和国企业破产法》第六十五条第一款制定，供债权人会议未通过债务人财产的管理方案时，人民法院裁定用。

二、本裁定主要采取口头裁定并当场宣布的方式告知债权人。

三、法院裁定不予认可时，债权人无申请复议权。

文书样式 41

××××人民法院
民事裁定书
（通过破产财产的变价方案用）

（××××）×破字第 x-x 号

申请人：×××（债务人名称）管理人。

××××年××月××日，×××（债务人名称）管理人向本院提出申请，称其拟订的《×××（债务人名称）破产财产的变价方案》经债权人会议表决未通过，请求本院依法裁定。

本院认为：……（写明对方案的审查意见及理由）。依照……（写明所依据的法律条款项）之规定，裁定如下：

对×××（债务人名称）管理人制作的《×××（债务人名称）破产财产的变价方案》，本院予以认可。

债权人如不服本裁定，可自本裁定宣布之日起十五日内向本院申请复议。复议期间不停止裁定的执行。

或者：

一、不予认可《×××（债务人名称）破产财产的变价方案》；

二、由×××（债务人名称）管理人重新制作。

审　判　长　×××
（代理）审判员　×××
（代理）审判员　×××

×××× 年 ×× 月 ×× 日

（院印）

本件与原本核对无异

书　记　员　×××

附：《×××（债务人名称）破产财产的变价方案》

说明：

一、本样式系根据《中华人民共和国企业破产法》第六十五条第一款制定，供债权人会议未通过破产财产的变价方案时，人民法院裁定用。

二、本裁定主要采取口头裁定并当场宣布的方式告知债权人。

三、法院裁定不予认可时，债权人无申请复议权。

文书样式 42

×××× 人民法院
民事裁定书
（通过破产财产的分配方案用）

（××××）×破字第 ×-× 号

申请人：×××（债务人名称）管理人。

×××× 年 ×× 月 ×× 日，×××（债务人名称）管理人向本院提出申请，称其拟订的《×××（债务人名称）破产财产的分配方案》经债权人会议两次表决仍未通过，请求本院依法裁定。

本院认为：……（写明对方案的审查意见及理由）。依照……（写明所依据的法律条款项）之规定，裁定如下：

对 ×××（债务人名称）管理人制作的《×××（债务人名称）破产财产的分配方案》，本院予以认可。

债权额占无财产担保的债权总额二分之一以上的债权人如不服本裁定，可自本裁定宣布之日起十五日内向本院申请复议。复议期间不停止裁定的执行。

或者：

407

一、不予认可《×××（债务人名称）破产财产的分配方案》；
二、由×××（债务人名称）管理人重新制作。

审　判　长　×××
（代理）审判员　×××
（代理）审判员　×××

××××年××月××日
（院印）

本件与原本核对无异

书　记　员　×××

附：《×××（债务人名称）破产财产的分配方案》

说明：

一、本样式系根据《中华人民共和国企业破产法》第六十五条第二款制定，供债权人会议未通过破产财产的分配方案时，人民法院裁定通过用。

二、本裁定主要采取口头裁定并当场宣布的方式告知债权人。

三、法院裁定不予认可时，债权人无申请复议权。

文书样式43

××××人民法院
复议决定书
（维持或撤销本院民事裁定书用）

（××××）×破字第×-×号

申请复议人：……（写明姓名或名称等基本情况）。

申请复议人不服本院××××年××月××日作出的（××××）×破字第×-×号民事裁定书，向本院提出复议申请，请求……（写明申请人的请求及理由）。

本院认为：……（写明审查意见及理由）。依照……（写明所依据的法律条款项）之规定，裁定如下：

驳回申请，维持原裁定。

或者：

一、撤销本院（××××）×破字第×-×号民事裁定书；

二、由×××（债务人名称）管理人重新制作。

审　判　长　×××

（代理）审判员　×××

（代理）审判员　×××

××××年××月××日

（院印）

本件与原本核对无异

书　记　员　×××

说明：

一、本样式系根据《中华人民共和国企业破产法》第六十六条制定，供人民法院收到债权人不服本院关于通过债务人财产的管理方案、破产财产的变价方案、破产财产的分配方案的民事裁定书而提出复议申请后，裁定维持或撤销原裁定时使用。

二、当事人基本情况的写法与样式6相同。

三、审查复议申请时，应另行组成合议庭。

文书样式44

××××人民法院
民事裁定书
（认可破产财产分配方案用）

（××××）×破字第×-×号

申请人：×××（债务人名称）管理人。

××××年××月××日，×××（债务人名称）管理人向本院提出申请，称其制作的《×××（债务人名称）破产财产的分配方案》已经第×次债权人会议通过，请求本院裁定认可。

本院认为：……（写明认可或不认可的理由）。依照……（写明所依据的法律条款项）之规定，裁定如下：

对第×次债权人会议通过的《×××（债务人名称）破产财产的分配方案》，本院予以认可。

本裁定自即日起生效。

或者：

一、对第×次债权人会议通过的《×××（债务人名称）破产财产的分配方案》本院不予认可；

二、由×××（债务人名称）管理人重新制作。

审　判　长　×××
（代理）审判员　×××
（代理）审判员　×××

××××年××月××日
（院印）

本件与原本核对无异

书　记　员　×××

附：《×××（债务人名称）破产财产的分配方案》

说明：

本样式系根据《中华人民共和国企业破产法》第一百一十五条制定，供人民法院根据管理人的申请裁定认可或不认可破产财产分配方案时使用。

410

文书样式45

××××人民法院
民事裁定书
（终结破产程序用）

（××××）×破字第×-×号

申请人：×××（债务人名称）管理人。

××××年××月××日，×××（债务人名称）管理人向本院提出申请，称……（写明依据的事实和理由），请求本院终结×××（债务人名称）破产程序。

本院认为：……（写明同意终结的理由）。依照……（写明所依据的法律条款项）之规定，裁定如下：

终结×××（债务人名称）破产程序。

本裁定自即日起生效。

审　判　长　×××
（代理）审判员　×××
（代理）审判员　×××

××××年××月××日
（院印）

本件与原本核对无异

书　记　员　×××

说明：

一、本样式系根据《中华人民共和国企业破产法》第一百零八条、第一百二十条制定，供人民法院根据管理人的申请裁定终结破产程序时使用。

二、本裁定书应送达债务人、管理人并通知债权人。

文书样式 46

××××人民法院
公　告
（终结破产程序用）

（××××）×破字第×-×号

　　因……（写明终结原因），依照……（写明所依据的法律条款项）之规定，本院于××××年××月××日裁定终结×××（债务人名称）破产程序。

　　特此公告

××××年××月××日
（院印）

说明：

　　本样式系根据《中华人民共和国企业破产法》第一百零五条、第一百零八条、第一百二十条制定，供人民法院裁定终结破产程序后发布公告时使用。

文书样式 47

××××人民法院
决定书
（管理人终止执行职务用）

（××××）×破字第×-×号

　　××××年××月××日，本院裁定终结×××（债务人名称）破产清算程序。××××年××月××日，×××（债务人名称）管理人向×××（债务人名称）的原登记机关办理了注销登记。经查，不存在诉讼或仲裁未决的情况。依照《中华人民共和国企业破产法》第一百二十二条之规定，本院决定如下：

×××（债务人名称）管理人自即日起终止执行职务。

××××年××月××日

（院印）

说明：

一、本样式系根据《中华人民共和国企业破产法》第一百二十二条制定，供人民法院决定管理人终止执行职务用。

二、本决定书应送达管理人及债务人的原登记机关。

文书样式48

××××人民法院
民事裁定书
（追加分配破产财产用）

（××××）×破字第×-×号

申请人：……（写明姓名或名称等基本情况）。

××××年××月××日，×××（申请人姓名或名称）向本院提出申请称，……（写明有关事实及理由），请求本院按照《×××（债务人名称）破产财产的分配方案》进行追加分配。

本院查明：……

本院认为：……（写明同意或不同意的理由）。依照《中华人民共和国企业破产法》第一百二十三条之规定，裁定如下：

按第×次债权人会议通过的《×××（债务人名称）破产财产的分配方案》进行第×次分配。

或者：

一、驳回×××（申请人姓名或名称）的申请；

二、有关财产上交国库。

本裁定自即日起生效。

审　判　长　×××

　　　　　　　　　　　　　　　（代理）审判员　×××
　　　　　　　　　　　　　　　（代理）审判员　×××

　　　　　　　　　　　　　　　××××年××月××日
　　　　　　　　　　　　　　　　　　（院印）
本件与原本核对无异
　　　　　　　　　　　　　　　书　记　员　×××

说明：

　　一、本样式系根据《中华人民共和国企业破产法》第一百二十三条制定，供人民法院根据债权人的申请决定追加或不追加分配破产财产时使用。

　　二、申请人基本情况的写法与样式6相同。

　　三、本裁定书应送达申请人。

三、重整程序用文书

文书样式49

××××人民法院
通知书
（收到重整申请后通知债务人用）

　　　　　　　　　　　　　　　（××××）×破（预）字第×–×号

×××（债务人名称）：

　　××××年××月××日，×××（债权人或出资人的姓名或名称）以……为由向本院申请对你单位进行重整。依据《中华人民共和国企业破产法》第十条之规定，你单位对申请如有异议，应在收到本通知之日起七日内向本院书面提出并附相关证据材料。

　　特此通知

××××年××月××日

(院印)

说明：

一、本样式系根据《中华人民共和国企业破产法》第十条制定，供人民法院收到债权人或出资额占债务人注册资本十分之一以上的出资人的重整申请后通知债务人时使用。

二、"你单位"可根据具体情况表述为："你公司或厂、企业、学校等"。

文书样式 50

××××人民法院
民事裁定书
(受理债权人直接提出的重整申请用)

(××××)×破(预)字第×-×号

申请人：……(写明姓名或名称等基本情况)。

被申请人：……(写明名称等基本情况)。

××××年××月××日，×××(申请人姓名或名称)以……为由向本院申请对×××(被申请人名称)进行重整。本院于××××年××月××日通知了×××(被申请人名称)。×××(被申请人名称)在法定期限内就该申请向本院提出异议称，……(或者：×××在法定期限内未提出异议)。

本院查明：……(写明申请人对被申请人享有的债权情况、被申请人的住所地、工商登记注册情况及资产负债情况等)。

本院认为：……(从本院是否具有管辖权、申请人对被申请人是否享有债权、被申请人是否属于重整适格主体、是否具备重整原因等方面写明受理申请的理由。有异议的，写明异议不成立的理由)。依照《中华人民共和国企业破产法》第二条第二款、第三条、第七条第二款、第七十条第一款、第七十一条之规定，裁定如下：

受理×××(申请人姓名或名称)对×××(被申请人名称)的重整申请。

本裁定自即日起生效。

　　　　　　　　　　　　　　审　判　长　×××
　　　　　　　　　　　　　（代理）审判员　×××
　　　　　　　　　　　　　（代理）审判员　×××

　　　　　　　　　　　　　　××××年××月××日
　　　　　　　　　　　　　　　　　　（院印）
本件与原本核对无异
　　　　　　　　　　　　　　书　记　员　×××

说明：

　　一、本样式系根据《中华人民共和国企业破产法》第七十条、第七十一条制定，供人民法院根据债权人的申请裁定债务人重整时使用。
　　二、当事人基本情况的写法与样式6相同。
　　三、本裁定书应送达申请人和被申请人。

文书样式51

××××人民法院
通知书
（受理债权人提出的重整申请后通知债务人提交材料用）

　　　　　　　　　　　　　　（××××）×破字第×-×号

×××（债务人名称）：

　　××××年××月××日，本院根据×××（债权人姓名或名称）的申请裁定受理×××（债务人名称）重整一案。依据《中华人民共和国企业破产法》第十一条第二款之规定，你单位应在收到本通知之日起十五日内，向本院提交财产状况说明、债务清册、债权清册、有关财务会计报告以及职工工资的支付和社会保险费用的缴纳情况。如拒不提交或提交的材料不真实，本院将依据《中华人民共和国企业破产法》第一百二十七条第一款之规定，对直接责任人员处以罚款。

特此通知

××××年××月××日
(院印)

说明：

一、本样式系根据《中华人民共和国企业破产法》第十一条第二款制定，供人民法院受理债权人的重整申请后通知债务人提交材料时使用。

二、"你单位"可根据当事人的具体情况表述为："你公司或厂、企业、学校等"。

三、本通知应与受理重整申请的裁定书一并送达债务人。

四、如需对有关责任人员罚款，应另行制作决定书。

文书样式 52

××××人民法院
民事裁定书
(受理债务人直接提出的重整申请用)

(××××)×破(预)字第×-×号

申请人：……(写明名称等基本情况)。

××××年××月××日，×××(申请人名称)以……为由向本院申请重整。

本院查明：……(写明申请人的住所地、工商登记注册情况及资产负债情况、职工情况等)。

本院认为：……(从本院是否具有管辖权、被申请人是否属于重整适格主体、是否具备重整原因等方面写明受理申请的理由)。依照《中华人民共和国企业破产法》第二条第二款、第三条、第七条第一款、第七十条第一款、第七十一条之规定，裁定如下：

受理×××(申请人名称)的重整申请。

本裁定自即日起生效。

　　　　　　　　　　　　　审　判　长　×××
　　　　　　　　　　　　（代理）审判员　×××
　　　　　　　　　　　　（代理）审判员　×××

　　　　　　　　　　　　　××××年××月××日
　　　　　　　　　　　　　　　　　（院印）

本件与原本核对无异
　　　　　　　　　　　　　　书　记　员　×××

说明：

　　一、本样式系根据《中华人民共和国企业破产法》第七十条、第七十一条制定，供人民法院根据债务人的申请裁定重整时使用。

　　二、当事人基本情况的写法与样式6相同。

　　三、债务人直接向人民法院申请重整的，本裁定书应送达债务人。若债务人是在人民法院受理债权人的破产申请后宣告破产前申请重整的，本裁定书还应送达申请对债务人进行破产清算的债权人。

文书样式53

××××人民法院
民事裁定书
（受理破产申请后宣告债务人破产前裁定债务人重整用）

　　　　　　　　　　　　　（××××）×破字第×-×号

　　申请人：……（写明姓名或名称等基本情况）。
　　被申请人：……（写明名称等基本情况）。
　　××××年××月××日，本院根据×××（债权人姓名或名称）的申请裁定受理×××（债务人名称）破产清算一案。××××年××月××日，×××（申请人姓名或名称）以……为由向本院申请对×××（债务人名称）进行重整。
　　本院查明：……
　　本院认为：……（从被申请人是否属于重整适格主体、是否具备重

418

整原因等方面写明受理申请的理由）。依照《中华人民共和国企业破产法》第二条、第七十条第二款、第七十一条之规定，裁定如下：

自××××年××月××日起对×××（债务人名称）进行重整。

本裁定自即日起生效。

审　判　长　×××
（代理）审判员　×××
（代理）审判员　×××

××××年××月××日
（院印）

本件与原本核对无异

书　记　员　×××

说明：

一、本样式系根据《中华人民共和国企业破产法》第七十条第二款、第七十一条制定，供人民法院在受理债权人提出的破产清算申请后、宣告债务人破产前，根据债务人或出资额占债务人注册资本十分之一以上的出资人的申请，裁定债务人重整时使用。

二、当事人基本情况的写法与样式6相同。

三、本裁定书应送达申请人、被申请人及申请对债务人进行破产清算的债权人。

文书样式54

××××人民法院
公　告
（受理债权人或债务人直接提出的重整申请用）

（××××）×破字第×-×号

本院根据×××（申请人姓名或名称）的申请于××××年××月××日裁定受理×××（债务人名称）重整一案，并于××××年××月××日指定×××担

附录二

419

任×××（债务人名称）管理人。×××（债务人名称）的债权人应自××××年××月××日前，向×××（债务人名称）管理人（通讯地址：＿＿＿＿；邮政编码：＿＿＿＿；联系电话：＿＿＿＿）申报债权，书面说明债权数额、有无财产担保及是否属于连带债权，并提供相关证据材料。未在上述期限内申报债权的，可以在重整计划草案提交债权人会议讨论前补充申报，但要承担为审查和确认补充申报债权所产生的费用。未依法申报债权的，在重整计划执行期间不得行使权利，在重整计划执行完毕后可以按照重整计划规定的同类债权的清偿条件行使权利。×××（债务人名称）的债务人或者财产持有人应当向×××（债务人名称）管理人清偿债务或交付财产。

第一次债权人会议将于××××年××月××日××时在××＿＿＿＿（地点）召开。依法申报债权的债权人为债权人会议的成员，有权参加债权人会议。参加会议的债权人系法人或其他组织的，应提交营业执照、法定代表人或负责人身份证明书，如委托代理人出席会议，应提交特别授权委托书、委托代理人的身份证件或律师执业证，委托代理人是律师的还应提交律师事务所的指派函。债权人系自然人的，应提交个人身份证明。如委托代理人出席会议，应提交特别授权委托书、委托代理人的身份证件或律师执业证，委托代理人是律师的还应提交律师事务所的指派函。

特此公告

××××年××月××日

（院印）

说明：

本样式系根据《中华人民共和国企业破产法》第七十一条制定，供人民法院根据债权人或债务人的申请直接裁定受理债务人重整案件后发布公告时使用。

文书样式 55

××××人民法院
公 告
（受理破产清算申请后宣告债务人破产前裁定债务人重整用）

（××××）×破字第×-×号

本院根据×××（债权人姓名或名称）的申请于××××年××月××日裁定受理×××（债务人名称）破产清算一案，并于××××年××月××日指定×××担任×××（债务人名称）管理人。××××年××月××日，本院根据×××（申请人姓名或名称）的申请裁定×××（债务人名称）重整。

特此公告

××××年××月××日

（院印）

说明：

本样式系根据《中华人民共和国企业破产法》第七十一条制定，供人民法院在受理债权人提出的破产清算申请后、宣告债务人破产前，根据债务人或出资额占债务人注册资本十分之一以上的出资人的申请，裁定债务人重整后发布公告时使用。

文书样式 56

××××人民法院
民事裁定书
（不予受理债权人直接提出的重整申请用）

（××××）×破（预）初字第×-×号

申请人：……（写明姓名或名称等基本情况）。
被申请人：……（写明名称等基本情况）。

421

××××年××月××日，×××（申请人姓名或名称）以……为由向本院申请对×××（被申请人名称）进行重整。本院于××××年××月××日通知了×××（被申请人名称）。×××（被申请人名称）于××××年××月××日向本院提出异议称，……

本院查明：……

本院认为：……（写明不予受理的理由）。依照……（写明所依据的法律条款项）之规定，裁定如下：

对×××（申请人姓名或名称）的重整申请，本院不予受理。

如不服本裁定，可在裁定书送达之日起十日内，向本院递交上诉状，并提交副本×份，上诉于××××人民法院。

审　判　长　×××
（代理）审判员　×××
（代理）审判员　×××

××××年××月××日
（院印）

本件与原本核对无异

书　记　员　×××

说明：

一、本样式系根据《中华人民共和国企业破产法》第十二条第一款制定，供人民法院裁定不予受理债权人的重整申请时使用。

二、当事人基本情况的写法与样式6相同。

三、本裁定书应送达申请人和被申请人。

文书样式 57

××××人民法院
民事裁定书
（不予受理债务人直接提出的重整申请用）

（××××）×破（预）初字第×-×号

申请人：……（写明名称等基本情况）。

××××年××月××日，×××（申请人名称）向本院提出重整申请，称……（写明依据的事实和理由）。

本院查明：……

本院认为：……（写明不予受理的理由）。依照……（写明所依据的法律条款项）之规定，裁定如下：

对×××（申请人名称）的重整申请，本院不予受理。

如不服本裁定，可在裁定书送达之日起十日内，向本院递交上诉状，并提交副本×份，上诉于××××人民法院。

审　判　长　×××
（代理）审判员　×××
（代理）审判员　×××

××××年××月××日
（院印）

本件与原本核对无异

书　记　员　×××

说明：

一、本样式系根据《中华人民共和国企业破产法》第七十条第二款制定，供人民法院裁定不予受理债务人的重整申请时使用。

二、申请人基本情况的写法与样式6相同。

三、本裁定书应送达申请人。

文书样式58

××××人民法院
民事裁定书
（不予受理债务人或出资人在人民法院受理破产申请后
宣告债务人破产前提出的重整申请用）

（××××）×破初字第×-×号

申请人：……（写明姓名或名称等基本情况）。

被申请人：……（写明名称等基本情况）。

××××年××月××日，本院根据×××（债权人姓名或名称）的申请裁定受理×××（债务人名称）破产清算一案。××××年××月××日，×××（申请人姓名或名称）以……为由向本院申请对×××（债务人名称）进行重整。

本院查明：……

本院认为：……（写明不予受理的理由）。依照……（写明所依据的法律条款项）之规定，裁定如下：

对×××（申请人姓名或名称）的申请，本院不予受理。

如不服本裁定，可在裁定书送达之日起十日内，向本院递交上诉状，并提交副本×份，上诉于××××人民法院。

审　判　长　×××
（代理）审判员　×××
（代理）审判员　×××

××××年××月××日
（院印）

书　记　员　×××

本件与原本核对无异

说明：

一、本样式系根据《中华人民共和国企业破产法》第七十条第二款

424

制定，供人民法院裁定不予受理债务人或出资人的重整申请时使用。

二、当事人基本情况的写法与样式6相同。

三、本裁定书应送达申请人和被申请人。

文书样式59

××××人民法院

民事裁定书

（维持或撤销不予受理重整申请的裁定用）

（××××）×破（预）终字第×号

上诉人（原审申请人）：……（写明姓名或名称等基本情况）。

被上诉人（原审被申请人）：……（写明名称等基本情况）。

上诉人×××不服××××人民法院（××××）×破（预）初字第×-×号民事裁定，向本院提起上诉。本院受理后依法组成合议庭审理了本案，现已审理终结。

……（写明一审认定的事实、裁定结果及理由）。

×××（上诉人姓名或名称）不服，向本院上诉称：……（写明上诉请求与理由）。

本院查明：……

本院认为：……（写明维持或者撤销原裁定的理由）。依照……（写明所依据的法律条款项）之规定，裁定如下：

驳回上诉，维持原裁定。

或者：

一、撤销××××人民法院（××××）×破（预）初字第×-×号民事裁定；

二、由××××人民法院裁定受理×××对×××的重整申请。

本裁定为终审裁定并自即日起生效。

审　判　长　×××
（代理）审判员　×××
（代理）审判员　×××

×××年××月××日

(院印)

本件与原本核对无异

书　记　员　×××

说明：

一、本样式系根据《最高人民法院关于适用〈中华人民共和国民事诉讼法〉若干问题的意见》第一百八十七条①制定，供二审人民法院收到不服一审不予受理重整申请的裁定而提起上诉的案件后，裁定驳回上诉或撤销原裁定时使用。

二、如系债务人申请重整，则不列被上诉人。

三、当事人基本情况的写法与样式6相同。

四、如果一审裁定是针对债务人或出资人在人民法院受理破产申请后宣告破产前提出的重整申请作出的，则案号应为（××××）×破终字第×号，相应首部应为上诉人×××不服××××人民法院（××××）×破初字第×-×号民事裁定，向本院提起上诉。判项主文应为：一、撤销××××人民法院（××××）×破初字第×-×号民事裁定；二、由××××人民法院裁定×××重整。

五、本裁定书应送达上诉人和被上诉人。

文书样式60

××××人民法院
决定书
（许可债务人自行管理财产和营业事务用）

（××××）×破字第×-×号

申请人：……（债务人名称等基本情况）。

××××年××月××日，×××向本院提出申请，称……（写明理由），请

---

① 对应《最高人民法院关于适用〈中华人民共和国民事诉讼法〉的解释》第332条。

求本院许可其在重整期间自行管理财产和营业事务。

本院查明：……

本院认为：……（写明意见及理由）。依照《中华人民共和国企业破产法》第七十三条之规定，决定如下：

准许×××（债务人名称）在×××（债务人名称）管理人的监督下自行管理财产和营业事务。

或者：

驳回×××（债务人名称）的申请。

××××年××月××日
（院印）

说明：

一、本样式系根据《中华人民共和国企业破产法》第七十三条制定，供人民法院许可债务人在重整期间自行管理财产和营业事务时使用。

二、申请人基本情况的写法与样式6相同。

三、本决定书应送达债务人和管理人。

四、债务人申请重整的同时提出要自行管理财产和营业事务的，可在受理裁定中一并表述。

文书样式61

××××人民法院
通知书
（受理债权人或债务人直接提出的重整申请后通知已知债权人用）

（××××）×破字第×-×号

×××（债权人姓名或名称）：

本院根据×××（申请人姓名或名称）的申请于××××年××月××日裁定受理×××（债务人名称）重整一案，并于××××年××月××日指定×××担任×××（债务人名称）管理人。请你（或你单位）在××××年××月××日前，向×××（债务人名称）管理人（通讯地址：_____；邮政编码：

_____；联系电话：_____）申报债权，书面说明债权数额、有无财产担保及是否属于连带债权，并提供相关证据材料。如未能在上述期限内申报债权，可以在重整计划草案提交债权人会议讨论前补充申报，但要承担为审查和确认补充申报债权所产生的费用。未依法申报债权的，在重整计划执行期间不得行使权利，在重整计划执行完毕后可以按照重整计划规定的同类债权的清偿条件行使权利。×××（债务人名称）的债务人或者财产持有人应当向×××（债务人名称）管理人清偿债务或交付财产。

本院定于××××年××月××日××时在_____（地点）召开第一次债权人会议。依法申报债权后，你（或你单位）就成为债权人会议的成员，有权参加债权人会议。参加会议时应提交个人身份证明；委托代理人出席会议的，应提交授权委托书、委托代理人的身份证件或律师执业证，委托代理人是律师的还应提交律师事务所的指派函。（如系法人或其他组织的，则改为"参加会议时应提交营业执照、法定代表人或负责人身份证明书；委托代理人出席会议的，应提交授权委托书、委托代理人的身份证件或律师执业证，委托代理人是律师的还应提交律师事务所的指派函。)

特此通知

××××年××月××日
（院印）

说明：

一、本样式系根据《中华人民共和国企业破产法》第十四条第二款的规定制定，供人民法院裁定债务人重整后通知已知债权人时使用。

二、"你单位"可根据当事人的具体情况表述为："你公司或厂、企业等"。

三、本通知应在裁定债务人重整之日起二十五日内发出。

文书样式 62

××××人民法院
复 函
（同意董事、监事、高级管理人员向第三人转让股权用）

（××××）×破字第×-×号

×××（申请人姓名）：

　　××××年××月××日，你向本院提交申请，称……（写明请求及事实理由）。经研究，答复如下：

　　……（写明答复意见）。

××××年××月××日
（院印）

说明：

　　一、本样式系根据《中华人民共和国企业破产法》第七十七条制定，供人民法院收到董事、监事、高级管理人员关于向第三人转让股权的有关申请后作出答复时使用。

　　二、本文书应送达申请人，同时抄送管理人。

文书样式 63

××××人民法院
复 函
（许可担保权人恢复行使担保权用）

（××××）×破字第×-×号

×××（申请人姓名）：

　　××××年××月××日，你（或你单位）向本院提交申请，称……（写明请求及事实理由）。经研究，答复如下：

……（写明答复意见）。

××××年××月××日

（院印）

说明：

  一、本样式系根据《中华人民共和国企业破产法》第七十五条制定，供人民法院收到担保权人恢复行使担保权的有关申请后作出答复时使用。

  二、"你单位"可根据当事人的具体情况表述为："你行或公司等"。

  三、本文书应送达申请人，同时抄送管理人。

文书样式64

××××人民法院
决定书
（设小额债权组用）

（××××）×破字第×-×号

  ××××年××月××日，本院裁定×××（债务人名称）重整。因……（写明普通债权中债权数额的大概分布情况），依照《中华人民共和国企业破产法》第八十二条第二款之规定，决定如下：

  在普通债权组中设小额债权组对重整计划草案进行表决。债权额×万元以下的债权属于小额债权，列入小额债权组表决。

××××年××月××日

（院印）

说明：

  本样式系根据《中华人民共和国企业破产法》第八十二条第二款制定，供人民法院决定设小额债权组用。

文书样式65

××××人民法院
民事裁定书
（根据申请终止重整程序用）

（××××）×破字第×-×号

申请人：……（申请人姓名或名称等基本情况）。

××××年××月××日，×××（申请人姓名或名称）向本院提出申请，称……（写明依据的事实及理由），请求本院终止×××（债务人名称）重整程序。

本院查明：……（写明查明的事实）。

本院认为：……（写明同意申请的理由）。依照《中华人民共和国企业破产法》第七十八条第×项之规定，裁定如下：

一、终止×××（债务人名称）重整程序；

二、宣告×××（债务人名称）破产。

本裁定自即日起生效。

审　判　长　×××
（代理）审判员　×××
（代理）审判员　×××

××××年××月××日
（院印）

本件与原本核对无异

书　记　员　×××

说明：

一、本样式系根据《中华人民共和国企业破产法》第七十八条制定，供人民法院根据管理人或利害关系人的申请决定终止重整程序并宣告债务人破产时使用。

二、申请人基本情况的写法与样式6相同。
三、本裁定书应送达债务人、管理人及利害关系人并通知债权人。

文书样式66

××××人民法院
民事裁定书
（法院直接裁定终止重整程序用）

（××××）×破字第×-×号

××××年××月××日，本院根据×××（申请人姓名或名称）的申请裁定×××（债务人名称）重整。因……（写明出现了某种法定情形），依照《中华人民共和国企业破产法》第七十九第三款（或者第八十八条）之规定，裁定如下：
一、终止×××（债务人名称）重整程序；
二、宣告×××（债务人名称）破产。
本裁定自即日起生效。

审　判　长　×××
（代理）审判员　×××
（代理）审判员　×××

××××年××月××日
（院印）

本件与原本核对无异

书　记　员　×××

说明：
一、本样式系根据《中华人民共和国企业破产法》第七十九第三款、第八十八条制定，供人民法院依职权裁定终止重整程序并宣告债务人破产时使用。
二、本裁定书应送达债务人、管理人及利害关系人并通知债权人。

文书样式 67

××××人民法院
公 告
（根据申请终止重整程序并宣告债务人破产用）

（××××）×破字第×-×号

因……（写明终止原因），根据×××（申请人姓名或名称）的申请，本院于××××年××月××日依照《中华人民共和国企业破产法》第七十八条第×项之规定，裁定终止×××（债务人名称）重整程序并宣告×××（债务人名称）破产。

特此公告

××××年××月××日
（院印）

说明：

本样式系根据《中华人民共和国企业破产法》第七十八条制定，供人民法院根据管理人或者利害关系人的申请裁定终止重整程序并宣告债务人破产后发布公告使用。

文书样式 68

××××人民法院
公 告
（法院直接裁定终止重整程序并宣告债务人破产用）

（××××）×破字第×-×号

因……（写明终止原因），本院于××××年××月××日依照《中华人民共和国企业破产法》第七十九条第三款（或者第八十八条）之规定，裁定终止×××（债务人名称）重整程序并宣告×××（债务人名称）破产。

特此公告

××××年××月××日

(院印)

说明：

本样式系根据《中华人民共和国企业破产法》第七十九条第三款、第八十八条制定，供人民法院依职权裁定终止重整程序并宣告债务人破产后发布公告使用。

文书样式69

××××人民法院
民事裁定书
(延长重整计划草案提交期限用)

(××××)×破字第×-×号

申请人：……(写明名称等基本情况)。

××××年××月××日，×××(申请人名称)向本院提出申请，称……(写明依据的事实及理由)，请求本院将重整计划草案提交期限延长三个月。

本院认为：……(写明同意或不同意申请的理由)。依照《中华人民共和国企业破产法》第七十九条第二款之规定，裁定如下：

重整计划草案提交期限延长至××××年××月××日。

或者：

驳回×××(申请人名称)的申请。

本裁定为终审裁定。

审　判　长　×××
(代理)审判员　×××
(代理)审判员　×××

×××＋××月××日

（院印）

本件与原本核对无异

书　记　员　×××

说明：

一、本样式系根据《中华人民共和国企业破产法》第七十九条第二款制定，供人民法院根据债务人或管理人的申请裁定延长重整计划草案提交期限时使用。

二、申请人是管理人的，其基本情况只需写明"×××（债务人名称）管理人"；申请人是债务人的，其基本情况的写法与样式6相同。

三、本裁定书应送达债务人和管理人。

文书样式70

××××人民法院
民事裁定书
（批准重整计划用）

（××××）×破字第×-×号

申请人：……（写明名称等基本情况）。

××××年××月××日，×××（申请人名称）向本院提出申请，称……（写明依据的事实及理由），请求本院批准重整计划（附后）。

本院认为：……（写明批准重整计划的具体理由）。依照《中华人民共和国企业破产法》第八十六条第二款之规定，裁定如下：

一、批准×××（债务人名称）重整计划；

二、终止×××（债务人名称）重整程序。

本裁定为终审裁定。

审　判　长　×××
（代理）审判员　×××
（代理）审判员　×××

××××年××月××日
(院印)

本件与原本核对无异

书　记　员×××

附：重整计划

说明：

一、本样式系根据《中华人民共和国企业破产法》第八十六条第二款制定，供人民法院根据债务人或管理人的申请决定批准重整计划时使用。

二、申请人是管理人的，其基本情况只需写明"×××（债务人名称）管理人"；申请人是债务人的，其基本情况的写法与样式6相同。

三、本裁定书应送达管理人、债务人、债权人及利害关系人。

文书样式71

××××人民法院
民事裁定书
（批准重整计划草案用）

（××××）×破字第×-×号

申请人：……（写明名称等基本情况）。

××××年××月××日，×××（申请人名称）向本院提出申请，称……（写明依据的事实及理由），请求本院批准重整计划草案（附后）。

本院查明，……（说明重整计划草案表决通过情况）。

本院认为：……（写明批准重整计划草案的具体理由）。依照《中华人民共和国企业破产法》第八十七条第二款、第三款之规定，裁定如下：

一、批准×××（债务人名称）重整计划草案；

二、终止×××（债务人名称）重整程序。

本裁定为终审裁定。

审　判　长　×××
（代理）审判员　×××
（代理）审判员　×××

××××年××月××日
（院印）

书　记　员　×××

本件与原本核对无异

附：重整计划草案

说明：

一、本样式系根据《中华人民共和国企业破产法》第八十七条第三款制定，供人民法院根据债务人或管理人的申请决定批准重整计划草案时使用。

二、申请人是管理人的，其基本情况只需写明"×××（债务人名称）管理人"；申请人是债务人的，其基本情况的写法与样式6相同。

三、本裁定书应送达管理人、债务人、债权人及利害关系人。

文书样式72

××××人民法院
民事裁定书
（不批准重整计划用）

（××××）×破字第×-×号

申请人：……（写明名称等基本情况）。

××××年××月××日，×××（申请人名称）向本院提出申请，称……（写明依据的事实及理由），请求本院批准重整计划。

本院查明：……（写明重整计划通过的情况及重整计划的主要内

容)。

本院认为：……（写明不批准重整计划的理由）。依照《中华人民共和国企业破产法》第八十八条之规定，裁定如下：

一、驳回×××（申请人名称）的申请；

二、终止×××（债务人名称）重整程序；

三、宣告×××（债务人名称）破产。

本裁定自即日起生效。

审　判　长　×××
（代理）审判员　×××
（代理）审判员　×××

××××年××月××日
（院印）

本件与原本核对无异

书　记　员　×××

附：重整计划

说明：

一、本样式系根据《中华人民共和国企业破产法》第八十八条制定，供人民法院裁定不批准重整计划时使用。

二、申请人可以是债务人或管理人。申请人是管理人的，其基本情况只需写明"×××（债务人名称）管理人"；申请人是债务人的，其基本情况的写法与样式6相同。

三、本裁定书应送达管理人、债务人、债权人及利害关系人。

文书样式 73

××××人民法院
民事裁定书
（不批准重整计划草案用）

（××××）×破字第×-×号

申请人：……（写明名称等基本情况）。

××××年××月××日，×××（申请人名称）向本院提出申请，称……（写明依据的事实及理由），请求本院批准重整计划草案。

本院查明：……（写明重整计划草案未获得通过的情况及重整计划草案的主要内容）。

本院认为：……（写明不批准重整计划草案的理由）。依照《中华人民共和国企业破产法》第八十八条之规定，裁定如下：

一、驳回×××（申请人名称）的申请；

二、终止×××（债务人名称）重整程序；

三、宣告×××（债务人名称）破产。

本裁定自即日起生效。

审　判　长　×××
（代理）审判员　×××
（代理）审判员　×××

××××年××月××日
（院印）

本件与原本核对无异

书　记　员　×××

附：重整计划草案

说明：

一、本样式系根据《中华人民共和国企业破产法》第八十八条制定,供人民法院裁定不批准重整计划草案时使用。

二、申请人可以是债务人或管理人。申请人是管理人的,其基本情况只需写明"×××(债务人名称)管理人";申请人是债务人的,其基本情况的写法与样式6相同。

三、本裁定书应送达管理人、债务人、债权人及利害关系人。

文书样式 74

××××人民法院
公　告
(批准重整计划或重整计划草案并终止重整程序用)

(××××)×破字第×-×号

　　××××年××月××日,本院根据×××(申请人姓名或名称)的申请,依据《中华人民共和国企业破产法》第八十六条第二款(或者第八十七条第二款、第三款)之规定,裁定批准重整计划(或重整计划草案)并终止×××(债务人名称)重整程序。

　　特此公告

××××年××月××日

(院印)

说明:

　　本样式系根据《中华人民共和国企业破产法》第八十六条第二款、第八十七条第三款制定,供人民法院裁定批准重整计划或重整计划草案并终止重整程序后发布公告使用。

文书样式 75

××××人民法院
公 告
(不批准重整计划或重整计划草案
并终止重整程序宣告债务人破产用)

(××××)×破字第×-×号

××××年××月××日,本院依照《中华人民共和国企业破产法》第八十八条之规定,裁定驳回×××(申请人名称)关于批准重整计划(或重整计划草案)的申请并终止×××(债务人名称)重整程序,宣告×××(债务人名称)破产。

特此公告

××××年××月××日

(院印)

说明:

本样式系根据《中华人民共和国企业破产法》第八十八条制定,供人民法院裁定不批准重整计划或重整计划草案并终止重整程序宣告债务人破产后发布公告使用。

文书样式 76

××××人民法院
民事裁定书
(延长重整计划执行的监督期限用)

(××××)×破字第×-×号

申请人:×××(债务人名称)管理人。
××××年××月××日,×××(债务人名称)管理人向本院提出申请,称……（写明依据的事实及理由），请求本院将×××（债务人名称）重整计划执行的监督期限延长×个月至××××年××月××日。

本院认为：……（写明同意或不同意的理由）。依照……（写明所依据的法律条款项）之规定，裁定如下：

将×××（债务人名称）重整计划执行的监督期限延长×个月至××××年××月××日。

或者：

驳回×××（债务人名称）管理人的申请。

本裁定自即日起生效。

审　判　长　×××
（代理）审判员　×××
（代理）审判员　×××

××××年××月××日

（院印）

本件与原本核对无异

书　记　员　×××

说明：

一、本样式系根据《中华人民共和国企业破产法》第九十一条第三款制定，供人民法院根据管理人的申请决定延长重整计划执行的监督期限时使用。

二、同意延长的，应将裁定书送达管理人、债务人及利害关系人；不同意延长的，应将裁定书送达管理人。

文书样式77

××××人民法院
民事裁定书
（终止重整计划的执行用）

（××××）×破字第×-×号

申请人：……（写明姓名或名称等基本情况）。

××××年××月××日，×××（申请人姓名或名称）向本院提出申请，称……（写明依据的事实及理由），请求本院终止×××（债务人名称）重整计划的执行。

本院查明：……

本院认为：……（写明同意的理由）。依照《中华人民共和国企业破产法》第九十三条第一款之规定，如下：

一、终止×××（债务人名称）重整计划的执行；

二、宣告×××（债务人名称）破产。

本裁定自即日起生效。

审　判　长　×××
（代理）审判员　×××
（代理）审判员　×××

××××年××月××日
（院印）

本件与原本核对无异

书　记　员　×××

说明：

一、本样式系根据《中华人民共和国企业破产法》第九十三条第一款制定，供人民法院根据管理人或利害关系人的申请裁定终止重整计划的执行时使用。

二、申请人是管理人的，其基本情况只需写明"×××（债务人名称）管理人"；申请人是利害关系人的，其基本情况的写法与样式6相同。

三、本裁定书应送达债务人、管理人、债权人及利害关系人。

文书样式 78

××××人民法院
民事裁定书
（延长重整计划执行期限用）

（××××）×破字第×-×号

申请人：……（写明名称等基本情况）。

××××年××月××日，本院裁定批准×××（债务人名称）重整计划并终止重整程序。××××年××月××日，×××（债务人名称）向本院提出申请，称……（写明依据的事实及理由），请求本院批准延长重整计划的执行期限至××××年××月××日。

本院查明：……

本院认为：……（写明批准或不批准的理由）。依照……（写明所依据的法律条款项）之规定，裁定如下：

×××（债务人名称）重整计划的执行期限延长至××××年××月××日。

或者：

驳回×××（债务人名称）的申请。

本裁定自即日起生效。

审　判　长　×××
（代理）审判员　×××
（代理）审判员　×××

××××年××月××日
（院印）

本件与原本核对无异

书　记　员　×××

说明：

一、本样式供人民法院根据债务人的申请延长重整计划的执行期限时用。

二、本裁定书应送达管理人、债务人、债权人及利害关系人。

文书样式 79

××××人民法院
通知书
（协助执行重整计划用）

（××××）×破字第×-×号

×××：

本院已于××××年××月××日裁定批准×××（债务人名称）重整计划（或重整计划草案）。依照……（写明所依据的法律条款项）之规定，请你单位自收到本通知书之日起协助执行以下事项：

……

特此通知。

××××年××月××日

（院印）

说明：

本样式供重整计划执行中人民法院要求相关单位协助执行相关事项时用。

附录二

445

四、和解程序用文书

文书样式 80

××××人民法院
民事裁定书
（受理债务人直接提出的和解申请用）

（××××）×破（预）字第×-×号

申请人：……（写明名称等基本情况）。

××××年××月××日，申请人×××以……为由向本院申请和解并提交了和解协议草案。

本院查明：……

本院认为：……（从本院是否具有管辖权、申请人是否属于破产适格主体、是否具备破产原因等方面写明受理申请的理由）。依照《中华人民共和国企业破产法》第二条、第三条、第七条、第九十五条、第九十六条第一款之规定，裁定如下：

受理×××（债务人名称）的和解申请。

本裁定自即日起生效。

审　判　长　×××
（代理）审判员　×××
（代理）审判员　×××

××××年××月××日
（院印）

本件与原本核对无异

书　记　员　×××

说明：

一、本样式系根据《中华人民共和国企业破产法》第九十六条第一款制定，供人民法院裁定直接受理债务人的和解申请时使用。

二、申请人基本情况的写法与样式6相同。

三、本裁定书应送达债务人。

文书样式81

××××人民法院
民事裁定书
（受理破产清算申请后裁定债务人和解用）

（××××）×破字第×-×号

申请人：……（写明名称等基本情况）。

××××年××月××日，本院根据×××的申请裁定受理×××（债务人名称）破产清算一案。××××年××月××日，×××（债务人名称）以……为由向本院申请和解并提交了和解协议草案。

本院查明：……

本院认为：……（从申请人是否属于破产适格主体、是否具备破产原因等方面写明裁定和解的理由）。依照《中华人民共和国企业破产法》第二条、第七条、第九十五条、第九十六条第一款之规定，裁定如下：

×××（债务人名称）和解。

本裁定自即日起生效。

审　判　长　×××
（代理）审判员　×××
（代理）审判员　×××

××××年××月××日

（院印）

本件与原本核对无异

书　记　员　×××

说明：

一、本样式系根据《中华人民共和国企业破产法》第九十六条第一款制定,供人民法院受理破产清算申请后裁定债务人和解时使用。

二、申请人基本情况的写法与样式6相同。

三、本裁定书应送达债务人和破产申请人。

文书样式82

××××人民法院
民事裁定书
(不予受理债务人直接提出的和解申请用)

(××××)×破(预)初字第×-×号

申请人:……(写明名称等基本情况)。

××××年××月××日,申请人×××以……为由向本院申请和解并提交了和解协议草案。

本院查明:……

本院认为:……(写明不受理的理由)。依照……(写明所依据的法律条款项)之规定,裁定如下:

不予受理×××(申请人名称)的和解申请。

如不服本裁定,可在裁定书送达之日起十日内,向本院递交上诉状,并提交副本×份,上诉于××××人民法院。

审　判　长　×××
(代理)审判员　×××
(代理)审判员　×××

××××年××月××日
(院印)

本件与原本核对无异

书　记　员　×××

说明:

一、本样式系根据《中华人民共和国企业破产法》第十二条第一款制定，供人民法院裁定不受理债务人直接提出的和解申请时使用。

二、申请人基本情况的写法与样式6相同。

三、本裁定书应送达债务人。

文书样式83

××××人民法院
民事裁定书
（受理破产申请后裁定不予受理债务人提出的和解申请用）

（××××）×破初字第×-×号

申请人：……（写明名称等基本情况）。

××××年××月××日，本院根据×××的申请裁定受理×××（债务人名称）破产清算一案。××××年××月××日，×××（债务人名称）以……为由向本院申请和解并提交了和解协议草案。

本院查明：……

本院认为：……（写明不受理的理由）。依照……（写明所依据的法律条款项）之规定，裁定如下：

对×××（债务人名称）的和解申请，本院不予受理。

如不服本裁定，可在裁定书送达之日起十日内，向本院递交上诉状，并提交副本×份，上诉于××××人民法院。

审　判　长　×××
（代理）审判员　×××
（代理）审判员　×××

××××年××月××日
（院印）

本件与原本核对无异

书　记　员　×××

说明：

一、本样式系根据《中华人民共和国企业破产法》第十二条第一款

449

制定，供人民法院受理破产申请后裁定不予受理债务人提出的和解申请时使用。

二、申请人基本情况的写法与样式6相同。

三、本裁定书应送达债务人。

文书样式 84

××××人民法院
民事裁定书
（维持或撤销不予受理和解申请的裁定用）

（××××）×破（预）终字第×号

上诉人（原审申请人）：……（写明名称等基本情况）。

上诉人×××不服××××人民法院（××××）×破（预）初字第×-×号民事裁定，向本院提起上诉。本院受理后依法组成合议庭审理了本案，现已审理终结。

……（写明一审认定的事实、裁定结果及理由）

×××（债务人名称）不服，向本院上诉称：……（写明上诉请求与理由）。

本院查明：……

本院认为：……（写明维持或者撤销原裁定的理由）。依照……（写明所依据的法律条款项）之规定，裁定如下：

驳回上诉，维持原裁定。

或者：

一、撤销××××人民法院（××××）×破（预）初字第×-×号民事裁定；

二、由××××人民法院裁定受理×××（债务人名称）的和解申请。

本裁定为终审裁定并自即日起生效。

审 判 长 ×××
（代理）审判员 ×××
（代理）审判员 ×××

                                    ××××年××月××日
                                        (院印)

本件与原本核对无异
                                    书　记　员　×××

说明：

　　一、本样式系根据《最高人民法院关于适用〈中华人民共和国民事诉讼法〉若干问题的意见》第一百八十七条制定，供二审人民法院收到不服一审不予受理和解申请的裁定而提起上诉的案件之后，裁定驳回上诉或撤销原裁定时使用。

　　二、上诉人基本情况的写法与样式6相同。

　　三、如果一审裁定是针对债务人在人民法院受理破产申请后宣告破产前提出的和解申请作出的，则案号应为（××××）×破终字第×号，相应首部应为上诉人×××不服××××人民法院（××××）×破初字第×-×号民事裁定，向本院提起上诉。判项主文应为：一、撤销××××人民法院（×××）×破初字第×-×号民事裁定；二、由××××人民法院裁定×××和解。

　　四、本裁定书应送达上诉人。

文书样式85

××××人民法院
公　告
（裁定受理债务人直接提出的和解申请用）

                                （××××）×破字第×-×号

　　本院根据×××（申请人姓名或名称）的申请于××××年××月××日裁定受理×××（债务人名称）和解一案，并于××××年××月××日指定×××担任×××（债务人名称）管理人。×××（债务人名称）的债权人应自××××年××月××日前，向×××（债务人名称）管理人（通讯地址：_____；邮政编码：_____；联系电话：_____）申报债权，书面说明债权数额、有无财产担保及是否属于连带债权，并提供相关证据材料。未在上述期限内申报债权的，可以在和解协议草案提交债权人会议讨论前补充申

附录二

451

报，但要承担为审查和确认补充申报债权所产生的费用。未依法申报债权的，在和解协议执行期间不得行使权利，在和解协议执行完毕后可以按照和解协议规定的清偿条件行使权利。×××（债务人名称）的债务人或者财产持有人应当向×××（债务人名称）管理人清偿债务或交付财产。

　　本院定于××××年××月××日××时在＿＿＿＿＿＿（地点）召开第一次债权人会议。依法申报债权的债权人为债权人会议的成员，有权参加债权人会议。参加会议的债权人系法人或其他组织的，应提交营业执照、法定代表人或负责人身份证明书，如委托代理人出席会议，应提交特别授权委托书、委托代理人的身份证件或律师执业证，委托代理人是律师的还应提交律师事务所的指派函。债权人系自然人的，应提交个人身份证明。如委托代理人出席会议，应提交特别授权委托书、委托代理人的身份证件或律师执业证，委托代理人是律师的还应提交律师事务所的指派函。

　　特此公告

××××年××月××日
（院印）

说明：

　　本样式系根据《中华人民共和国企业破产法》第十四条、第九十六条第一款、第一百条第三款制定，供人民法院裁定受理债务人直接提出的和解申请后发布公告使用。

文书样式86

××××人民法院

公　告

（受理破产申请后宣告债务人破产前裁定债务人和解用）

（××××）×破字第×-×号

　　本院根据×××（申请人姓名或名称）的申请于××××年××月××日裁定受理×××（债务人名称）破产清算一案，并于××××年××月××日指定×××担任×××（债务人名称）管理人。××××年××月××日，本院根据×××

（债务人名称）的申请裁定×××（债务人名称）和解。

特此公告

××××年××月××日

(院印)

说明：

本样式系根据《中华人民共和国企业破产法》第九十六条第一款制定，供人民法院在受理破产申请后、宣告债务人破产前，根据债务人的申请，裁定债务人和解后发布公告时使用。

文书样式87

××××人民法院
通知书
（裁定受理债务人直接提出的和解申请后通知已知债权人用）

（××××）×破字第×-×号

×××（债权人姓名或名称）：

本院根据×××（申请人姓名或名称）的申请于××××年××月××日裁定受理×××（债务人名称）和解一案，并于××××年××月××日指定×××担任×××（债务人名称）管理人。请你（或你单位）在××××年××月××日前，向×××（债务人名称）管理人（通讯地址：_____；邮政编码：_____；联系电话：_____）申报债权，书面说明债权数额、有无财产担保及是否属于连带债权，并提供相关证据材料。如未能在上述期限内申报债权，可以在和解协议草案提交债权人会议讨论前补充申报，但要承担为审查和确认补充申报债权所产生的费用。未依法申报债权的，在和解协议执行期间不得行使权利，在和解协议执行完毕后可以按照和解协议规定的清偿条件行使权利。×××（债务人名称）的债务人或者财产持有人应当向×××（债务人名称）管理人清偿债务或交付财产。本院定于××××年××月××日××时在_____（地点）召开第一次债权人会议。依法申报债权后，你（或你单位）就成为债权人会议的成员，有权

附录二

453

参加债权人会议。参加会议时应提交个人身份证明；委托代理人出席会议的，应提交授权委托书、委托代理人的身份证件或律师执业证，委托代理人是律师的还应提交律师事务所的指派函。（如系法人或其他组织的，则改为参加会议时应提交营业执照、法定代表人或负责人身份证明书；委托代理人出席会议的，应提交授权委托书、委托代理人的身份证件或律师执业证，委托代理人是律师的还应提交律师事务所的指派函。）

特此通知

××××年××月××日

（院印）

说明：

一、本样式系根据《中华人民共和国企业破产法》第十四条、第一百条第三款的规定制定，供人民法院裁定受理债务人直接提出的和解申请后通知已知债权人用。

二、"你单位"可根据当事人的具体情况表述为："你公司或厂、企业等"。

三、本通知应在裁定受理和解申请之日起二十五日内发出。

文书样式88

××××人民法院
民事裁定书
（认可或不予认可和解协议用）

（××××）×破字第×-×号

申请人：……（写明债务人名称等基本情况）。

××××年××月××日，×××（债务人名称）向本院提出申请，称和解协议已经第×次债权人会议通过，请求本院裁定予以认可。

本院认为：……（写明认可或不认可的理由）。依照……（写明所依据的法律条款项）之规定，裁定如下：

一、认可×××（债务人名称）和解协议；

二、终止×××（债务人名称）和解程序。
或者：
一、驳回×××（债务人名称）的申请；
二、终止×××（债务人名称）和解程序；
三、宣告×××（债务人名称）破产。
本裁定自即日起生效。

审　判　长　×××
（代理）审判员　×××
（代理）审判员　×××

××××年××月××日
（院印）

本件与原本核对无异

书　记　员　×××

附：和解协议

说明：

一、本样式系根据《中华人民共和国企业破产法》第九十八条、第九十九条制定，供人民法院裁定认可或不认可和解协议时使用。

二、本裁定书应送达债务人、管理人、债权人及利害关系人。

文书样式89

×××人民法院
民事裁定书
（和解协议草案未获通过时裁定终止和解程序用）

（××××）×破字第×-×号

××××年××月××日，本院根据×××（债务人名称）的申请，裁定受理×××（债务人名称）和解一案。……（写明和解协议草案经债权人会议表决未获通过的具体情况）。依照《中华人民共和国企业破产法》第九十九条之规定，裁定如下：

一、终止×××（债务人名称）和解程序；

二、宣告×××（债务人名称）破产。

本裁定自即日起生效。

审　判　长　×××
（代理）审判员　×××
（代理）审判员　×××

××××年××月××日
（院印）

书　记　员　×××

本件与原本核对无异

说明：

一、本样式系根据《中华人民共和国企业破产法》第九十九条制定，供人民法院在和解协议草案未获通过时裁定终止和解程序时使用。

二、本裁定书应送达债务人、管理人并通知债权人。

文书样式 90

××××人民法院
民事裁定书
（确认和解协议无效用）

（××××）×破字第×-×号

申请人：……（写明姓名或名称等基本情况）。

××××年××月××日，申请人×××以……为由，请求本院确认第×次债权人会议通过的和解协议无效。

本院查明：……

本院认为：……（写明对和解协议效力的审查意见及理由）。依照

456

……（写明所依据的法律条款项）之规定，裁定如下：
一、撤销本院（××××）×破字第×-×号民事裁定书；
二、×××（债务人名称）和解协议无效；
三、宣告×××（债务人名称）破产。
或者：
驳回×××（申请人姓名或名称）的申请。
本裁定自即日起生效。

审　判　长　×××
（代理）审判员　×××
（代理）审判员　×××

××××年××月××日
（院印）

本件与原本核对无异

书　记　员　×××

说明：
一、本样式系根据《中华人民共和国企业破产法》第一百零三条制定，供人民法院确认和解协议无效时用。
二、申请人应为利害关系人。其基本情况的写法与样式6相同。
三、裁定确认和解协议无效的，应将本裁定书送达债务人、管理人并通知债权人。驳回申请的，应将本裁定书送达申请人。

文书样式91

××××人民法院

民事裁定书

（终止和解协议的执行用）

（××××）×破字第×-×号

申请人：……（写明姓名或名称等基本情况）。

××××年××月××日，申请人×××以……为由，请求本院裁定终止×××（债务人名称）和解协议的执行。

本院查明：……

本院认为：……（写明审查意见及理由）。依照《中华人民共和国企业破产法》第一百零四条第一款之规定，裁定如下：

一、终止×××（债务人名称）和解协议的执行；

二、宣告×××（债务人名称）破产。

或者：

驳回×××（申请人姓名或名称）的申请。

本裁定自即日起生效。

审　判　长　×××
（代理）审判员　×××
（代理）审判员　×××

××××年××月××日

（院印）

本件与原本核对无异

书　记　员　×××

说明：

一、本样式系根据《中华人民共和国企业破产法》第一百零四条第一款制定，供人民法院根据和解债权人的申请裁定终止和解协议的执行并宣告债务人破产时使用。

二、申请人基本情况的写法与样式6相同。

三、本决定书应送达债务人、管理人并通知债权人。

文书样式 92

××××人民法院
民事裁定书
（认可债务人与全体债权人自行达成的协议用）

(××××)×破字第×-×号

申请人：……（写明名称等基本情况）。
××××年××月××日，申请人×××以……为由请求本院裁定认可×××协议。
本院查明：……
本院认为：……（写明认可或不认可的理由）。依照《中华人民共和国企业破产法》第一百零五条之规定，裁定如下：
一、认可×××协议；
二、终结×××（债务人名称）破产程序。
或者：
驳回×××（债务人名称）的申请。
本裁定自即日起生效。

审　判　长　×××
（代理）审判员　×××
（代理）审判员　×××

××××年××月××日
（院印）

本件与原本核对无异

书　记　员　×××

附：×××协议

说明：

一、本样式系根据《中华人民共和国企业破产法》第一百零五条制

459

定，供人民法院认可债务人与全体债权人自行达成的协议并终结破产程序使用。

二、申请人应为债务人。其基本情况的写法与样式6相同。

三、若宣告破产后裁定认可协议的，应在裁定书的首部增加宣告破产的事实，并在裁定主文中一并撤销宣告破产的裁定，具体表述为：撤销本院（××××）×破字第×-×号民事裁定书。

四、裁定认可的，应将裁定书送达债务人、管理人并通知债权人。裁定驳回的，应将裁定书送达申请人。

文书样式93

××××人民法院
公　告
（认可和解协议并终止和解程序用）

（××××）×破字第×-×号

××××年××月××日，本院根据×××（债务人名称）的申请，依照《中华人民共和国企业破产法》第九十八条之规定，以（××××）×破字第×-×号民事裁定书裁定认可×××（债务人名称）和解协议并终止×××（债务人名称）和解程序。

特此公告

××××年××月××日

（院印）

说明：

本样式系根据《中华人民共和国企业破产法》第九十八条制定，供人民法院裁定认可和解协议并终止和解程序后发布公告使用。

文书样式 94

××××人民法院
公 告
（终止和解程序并宣告债务人破产用）

（××××）×破字第x-x号

因……（写明终止原因），××××年××月××日，本院依照《中华人民共和国企业破产法》第九十九条之规定，以（××××）×破字第x-x号民事裁定书裁定终止×××（债务人名称）和解程序并宣告×××（债务人名称）破产清算。

特此公告。

××××年××月××日

（院印）

说明：

本样式系根据《中华人民共和国企业破产法》第九十九条制定，供人民法院裁定终止和解程序并宣告债务人破产后发布公告使用。

五、破产衍生诉讼用文书

文书样式 95

××××人民法院
民事判决书
（破产撤销权诉讼一审用）

（××××）×民初字第x号

原告：×××，（债务人名称）管理人。

被告：……（写明姓名或名称等基本情况）。

461

原告×××诉被告×××破产撤销权纠纷一案，本院受理后，依法组成合议庭公开开庭进行了审理。……（写明本案当事人及其诉讼代理人等）到庭参加了诉讼。本案现已审理终结。

原告×××诉称：……（概述原告提出的具体诉讼请求及所根据的事实与理由）。

被告×××辩称：……（概述被告答辩的主要意见）。

经审理查明：……（写明认定的事实及证据）。

本院认为：……（写明判决的理由）。依照……（写明判决所依据的法律条款项）之规定，判决如下：

……（写明判决结果）。

……（写明诉讼费用的负担）。

如不服本判决，可在判决书送达之日起十五日内，向本院提交上诉状，并按对方当事人的人数提交副本×份，上诉于××××人民法院。

审　判　长　×××
（代理）审判员　×××
（代理）审判员　×××

××××年××月××日
（院印）

本件与原本核对无异

书　记　员　×××

说明：

一、本样式系根据《中华人民共和国企业破产法》第三十一条、第三十二条制定，供人民法院受理管理人行使撤销权之诉后进行一审判决时使用。

二、应区分不同管理人类型分别确定原告：管理人为个人的，原告应列为担任管理人的律师或者注册会计师；管理人为中介机构的，原告应列为担任管理人的律师事务所、会计师事务所或者破产清算事务所；管理人为清算组的，原告应列为（债务人名称）清算组，身份标明为该企业管理人。律师事务所等中介机构或者清算组作为原告的，还应当将中介机构管理人负责人或者清算组组长列为诉讼代表人。

三、被告基本情况的写法与样式6相同。

四、此处的被告为受益人。

文书样式96

××××人民法院
民事判决书
（破产抵销权诉讼一审用）

（××××）×民初字第×号

原告：……（写明姓名或名称等基本情况）。

被告：×××（债务人名称），住所地……

诉讼代表人：×××，该企业管理人（或管理人负责人）。

原告×××诉被告×××破产抵销权纠纷一案，本院受理后，依法组成合议庭公开开庭进行了审理。……（写明本案当事人及其诉讼代理人等）到庭参加了诉讼。本案现已审理终结。

原告×××诉称：……（概述原告提出的具体诉讼请求及所根据的事实与理由）。

被告×××辩称：……（概述被告答辩的主要意见）。

经审理查明：……（写明认定的事实及证据）。

本院认为：……（写明判决的理由）。依照……（写明判决所依据的法律条款项）之规定，判决如下：

……（写明判决结果）。

……（写明诉讼费用的负担）。

若不服本判决，可在判决书送达之日起十五日内，向本院提交上诉状，并按对方当事人的人数提交副本×份，上诉于××××人民法院。

审　判　长　×××
（代理）审判员　×××
（代理）审判员　×××

463

××××年××月××日

(院印)

本件与原本核对无异

书　记　员　×××

说明：

一、本样式系根据《中华人民共和国企业破产法》第四十条制定，供人民法院受理债权人行使抵销权之诉后进行一审判决时使用。

二、原告应为要求行使抵销权的债权人。

三、原告基本情况的写法与样式6相同。

四、当债务人的管理人为个人管理人时，其诉讼代表人为担任管理人的律师或者注册会计师；当管理人为中介机构或者清算组时，其诉讼代表人为管理人的负责人或者清算组组长。

文书样式97

××××人民法院
民事判决书
（破产债权确认诉讼一审用）

（××××）×民初字第×号

原告：……（写明姓名或名称等基本情况）。

被告：×××（债务人名称），住所地……

诉讼代表人：×××，该企业管理人（或管理人负责人）。

原告×××诉被告×××破产债权确认纠纷一案，本院受理后，依法组成合议庭公开开庭进行了审理。……（写明本案当事人及其诉讼代理人等）到庭参加了诉讼。本案现已审理终结。

原告×××诉称：……（概述原告提出的具体诉讼请求及所根据的事实与理由）。

被告×××辩称：……（概述被告答辩的主要意见）。

经审理查明：……（写明认定的事实及证据）。

本院认为：……（写明判决的理由）。依照……（写明判决所依据的法律条款项）之规定，判决如下：

……（写明判决结果）。

……（写明诉讼费用的负担）。

若不服本判决，可在判决书送达之日起十五日内，向本院提交上诉状，并按对方当事人的人数提交副本×份，上诉于××××人民法院。

审　判　长　×××
（代理）审判员　×××
（代理）审判员　×××

××××年××月××日

（院印）

本件与原本核对无异

书　记　员　×××

说明：

一、本样式系根据《中华人民共和国企业破产法》第五十八条制定，供人民法院受理破产债权确认之诉后进行一审判决时使用。

二、原告也可能是债务人。当债务人为原告时，当事人的具体写法为：

原告：×××（债务人名称），住所地……

诉讼代表人：×××，该企业管理人（或管理人负责人）。

被告：……（写明债权人的姓名或名称等基本情况）。

原告也可能是其他债权人，此时的被告为债务人和相关债权人。

三、当事人基本情况的写法与样式6、样式96相同。

四、本样式同样适用于职工权益清单更正纠纷。

文书样式 98

××××人民法院
民事判决书
（取回权诉讼一审用）

（××××）×民初字第×号

原告：……（写明姓名或名称等基本情况）。
被告：×××（债务人名称），住所地……
诉讼代表人：×××，该企业管理人（或管理人负责人）。

原告×××诉被告×××取回权纠纷一案，本院受理后，依法组成合议庭公开开庭进行了审理。……（写明本案当事人及其诉讼代理人等）到庭参加了诉讼。本案现已审理终结。

原告×××诉称：……（概述原告提出的具体诉讼请求及所根据的事实与理由）。

被告×××辩称：……（概述被告答辩的主要意见）。

经审理查明：……（写明认定的事实及证据）。

本院认为：……（写明判决的理由）。依照……（写明判决所依据的法律条款项）之规定，判决如下：

……（写明判决结果）。

……（写明诉讼费用的负担）。

若不服本判决，可在判决书送达之日起十五日内，向本院提交上诉状，并按对方当事人的人数提交副本×份，上诉于××××人民法院。

审　判　长　×××
（代理）审判员　×××
（代理）审判员　×××

××××年××月××日
（院印）

本件与原本核对无异

书　记　员　×××

说明：

一、本样式系根据《中华人民共和国企业破产法》第三十八条、第三十九条制定，供人民法院受理财产的权利人提起取回权之诉后进行一审判决时使用。

二、原告基本情况的写法与样式6、样式96相同。

文书样式99

××××人民法院
民事判决书
（别除权诉讼一审用）

（××××）×民初字第×号

原告：……（写明姓名或名称等基本情况）。

被告：×××（债务人名称），住所地……

诉讼代表人：×××，该企业管理人（或管理人负责人）。

原告×××诉被告×××别除权纠纷一案，本院受理后，依法组成合议庭公开开庭进行了审理。……（写明本案当事人及其诉讼代理人等）到庭参加了诉讼。本案现已审理终结。

原告×××诉称：……（概述原告提出的具体诉讼请求及所根据的事实与理由）。

被告×××辩称：……（概述被告答辩的主要意见）。

经审理查明：……（写明认定的事实及证据）。

本院认为：……（写明判决的理由）。依照……（写明判决所依据的法律条款项）之规定，判决如下：

……（写明判决结果）。

……（写明诉讼费用的负担）。

若不服本判决，可在判决书送达之日起十五日内，向本院提交上诉状，并按对方当事人的人数提交副本×份，上诉于××××人民法院。

审 判 长 ×××
（代理）审判员 ×××
（代理）审判员 ×××

××××年××月××日
（院印）

本件与原本核对无异

书 记 员 ×××

说明：

一、本样式系根据《中华人民共和国企业破产法》第一百零九条制定，供人民法院受理对债务人特定财产享有担保权的权利人提起别除权之诉后进行一审判决时使用。

二、原告应为要求行使别除权的权利人。

三、原告基本情况的写法与样式6、样式96相同。

文书样式100

××××人民法院
民事判决书

（确认债务人无效行为诉讼一审用）

（××××）×民初字第×号

原告：×××，（债务人名称）管理人。

被告：……（写明姓名或名称等基本情况）。

原告×××诉被告×××无效行为纠纷一案，本院受理后，依法组成合议庭公开开庭进行了审理。……（写明本案当事人及其诉讼代理人等）到庭参加了诉讼。本案现已审理终结。

原告×××诉称：……（概述原告提出的具体诉讼请求及所根据的事实与理由）。

被告×××辩称：……（概述被告答辩的主要意见）。

经审理查明：……（写明认定的事实及证据）。

本院认为：……（写明判决的理由）。依照……（写明判决所依据的法律条款项）之规定，判决如下：

……（写明判决结果）。

……（写明诉讼费用的负担）。

若不服本判决，可在判决书送达之日起十五日内，向本院提交上诉状，并按对方当事人的人数提交副本×份，上诉于××××人民法院。

审　判　长　×××
（代理）审判员　×××
（代理）审判员　×××

××××年××月××日
（院印）

本件与原本核对无异

书　记　员　×××

说明：

一、本样式系根据《中华人民共和国企业破产法》第三十三条制定，供人民法院受理管理人请求确认债务人行为无效之诉后进行一审判决时使用。

二、此处的被告为无效行为的相对人，被告基本情况的写法与样式6相同。

文书样式 101

××××人民法院
民事判决书
（对外追收债权或财产诉讼一审用）

（××××）×民初字第×号

原告：×××（债务人名称），住所地……

诉讼代表人：×××，该企业管理人（或管理人负责人）。

被告：……（写明姓名或名称等基本情况）。

原告×××诉被告×××……纠纷（包括清偿债务或者交付财产）一案，本院受理后，依法组成合议庭公开开庭进行了审理。……（写明本案当事人及其诉讼代理人等）到庭参加了诉讼。本案现已审理终结。

原告×××诉称：……（概述原告提出的具体诉讼请求及所根据的事实与理由）。

被告×××辩称：……（概述被告答辩的主要意见）。

经审理查明：……（写明认定的事实及证据）。

本院认为：……（写明判决的理由）。依照……（写明判决所依据的法律条款项）之规定，判决如下：

……（写明判决结果）。

……（写明诉讼费用的负担）。

若不服本判决，可在判决书送达之日起十五日内，向本院提交上诉状，并按对方当事人的人数提交副本×份，上诉于××××人民法院。

审　判　长　×××

（代理）审判员　×××

（代理）审判员　×××

××××年××月××日

（院印）

本件与原本核对无异

书　记　员　×××

说明：

一、本样式系根据《中华人民共和国企业破产法》第十七条制定，供人民法院受理管理人向债务人的债务人或财产持有人提起清偿债务或返还财产之诉后进行一审判决时使用。

二、被告基本情况的写法与样式6、样式96相同。

文书样式 102

××××人民法院
民事判决书
（追收出资诉讼一审用）

（××××）×民初字第×号

原告：×××（债务人名称），住所地……
诉讼代表人：×××，该企业管理人（或管理人负责人）。
被告：……（写明姓名或名称等基本情况）。
原告×××诉被告×××缴纳出资纠纷一案，本院受理后，依法组成合议庭公开开庭进行了审理。……（写明本案当事人及其诉讼代理人等）到庭参加了诉讼。本案现已审理终结。
原告×××诉称：……（概述原告提出的具体诉讼请求及所根据的事实与理由）。
被告×××辩称：……（概述被告答辩的主要意见）。
经审理查明：……（写明认定的事实及证据）。
本院认为：……（写明判决的理由）。依照……（写明判决所依据的法律条款项）之规定，判决如下：
……（写明判决结果）。
……（写明诉讼费用的负担）。
若不服本判决，可在判决书送达之日起十五日内，向本院提交上诉状，并按对方当事人的人数提交副本×份，上诉于××××人民法院。

审　判　长　×××
（代理）审判员　×××
（代理）审判员　×××

××××年××月××日
（院印）

本件与原本核对无异

书　记　员　×××

说明：

一、本样式系根据《中华人民共和国企业破产法》第三十五条制定，供人民法院受理管理人向债务人股东提起追收出资之诉后进行一审判决时使用。

二、本样式适用于股东返还抽逃出资等违反出资义务的诉讼一审用。

文书样式103

××××人民法院
民事判决书
（追收非正常收入诉讼一审用）

（××××）×民初字第×号

原告：×××（债务人名称），住所地……

诉讼代表人：×××，该企业管理人（或管理人负责人）。

被告：……（写明姓名或名称等基本情况）。

原告×××诉被告×××返还非正常收入纠纷一案，本院受理后，依法组成合议庭公开开庭进行了审理。……（写明本案当事人及其诉讼代理人等）到庭参加了诉讼。本案现已审理终结。

原告×××诉称：……（概述原告提出的具体诉讼请求及所根据的事实与理由）。

被告×××辩称：……（概述被告答辩的主要意见）。

经审理查明：……（写明认定的事实及证据）。

本院认为：……（写明判决的理由）。依照……（写明判决所依据的法律条款项）之规定，判决如下：

……（写明判决结果）。

……（写明诉讼费用的负担）。

如不服本判决，可在判决书送达之日起十五日内，向本院提交上诉状，并按对方当事人的人数提交副本×份，上诉于××××人民法院。

472

　　　　　　　　　　　　审　判　长　×××
　　　　　　　　　　　　（代理）审判员　×××
　　　　　　　　　　　　（代理）审判员　×××

　　　　　　　　　　　　××××年××月××日
　　　　　　　　　　　　　　　　（院印）
本件与原本核对无异
　　　　　　　　　　　　书　记　员　×××

说明：

　　一、本样式系根据《中华人民共和国企业破产法》第三十六条制定，供人民法院受理管理人向有关人员提出追收非正常收入之诉后进行一审判决时使用。

　　二、被告应为债务人的董事、监事和高级管理人员。

　　三、被告基本情况的写法与样式6、样式96相同。

文书样式104

××××人民法院
民事判决书
（损害债务人利益赔偿诉讼一审用）

　　　　　　　　　　　　（××××）×民初字第×号

　　原告：×××（债务人名称），住所地……

　　诉讼代表人：×××，该企业管理人（或管理人负责人）。

　　被告：……（写明姓名或名称等基本情况）。

　　原告×××诉被告×××损害赔偿纠纷一案，本院受理后，依法组成合议庭公开开庭进行了审理。……（写明本案当事人及其诉讼代理人等）到庭参加了诉讼。本案现已审理终结。

　　原告×××诉称：……（概述原告提出的具体诉讼请求及所根据的事实与理由）。

　　被告×××辩称：……（概述被告答辩的主要意见）。

473

经审理查明：……（写明认定的事实及证据）。

本院认为：……（写明判决的理由）。依照……（写明判决所依据的法律条款项）之规定，判决如下：

……（写明判决结果）。

……（写明诉讼费用的负担）。

如不服本判决，可在判决书送达之日起十五日内，向本院提交上诉状，并按对方当事人的人数提交副本×份，上诉于××××人民法院。

审　判　长　×××
（代理）审判员　×××
（代理）审判员　×××

××××年××月××日

（院印）

本件与原本核对无异

书　记　员　×××

说明：

一、本样式系根据《中华人民共和国企业破产法》第一百二十五条、第一百二十八条制定，供人民法院受理管理人向有关人员提出损害赔偿之诉后进行一审判决时使用。

二、被告应为债务人的董事、监事、高级管理人员、法定代表人或直接责任人员。

三、被告基本情况的写法与样式6、样式96相同。

文书样式105

××××人民法院
民事判决书
（管理人承担赔偿责任诉讼一审用）

（××××）×民初字第×号

原告：……（写明姓名或名称等基本情况）。

被告：×××，（债务人名称）管理人；或者×××，（债务人名称）清算组管理人成员。

原告×××诉被告×××损害赔偿纠纷一案，本院受理后，依法组成合议庭公开开庭进行了审理。……（写明本案当事人及其诉讼代理人等）到庭参加了诉讼。本案现已审理终结。

原告×××诉称：……（概述原告提出的具体诉讼请求及所根据的事实与理由）。

被告×××辩称：……（概述被告答辩的主要意见）。

经审理查明：……（写明认定的事实及证据）。

本院认为：……（写明判决的理由）。依照……（写明判决所依据的法律条款项）之规定，判决如下：

……（写明判决结果）。

……（写明诉讼费用的负担）。

如不服本判决，可在判决书送达之日起十五日内，向本院提交上诉状，并按对方当事人的人数提交副本，上诉于××××人民法院。

审　判　长　×××
（代理）审判员　×××
（代理）审判员　×××

××××年××月××日
（院印）

本件与原本核对无异

475

书　记　员　×××

说明：

一、本样式系根据《中华人民共和国企业破产法》第一百三十条制定，供人民法院受理有关主体向管理人提出损害赔偿之诉后进行一审判决时使用。

二、原告包括因管理人不当履行职责而遭受损害的债权人、债务人或者第三人。原告基本情况的写法与样式6相同。

三、应区分不同管理人类型分别确定被告：管理人为个人的，被告应列为担任管理人的律师或者注册会计师；管理人为中介机构的，被告应列为担任管理人的律师事务所、会计师事务所或者破产清算事务所；管理人为清算组的，被告应列为清算组各成员。

附录三

本书所涉文件目录

法　律

2001 年 4 月 28 日	中华人民共和国信托法
2004 年 8 月 28 日	中华人民共和国票据法
2006 年 8 月 27 日	中华人民共和国合伙企业法
2006 年 8 月 27 日	中华人民共和国企业破产法
2008 年 10 月 28 日	中华人民共和国企业国有资产法
2015 年 4 月 24 日	中华人民共和国保险法
2015 年 4 月 24 日	中华人民共和国证券投资基金法
2015 年 8 月 29 日	中华人民共和国商业银行法
2017 年 12 月 27 日	中华人民共和国农民专业合作社法
2018 年 12 月 28 日	中华人民共和国劳动合同法
2018 年 12 月 29 日	中华人民共和国劳动法
2019 年 12 月 28 日	中华人民共和国证券法
2020 年 5 月 28 日	中华人民共和国民法典
2023 年 9 月 1 日	中华人民共和国民事诉讼法
2023 年 12 月 29 日	中华人民共和国刑法
2023 年 12 月 29 日	中华人民共和国公司法

行政法规及文件

2006 年 12 月 19 日	诉讼费用交纳办法
2008 年 9 月 18 日	中华人民共和国劳动合同法实施条例
2015 年 8 月 17 日	基本养老保险基金投资管理办法
2019 年 3 月 2 日	企业国有资产监督管理暂行条例
2019 年 9 月 30 日	中华人民共和国外资保险公司管理条例
2023 年 7 月 20 日	证券公司风险处置条例

部门规章及文件

2009 年 2 月 4 日	信托公司集合资金信托计划管理办法

2015年6月18日	中国保监会关于保险机构开展员工持股计划有关事项的通知
2015年10月19日	保险公司管理规定
2018年1月24日	保险资金运用管理办法
2021年6月14日	保险资金间接投资基础设施项目管理办法

司法解释及文件

2001年8月10日	最高人民法院关于人民法院在审理企业破产和改制案件中切实防止债务人逃废债务的紧急通知
2002年7月30日	最高人民法院关于审理企业破产案件若干问题的规定
2007年4月12日	最高人民法院关于审理企业破产案件指定管理人的规定
2007年4月12日	最高人民法院关于审理企业破产案件确定管理人报酬的规定
2007年4月25日	最高人民法院关于《中华人民共和国企业破产法》施行时尚未审结的企业破产案件适用法律若干问题的规定
2009年5月26日	最高人民法院关于依法审理和执行被风险处置证券公司相关案件的通知
2009年6月12日	最高人民法院关于正确审理企业破产案件为维护市场经济秩序提供司法保障若干问题的意见
2009年11月4日	关于审理公司强制清算案件工作座谈会纪要
2011年9月9日	最高人民法院关于适用《中华人民共和国企业破产法》若干问题的规定（一）
2012年10月29日	最高人民法院关于审理上市公司破产重整案件工作座谈会纪要
2016年7月26日	最高人民法院关于企业破产案件信息公开的规定（试行）

2016 年 7 月 28 日	最高人民法院关于破产案件立案受理有关问题的通知
2016 年 8 月 2 日	最高人民法院关于人民法院网络司法拍卖若干问题的规定
2016 年 10 月 29 日	最高人民法院关于严格规范终结本次执行程序的规定（试行）
2016 年 11 月 11 日	关于进一步做好全国企业破产重整案件信息网推广应用工作的办法
2017 年 1 月 20 日	最高人民法院关于执行案件移送破产审查若干问题的指导意见
2017 年 2 月 28 日	最高人民法院关于公布失信被执行人名单信息的若干规定
2018 年 3 月 4 日	全国法院破产审判工作会议纪要
2019 年 11 月 8 日	全国法院民商事审判工作会议纪要
2020 年 12 月 29 日	《民事案件案由规定》
2020 年 12 月 29 日	最高人民法院关于适用《中华人民共和国公司法》若干问题的规定（二）
2020 年 12 月 29 日	最高人民法院关于适用《中华人民共和国企业破产法》若干问题的规定（二）
2020 年 12 月 29 日	最高人民法院关于适用《中华人民共和国企业破产法》若干问题的规定（三）
2020 年 12 月 29 日	最高人民法院关于审理买卖合同纠纷案件适用法律问题的解释
2020 年 12 月 29 日	最高人民法院关于人民法院执行工作若干问题的规定（试行）
2020 年 12 月 29 日	最高人民法院关于审理票据纠纷案件若干问题的规定
2020 年 12 月 31 日	最高人民法院关于适用《中华人民共和国民法典》有关担保制度的解释
2022 年 4 月 1 日	最高人民法院关于适用《中华人民共和国民事诉讼法》的解释

图书在版编目（CIP）数据

企业破产法一本通／法规应用研究中心编． -- 2版．
-- 北京：中国法治出版社，2025．3． --（法律一本通）．
ISBN 978-7-5216-4918-5

Ⅰ．D922.291.924

中国国家版本馆CIP数据核字第2024K58W87号

责任编辑：黄会丽　　　　　　　　　　　封面设计：杨泽江

企业破产法一本通
QIYE POCHANFA YIBENTONG

编者/法规应用研究中心
经销/新华书店
印刷/保定市中画美凯印刷有限公司
开本/880毫米×1230毫米　32开　　　　印张/15.5　字数/352千
版次/2025年3月第2版　　　　　　　　2025年3月第1次印刷

中国法治出版社出版
书号 ISBN 978-7-5216-4918-5　　　　　　　定价：56.00元

北京市西城区西便门西里甲16号西便门办公区
邮政编码：100053　　　　　　　　　　　传真：010-63141600
网址：http：//www.zgfzs.com　　　　　编辑部电话：010-63141785
市场营销部电话：010-63141612　　　　印务部电话：010-63141606

（如有印装质量问题，请与本社印务部联系。）

法律一本通丛书·第十版

1. 民法典一本通	26. 反电信网络诈骗法一本通
2. 刑法一本通	27. 劳动争议调解仲裁法一本通
3. 行政许可法、行政处罚法、行政强制法一本通	28. 劳动法、劳动合同法、劳动争议调解仲裁法一本通
4. 土地管理法一本通	29. 保险法一本通
5. 农村土地承包法一本通	30. 妇女权益保障法一本通
6. 道路交通安全法一本通	31. 治安管理处罚法一本通
7. 劳动法一本通	32. 农产品质量安全法一本通
8. 劳动合同法一本通	33. 企业破产法一本通
9. 公司法一本通	34. 反间谍法一本通
10. 安全生产法一本通	35. 民法典：总则编一本通
11. 税法一本通	36. 民法典：物权编一本通
12. 产品质量法、食品安全法、消费者权益保护法一本通	37. 民法典：合同编一本通
13. 公务员法一本通	38. 民法典：人格权编一本通
14. 商标法、专利法、著作权法一本通	39. 民法典：婚姻家庭编一本通
15. 民事诉讼法一本通	40. 民法典：继承编一本通
16. 刑事诉讼法一本通	41. 民法典：侵权责任编一本通
17. 行政复议法、行政诉讼法一本通	42. 文物保护法一本通
18. 社会保险法一本通	43. 反洗钱法一本通
19. 行政处罚法一本通	44. 学前教育法、未成年人保护法、教育法一本通
20. 环境保护法一本通	45. 能源法一本通
21. 网络安全法、数据安全法、个人信息保护法一本通	46. 各级人民代表大会常务委员会监督法、全国人民代表大会和地方各级人民代表大会选举法、全国人民代表大会和地方各级人民代表大会代表法一本通
22. 监察法、监察官法、监察法实施条例一本通	47. 矿产资源法一本通
23. 法律援助法一本通	48. 未成年人保护法、妇女权益保障法、老年人权益保障法一本通
24. 家庭教育促进法、未成年人保护法、预防未成年人犯罪法一本通	
25. 工会法一本通	